"Christopher G. Fairburn é, em qualquer análise, a principal autoridade em nossa área, então quem melhor para escrever o livro definitivo sobre compulsão alimentar? O programa apresentado é baseado em vasta experiência clínica, em numerosos ensaios clínicos e numa perspectiva que poucos têm. Você pode confiar neste livro. Ele é um marco."

– **Kelly D. Brownell, Ph.D.**, coautora de *Food fight*; diretora do Rudd Center for Food Policy and Obesity, da Yale University

"Em suas redes, leitores da obra chamaram a 1ª edição de 'uma dádiva de Deus' e 'o melhor livro que existe'. Esta 2ª edição, inteiramente revisada e atualizada, é tão boa quanto a 1ª e marca um novo padrão para livros de desenvolvimento pessoal. Este guia prático escrito com muita clareza é inestimável para todos que sofrem com problemas de compulsão alimentar."

– **Roz Shafran, Ph.D.**, professora de Psicologia clínica da University of Reading, Reino Unido

"Esta inestimável segunda edição incorpora avanços recentes no tratamento da compulsão alimentar, incluindo novas estratégias para lidar com questões de imagem corporal. Este livro também é muito acessível. Eu o recomendo de todo o coração."

– **G. Terence Wilson, Ph.D.**, professor de Psicologia na Rutgers University, em Nova Jersey

"É difícil melhorar um clássico, mas foi exatamente isso que Christopher G. Fairburn fez. A segunda edição de *Vencendo a compulsão alimentar* expande o tratamento altamente eficaz do autor. Este guia de desenvolvimento pessoal está repleto de ferramentas específicas que podem ajudar a reverter hábitos prejudiciais que perseguem você há anos. Fairburn nos ajuda a manter hábitos alimentares regulares, a resistir aos impulsos e ao comer emocional, bem como a lidar com problemas de imagem corporal. Meus colegas e eu recomendaremos este livro a todos os nossos clientes que sentem que estão com a alimentação fora de controle."

– **Robert L. Leahy, Ph.D.**, autor de *Não acredite em tudo que você sente*

"Neste precioso livro, agora completamente revisado, Christopher G. Fairburn se baseia em décadas de experiência clínica e pesquisa. Este é um recurso poderoso para qualquer pessoa que queira alcançar mudanças duradouras."

– **Dra. Ruth H. Striegel, Ph.D.**, editora-chefe do International Journal of Eating Disorders

Vencendo a compulsão alimentar

A Artmed é a editora oficial da FBTC

F164v Fairburn, Christopher G.
　　　　Vencendo a compulsão alimentar : aprenda por que você come compulsivamente e como parar / Christopher G. Fairburn ; tradução : Marcos Viola Cardoso ; revisão técnica : Maria de Fátima Gaspar Vasques. – 2. ed. – Porto Alegre : Artmed, 2024.
　　　　xii, 241 p. ; 23 cm.

　　　　ISBN 978-65-5882-201-1

　　　　1. Distúrbios alimentares. 2. Terapia cognitivo-comportamental. 3. Psicoterapia. I. Título.

CDU 615.874

Catalogação na publicação: Karin Lorien Menoncin – CRB 10/2147

Christopher G. **Fairburn**

Vencendo a compulsão alimentar

aprenda por que você come compulsivamente e como parar

2ª edição

Tradução
Marcos Viola Cardoso

Revisão técnica
Maria de Fátima Gaspar Vasques
Psicóloga. Especialista em Terapia Cognitiva Construtivista e em Psicologia Clínica pela Universidade Paulista. Coordenadora do curso de Especialização em Terapia Cognitiva do Instituto de Psiquiatria do Hospital das Clínicas da Faculdade de Medicina da Universidade de São Paulo (IPq-HCFMUSP). Coordenadora do Grupo de Estudo do Comer Compulsivo e Obesidade (Grecco) – Programa de Transtornos Alimentares – Ambulim, do IPq-HCFMUSP. Coordenadora do Grupo de Dependência de Comida do Ambulatório dos Transtornos do Impulso (Pro-Amiti) do IPq-HCFMUSP.

artmed

Porto Alegre
2024

Obra originalmente publicada sob o título
Overcoming Binge Eating: The Proven Program to Learn Why You Binge and How You Can Stop,
2nd Edition
ISBN 9781462510443

Copyright © 2013 The Guilford Press
A Division of Guilford Publications, Inc.
Part II © 2013 Christopher G. Fairburn

Gerente editorial
Letícia Bispo de Lima

Colaboraram nesta edição:

Coordenadora editorial
Cláudia Bittencourt

Editor
Lucas Reis Gonçalves

Capa
Paola Manica | Brand&Book

Preparação de original
Nathália Bergamaschi Glasenapp

Leitura final
Gabriela Dal Bosco Sitta

Editoração
Ledur Serviços Editoriais Ltda.

Reservados todos os direitos de publicação, em língua portuguesa, ao
GA EDUCAÇÃO LTDA.
(Artmed é um selo editorial do GA EDUCAÇÃO LTDA.)
Rua Ernesto Alves, 150 – Bairro Floresta
90220-190 – Porto Alegre – RS
Fone: (51) 3027-7000

SAC 0800 703 3444 www.grupoa.com.br

É proibida a duplicação ou reprodução deste volume, no todo ou em parte, sob quaisquer formas ou por quaisquer meios (eletrônico, mecânico, gravação, fotocópia, distribuição na Web e outros), sem permissão expressa da Editora.

IMPRESSO NO BRASIL
PRINTED IN BRAZIL

Autor

Christopher G. Fairburn, membro da Academy of Medical Sciences e do Royal College of Psychiatrists, é professor emérito de Psiquiatria na University of Oxford. É também diretor do Centre for Research on Eating Disorders at Oxford. É um renomado pesquisador clínico agraciado com muitos prêmios, incluindo o Aaron T. Beck Award, da Academy of Cognitive Therapy, e o Outstanding Researcher Award, da Academy for Eating Disorders. Em 2021, foi agraciado com a Ordem do Império Britânico (OBE) por sua contribuição para tratamentos psicológicos e de transtornos alimentares. O foco do seu trabalho é a divulgação de tratamentos psicológicos eficazes para todo o mundo. Seu *site* é *www.credo-oxford.com*.

Para Kristin, George e Henry;
Guy, Sarah e Susan.

Quero reconhecer aqueles que mais me ajudaram na minha carreira:

Michael Gelder, Robert Kendell, Zafra Cooper e Terry Wilson

Meus antigos e atuais colegas no Centre for Research on Eating Disorders at Oxford

e a Wellcome Trust

Agradecimentos

Vencendo a compulsão alimentar é um livro para pessoas com problemas de compulsão alimentar e foi escrito com a ajuda delas. Portanto, quero começar agradecendo aos pacientes e voluntários que fizeram comentários para as primeiras versões do livro e testaram o programa. As contribuições deles foram inestimáveis. Além disso, quero agradecer aos amigos e colegas que me ajudaram a criar a 1ª edição deste livro. Muito obrigado a Kelly Brownell, Jacqui Carter, Zafra Cooper, Phillipa Hay, Laura Hill, Marsha Marcus, Marianne O'Connor e Terry Wilson.

Esta nova edição de *Vencendo a compulsão alimentar* foi escrita com a colaboração de Emma Clifton, Sarah Squire e Suzanne Straebler. Sou extremamente grato a elas. Também agradeço a Natalie Barnes, Mara Catling e Sarah Collins pela cuidadosa revisão do livro.

E, por fim, minha gratidão à Wellcome Trust. Essa extraordinária fundação tem financiado a mim e à minha pesquisa desde 1984. Sem o apoio dela, esse programa de autoajuda e o tratamento em que ele se baseia nunca teriam sido desenvolvidos.

Sumário

Introdução: sobre o livro e como usá-lo 1

PARTE I – Problemas de compulsão alimentar
Os fatos

1. Compulsão alimentar 5
2. Problemas alimentares e transtornos alimentares 21
3. Quem come compulsivamente? 35
4. Aspectos psicológicos e sociais 43
5. Aspectos físicos 67
6. O que causa problemas de compulsão alimentar? 85
7. Compulsão alimentar e vício 99
8. O tratamento de problemas de compulsão alimentar 109

PARTE II – Programa de autoajuda aprimorado para pessoas com compulsão alimentar

9. Preparando-se 121

10.	Etapa 1: *Começando bem*	133
11.	Etapa 2: *Alimentação regular*	149
12.	Etapa 3: *Alternativas à compulsão alimentar*	163
13.	Etapa 4: *Resolução de problemas*	171
14.	Etapa 5: *Fazer um balanço*	181
15.	Módulo de dieta	187
16.	Módulo de imagem corporal	195
17.	Terminando bem	215

APÊNDICES

I.	Obtendo ajuda profissional para um problema alimentar	221
II.	Calculando seu índice de massa corporal	222
III.	Se você também está acima do peso	226
IV.	Lidando com "outros problemas"	228
V.	Uma nota para parentes e amigos	230
VI.	Uma nota para os terapeutas	232
	Leituras recomendadas	235
	Índice	239

Introdução:
sobre o livro e como usá-lo

Se você tem problemas para controlar sua alimentação, este livro é para você, independentemente de sua idade, seu gênero ou seu peso. *Vencendo a compulsão alimentar* fornece um relato acessível e confiável sobre problemas de compulsão alimentar e como eles podem ser superados. A Parte I apresenta os fatos mais atuais sobre o assunto, enquanto a Parte II traz um programa de autoajuda que se baseia na versão mais recente do tratamento mais eficaz disponível para compulsão alimentar. Esse programa "aprimorado" pode ser usado por qualquer pessoa com um problema de compulsão alimentar, desde que ela não esteja substancialmente abaixo do peso (ver p. 126).

A versão original de *Vencendo a compulsão alimentar* foi publicada em 1995. Desde então, a Parte I se estabeleceu como uma fonte confiável de informações sobre problemas de compulsão alimentar. Enquanto isso, o programa de tratamento da Parte II foi investigado em vários ensaios clínicos, tornando-se possivelmente o programa de autoajuda mais extensivamente testado para qualquer problema. Repetidas vezes ele se mostrou uma ótima fonte de ajuda, seja quando usado por conta própria ou com apoio externo (autoajuda guiada). Como resultado, o programa se estabeleceu como um dos principais tratamentos para problemas de compulsão alimentar. Em reconhecimento a isso, *Vencendo a compulsão alimentar* recebeu um Selo de Mérito da Association for Behavioral and Cognitive Therapies dos Estados Unidos da América. Além disso, no Reino Unido, os médicos do serviço público de saúde britânico têm autorização para prescrever o livro como se fosse um tipo de medicação.

Mas o tempo passa, novos conhecimentos são adquiridos, e, com os novos conhecimentos, surgem avanços em tratamentos. Como resultado, esta versão de *Vencendo a compulsão alimentar* é praticamente um novo livro. Revisei completamente a Parte I para garantir que ela continue a fornecer um relato abrangente e atualizado do que sabemos sobre problemas de compulsão alimentar. Ela agora aborda todos os tipos de problemas de compulsão alimentar, incluindo aqueles observados na anorexia nervosa. Ela também fornece muito mais informações sobre dieta, peso corporal e imagem corporal.

Também modifiquei consideravelmente a Parte II, levando em conta os avanços em tratamentos e, especialmente, o desenvolvimento de uma versão "aprimorada" do tratamento já confiável e baseado em evidências da edição anterior. A terapia cognitivo-comportamental para transtornos alimentares inclui uma nova maneira de conceituar os problemas alimentares, formas aprimoradas de recuperar o controle sobre a alimentação, uma abordagem mais sofisticada para lidar com as preocupações sobre forma e peso do corpo e uma ênfase muito maior na prevenção de recaídas. Esses novos desenvolvimentos foram incorporados ao programa deste livro. O programa nesta versão de *Vencendo a compulsão alimentar* é, na prática, uma versão de autoajuda da terapia cognitivo-comportamental para transtornos alimentares.

Se você tem algum problema de compulsão alimentar, pode ficar tentado a ir direto para a Parte II do livro, mas isso seria um erro. É importante ler a Parte I primeiro (pelo menos os Caps. 1, 4 e 5), pois isso ajudará você a entender seu problema e porque ele se tornou tão autoperpetuante. Esse entendimento é essencial se você quiser se beneficiar do programa. Por outro lado, você pode não ter certeza se tem um problema de compulsão alimentar. Se esse for o caso, sugiro que leia os mesmos capítulos-chave (Caps. 1, 4 e 5) da Parte I para ver se você se identifica com os problemas descritos. Se esse for o caso, passe para o início da Parte II (p. 121), em que discuto os prós e contras de tentar mudar.

PARTE I
Problemas de compulsão alimentar
Os fatos

1
Compulsão alimentar

Tudo começa quando penso sobre a comida que eu me proíbo de comer se estou fazendo dieta. Esses pensamentos logo se transformam em um intenso desejo de comer. Antes de mais nada, comer é um alívio e um conforto, e faz eu me sentir bem. Porém, eu não consigo parar e acabo me empanturrando. Eu como freneticamente sem parar até ficar absolutamente cheia. Depois disso, me sinto culpada e com raiva de mim mesma.

Este livro foi escrito para qualquer pessoa que tenha problemas para controlar sua alimentação, seja qual for a sua idade, o seu sexo ou o seu peso. Ele trata sobre comer de forma descontrolada. Trata sobre compulsão alimentar (*binge eating*, em inglês).

O termo *binge*, em inglês, costumava significar, para a maioria das pessoas, beber em excesso. Hoje a expressão comumente significa comer em excesso. Para muitas pessoas, comer em excesso é algo perfeitamente inócuo — um deslize ou lapso na dieta, um agrado em excesso. Para outros, porém, significa a perda parcial ou completa do controle sobre a própria alimentação. Esse é um grande problema para muitas pessoas, e não apenas para aqueles que vivem no Ocidente.

No entanto, apesar do fato de que a compulsão alimentar é, inegavelmente, reconhecida no mundo todo, a maioria das pessoas sabe pouco sobre esse problema. A compulsão sempre significa comer em grandes quantidades? Ela é sempre seguida por purga? Ela é um problema para toda a vida ou pode ser superada? Ela pode ser um sinal de que algo está errado? Que tipo de pessoa é propensa a tê-la e por quê? Como distinguimos, em nós mesmos ou naqueles com quem nos importamos, entre uma verdadeira compulsão alimentar e simplesmente comer demais? E, o mais importante de tudo, como as pessoas podem aprender a superar a compulsão alimentar?

Nenhuma dessas perguntas pode ser respondida sem uma compreensão completa do que são as compulsões alimentares, e esse é o assunto deste capítulo de abertura.

O QUE SIGNIFICA O TERMO *BINGE*?

O significado da palavra *binge* mudou ao longo dos anos. Ela tem sido usada desde meados do século XIX, quando significava principalmente "uma bebedeira pesada", "uma farra", de acordo com o *Oxford English Dictionary*. Embora esse continue sendo um de seus significados, hoje os dicionários de língua inglesa geralmente definem o termo como estando mais próximo do ato de comer exageradamente, tendo como possível sinônimo a palavra "autogratificação" (*indulgence*, no inglês). A 11ª edição do *Merriam Webster's Collegiate Dictionary*, por exemplo, diz que um dos significados do verbete *binge* é "uma autogratificação desenfreada e muitas vezes excessiva".

Essa chamada "autogratificação" é, na verdade, um fenômeno comum relatado por homens e mulheres. Para alguns, como mencionado anteriormente, é algo ocasional que não tem um impacto em suas vidas. Para outros, porém, como a mulher cuja descrição abriu este capítulo, é um problema genuíno, algo que afeta profundamente muitos aspectos da vida dessas pessoas. O fracasso em entender a distinção entre autogratificação e compulsão alimentar (*binge eating*) está no centro de grande parte da confusão sobre esse comportamento.

Reconhecendo a necessidade de esclarecer o significado da expressão *compulsão alimentar*, os pesquisadores investigaram as experiências daqueles que comem compulsivamente. Embora não haja dois relatos pessoais idênticos, verifica-se que os episódios de comer demais que as pessoas veem como compulsões têm duas características principais em comum: a quantidade ingerida é vista como excessiva, embora possa não parecer para quem está vendo de fora, e, crucialmente, há uma sensação de perda de controle no momento. É importante estar ciente de que as definições técnicas de uma compulsão geralmente especificam uma característica adicional, a de que a quantidade do que foi ingerido é definitivamente maior do que aquela que a maioria das pessoas comeria em circuns-

> *As compulsões têm duas características comuns: a quantidade ingerida é vista como excessiva, e há uma sensação de perda de controle no momento.*

tâncias semelhantes. Esse requisito de quantidade é um tanto controverso, como discutiremos mais adiante neste capítulo, mas é amplamente empregado.

AS CARACTERÍSTICAS DE UMA COMPULSÃO

> *Eu pego aleatoriamente qualquer comida que puder e a enfio na boca, às vezes sem nem ao menos mastigar. Mas então começo a me sentir culpado e assustado quando meu estômago começa a doer e minha temperatura sobe. É só quando me sinto muito mal que paro de comer.*

Descrições pessoais de compulsões alimentares podem ser tremendamente reveladoras. O que vem à tona é um relato que você pode achar familiar se tiver uma compulsão ou conhecer alguém que tenha.

Sentimentos. Os primeiros momentos de uma compulsão podem ser prazerosos. O sabor e a textura da comida podem parecer intensamente agradáveis. No entanto, esses sentimentos raramente duram muito. Logo eles são substituídos por um sentimento de desgosto, conforme a pessoa vai consumindo cada vez mais comida. Algumas pessoas sentem repulsa pelo que estão fazendo, mas continuam comendo.

Velocidade de ingestão. Normalmente, as pessoas comem de forma rápida durante uma compulsão. Muitas pessoas colocam a comida na boca quase mecanicamente, mal mastigando. Algumas também bebem em grandes quantidades para ajudar a empurrar a comida, o que contribui para que se sintam cheias e inchadas. Beber bastante também ajuda as pessoas a vomitarem a comida mais tarde.

Agitação. Algumas pessoas andam para um lado e para o outro ou ficam perambulando durante suas compulsões. Elas podem mostrar um ar de desespero. Elas sentem o desejo por comida como uma força poderosa que as leva a comer. É por isso que às vezes se usa a expressão "comer compulsivo". A obtenção de alimentos pode assumir extrema importância; as pessoas podem pegar alimentos de outras pessoas, roubar alimentos em lojas ou comer alimentos já descartados. A maioria vê esse comportamento como vergonhoso, nojento e degradante.

> *Eu começo com uma tigela de cereal. Eu como muito rápido e imediatamente repito mais duas ou três vezes. A partir daí eu já sei que perdi o controle e que vou ter mais um episódio compulsivo. Ainda me sinto muito tenso e procuro desesperadamente por comida. Nos últimos tempos, tenho corrido pela faculdade à procura de comida que as pessoas jogaram fora. Eu sei que isso é muito nojento. Eu enfio a comida goela abaixo rapidamente. Às vezes vou à cidade e paro de loja em loja ao longo do caminho. Eu compro só um pouquinho em cada loja para não levantar suspeitas. Eu só paro com isso quando fico sem dinheiro ou, o que geralmente acontece, quando estou tão cheio que fisicamente não consigo mais comer.*

Um sentimento de consciência alterada. As pessoas muitas vezes descrevem se sentir como se estivessem em transe durante uma compulsão. Se você já experimentou esse estado de transe, sabe que seu comportamento parece quase automático, como se não fosse realmente você quem está comendo. Mas, como a pessoa do relato a seguir, as pessoas também dizem que assistem à televisão, ouvem música alta ou se distraem de alguma outra forma para evitar que tenham que pensar sobre o que estão fazendo.

> *Tudo começa com a maneira como me sinto quando acordo. Se estou infeliz ou alguém disse algo que me chateou, sinto uma intensa vontade de comer. Quando esse desejo vem, eu me sinto quente e suado. Minha mente fica vazia e eu automaticamente me movo em direção à comida. Eu como muito rápido, como se tivesse medo de que se comer devagar demais terei tempo para pensar no que estou fazendo. Eu como parado em pé ou perambulando por aí. Costumo comer assistindo à televisão ou lendo uma revista. Isso tudo para me impedir de pensar, porque pensar significaria enfrentar o que estou fazendo.*

Sigilo. Uma característica típica das compulsões é que elas ocorrem em segredo. Algumas pessoas têm tanta vergonha de sua compulsão alimentar que não só fazem grandes esforços para escondê-la como conseguem escondê-la por muitos anos. Uma das maneiras de elas fazerem isso é comendo de uma maneira relativamente normal quando estão com outras pessoas. Outra é usando certas estratégias. Talvez você esteja familiarizado com algumas das maneiras pelas quais as pessoas mantêm seu comportamento oculto: por exemplo, depois de comerem uma refeição normalmente, algumas pessoas voltam sorrateiramente mais tarde para comer todas as sobras. Outras levam comida para o quarto ou banheiro a fim de comê-la sem medo de serem descobertas.

> *Eu saio do trabalho e vou comprar comida. Começo a comer antes de chegar em casa, mas é em segredo, com a comida escondida nos bolsos. Quando chego em casa, começo a comer de verdade. Eu como até meu estômago doer e eu não aguentar mais. É só nesse momento que eu saio do meu transe e penso no que fiz.*

Perda de controle. Como mencionado anteriormente, a experiência de estar fora de controle é uma das duas principais características da compulsão alimentar. É o que distingue a compulsão alimentar de apenas comer demais todos os dias. A experiência varia consideravelmente entre as pessoas. Algumas sentem a perda de controle muito antes de começarem a comer. Para outras, ela surge gradualmente, conforme começam a comer. Ela pode também acontecer de repente, quando a pessoa percebe que comeu demais.

Curiosamente, algumas pessoas que têm compulsão alimentar há muitos anos relatam que a sensação delas de perder o controle desapareceu ao longo do tempo, talvez porque a experiência as ensinou que sua compulsão é inevitável, então elas nem tentam mais resistir a ela. Algumas até planejam com antecedência os episódios compulsivos que elas veem como inevitáveis, estabelecendo assim uma profecia autorrealizável. O planejamento antecipado permite que essas pessoas exerçam algum grau de controle sobre quando e onde seus episódios compulsivos ocorrem, minimizando assim seu impacto. Elas sentem, portanto, que não perderam o controle. No entanto, esse não é realmente o caso, já que elas ainda não conseguem impedir que os episódios ocorram. Além disso, muitas dessas pessoas relatam ser incapazes de parar de comer depois de começarem. Esse parece ser o caso até mesmo quando uma compulsão é interrompida, como quando o telefone toca ou alguém bate na porta da pessoa, por exemplo, já que, mesmo quando isso acontece, é comum que a compulsão pare por alguns momentos e recomece quando a interrupção termina.

COMO OCORRE A COMPULSÃO ALIMENTAR

Os alimentos que as pessoas comem e a frequência com que elas têm episódios compulsivos variam muito de caso a caso. Portanto, é difícil definir como seria uma compulsão típica.

Frequência e duração

Para receber um diagnóstico de transtorno alimentar como a bulimia nervosa ou o transtorno de compulsão alimentar — dois dos três principais transtornos alimentares reconhecidos em adultos (ver Cap. 2) —, as compulsões de uma pessoa devem ocorrer em média pelo menos uma vez por semana. Esse parâmetro é arbitrário e mudou ao longo dos anos. Ele tem sido criticado por insinuar que as pessoas que comem compulsivamente com menos frequência, ou que o fazem de forma intermitente, são menos prejudicadas, o que nem sempre é verdade. Consequentemente, os médicos muitas vezes ignoram esses parâmetros ao fazer um diagnóstico. O que importa é se a pessoa tem compulsões regulares e se suas compulsões estão interferindo em sua saúde física ou na sua qualidade de vida.

O significado da frequência da compulsão alimentar também é confuso. Se a pessoa come compulsivamente "apenas de vez em quando", isso significa que ela não deve se preocupar? Com que frequência a compulsão alimentar é um problema? São os números (a frequência com que a pessoa come compulsivamente, por quanto tempo e em que período de tempo) que determinam a gravidade do problema? Ou o fator orientador deve ser o quanto a compulsão alimentar afeta sua vida? Como observado anteriormente, na prática, os médicos estão preocupados com o impacto que pode ser gerado — ou seja, o grau em que a compulsão alimentar interfere na saúde física da pessoa ou na qualidade de vida dela.

Quanto tempo duram os episódios compulsivos? Isso depende de uma variedade de fatores. Um particularmente importante é se a pessoa pretende vomitar depois. Dados de nossos pacientes em Oxford indicam que, entre aqueles que vomitam, os episódios compulsivos duram em média cerca de uma hora, enquanto, entre aqueles que não vomitam, eles duram quase o dobro do tempo. Isso acontece quase certamente porque aqueles que vomitam se sentem sob pressão para completar sua compulsão o mais rápido possível a fim de que possam expelir a comida e, assim, minimizar a quantidade absorvida.

Os alimentos ingeridos em uma compulsão

A comida que geralmente como consiste em meus alimentos "proibidos": chocolate, bolo, biscoitos, geleia, leite condensado, cereais e alimentos doces improvisados, como mistura de bolo crua. Comida fácil de comer. Comida que não precisa de nenhuma preparação. Eu normalmente não como esse tipo de comida porque elas engordam muito. Mas, quando eu como compulsivamente, não consigo parar de comê-las.

Quando perguntamos a pessoas que comem compulsivamente "O que você come em um episódio compulsivo?", elas geralmente dão uma de duas respostas. A primeira resposta diz respeito ao tipo do alimento. Elas podem responder "doces" ou "comida para encher". A segunda diz respeito à atitude delas em relação à comida. Elas podem dizer algo como "comidas proibidas", "comidas perigosas" ou "comidas que engordam". O que fica claro é que a maioria das compulsões alimentares ocorrem com alimentos que a pessoa está tentando evitar. Esse é um ponto crucial ao qual voltaremos mais tarde. É um ponto fundamental de se compreender para entender a causa de muitas compulsões e para superá-las e ficar bem.

> *A maioria das compulsões alimentares ocorrem com comidas que as pessoas estão tentando evitar.*

Você já pode ter lido que os episódios de compulsão alimentar são caracterizados por seu alto teor de carboidratos e são impulsionados pelo "desejo por carboidratos". Esse é um mito vastamente difundido. Na verdade, a proporção de carboidratos nesses episódios não é particularmente alta, nem sequer maior do que nas refeições comuns. O que caracteriza as compulsões alimentares não é sua composição em termos de carboidratos, gorduras e proteínas, mas sim a quantidade total ingerida. Se você come compulsivamente ou conhece alguém que coma, você sabe que as compulsões geralmente incluem bolos, biscoitos, chocolate, sorvete e assim por diante. Mas, como Timothy Walsh, da Universidade de Columbia, apontou, embora se acredite comumente que esses alimentos são ricos em carboidratos, eles são descritos com mais precisão como alimentos doces com alto teor de gordura.

> *Apesar de ser uma crença popular e uma expressão em voga, o "desejo por carboidratos" é um mito.*

Porém, curiosamente, a noção de desejo por carboidratos pode ter tido mais relevância há uma década ou mais. Tenho a impressão de que a composição das compulsões muda com o tempo e de que elas são governadas pelos alimentos evitados ou vistos como "proibidos" em determinada época. Os carboidratos costumavam ser considerados alimentos "ruins" e, portanto, apareciam com destaque nas compulsões, enquanto mais recentemente as gorduras ganharam essa má reputação. (Modas e modismos dietéticos são discutidos no Cap. 5; ver p. 70).

A Figura 1.1 mostra o registro alimentar de alguém com bulimia nervosa. Ela ilustra o padrão alimentar típico que compreende a subalimentação pontuada por episódios de compulsão alimentar.

A dimensão dos episódios compulsivos

A quantidade de comida ingerida em episódios compulsivos varia muito de pessoa para pessoa. Algumas pessoas consomem grandes quantidades de alimentos; ocasionalmente, alguém diz comer de 15 a 20 mil calorias de uma vez. No entanto, isso não é típico. Quando pedimos para as pessoas descreverem exatamente o que comeram e, em seguida, calculamos o número de calorias, chegamos à conclusão de que um episódio compulsivo típico contém entre 1 e 2 mil calorias. Cerca de um quarto dos episódios passam das 2 mil calorias, o que está próximo das necessidades calóricas diárias médias de muitas mulheres (ver Tab. 5.1, p. 71).

Estudos de laboratório corroboram esses relatos, pois números semelhantes foram obtidos no cálculo de calorias de episódios compulsivos de voluntários. Um estudo descobriu que um em cada cinco pacientes com bulimia nervosa tinha episódios compulsivos em que consumia mais de 5 mil calorias, e um em cada 10 tinha episódios em que as calorias passavam de 6 mil.

Embora muitos episódios compulsivos envolvam grandes quantidades de comida, é igualmente claro que muitos outros mais típicos envolvem menor ingestão, pois apenas quantidades médias ou mesmo pequenas de alimentos são consumidas. Esses episódios compulsivos não atendem à definição técnica da descrição anterior de uma compulsão alimentar, devido à sua pequena dimensão, mas a pessoa os vê como compulsões porque a quantidade ingerida é percebida como excessiva, e há uma sensação de perda de controle. O Teste de Transtorno Alimentar, uma entrevista para avaliar as características dos transtornos alimentares que criei junto com minha colega Zafra Cooper, descreve essas compulsões como *compulsões subjetivas*. Em contraste, as compulsões em que quantidades realmente grandes são consumidas são referidas como *compulsões objetivas*.

> *As compulsões subjetivas não são incomuns e podem causar um sofrimento considerável.*

As compulsões subjetivas não são incomuns e podem ser uma causa de sofrimento considerável. Elas são especialmente normais em pessoas que estão tentando aderir a uma dieta ri-

Dia da semana Terça   Data 18 de junho

Hora	Comidas e bebidas consumidas	Local	*	V/L	Contexto e comentários
6:30	Café preto Copo de água	Quarto			Passei a noite em claro. Me sinto gordo e nojento.
11:45	Café preto 2 copos de água	Escritório			Não vou ter um episódio hoje! Comecei a sentir fome, então tomei mais um copo de água.
14:15	1 garrafinha média de Coca-Cola Zero 1/2 *donut*	Escritório			Ah! Por que eles SEMPRE trazem *donuts*? Pelo menos só comi um pela metade, então está tudo bem.
15:30	4 *donuts*	Banheiro do escritório	*		Por que eu faço isso? Não consegui evitar, mas não queria que ninguém me visse. Me sinto gordo e horrível.
18:15	1 garrafinha média de Coca-Cola Zero Copo de água	Cozinha			Não vou comer mais nada por hoje.
21:30	1 pão sírio com *homus* 3 *bagels* de canela e passas 6 colheres de pasta de amendoim 15 biscoitos Oreo 1/2 pote de sorvete de baunilha 3 porções de nozes 1 garrafa de Coca-Cola Zero	Quarto	* * * * * *	 V V	Estou enojado de mim mesmo. Eu não tenho força de vontade nenhuma. Me sinto muito sozinho. Vou dormir cedo para parar de comer.

FIGURA 1.1 Um registro alimentar de alguém com bulimia nervosa. Observe a falta de alimentação na primeira metade do dia, seguida de episódio de compulsão alimentar mais tarde. (Os asteriscos significam refeições vistas pela pessoa como excessivas. V/L significa vômito ou uso de laxante.)

gorosa, incluindo aquelas pessoas com o transtorno alimentar da anorexia nervosa. (No Cap. 2, descrevo os vários "transtornos alimentares".)

O custo das compulsões

> *Os gastos com comida são a minha maior despesa individual mensal. Ao longo dos anos, eles me deixaram cada vez mais endividado.*

A compulsão alimentar pode ser cara e levar pessoas a passarem dificuldades financeiras. Isso explica em parte por que algumas pessoas recorrem a roubar comida. A Figura 1.2 ilustra os custos da compulsão alimentar. Scott Crow e seus colegas em Minneapolis estudaram recentemente o custo monetário da compulsão alimentar para uma amostra de pessoas com bulimia nervosa. Eles descobriram que cerca de um terço do dinheiro gasto com comida por essas pessoas dizia respeito à comida consumida durante episódios compulsivos.

TODAS AS COMPULSÕES SÃO IGUAIS?

As compulsões variam consideravelmente, não apenas de pessoa para pessoa, mas também em um mesmo indivíduo. É comum que as pessoas relatem que têm mais de um tipo de compulsão, embora algumas dessas compulsões possam não se encaixar na definição técnica (de uma compulsão objetiva). Um mesmo indivíduo já descreveu ter até três tipos de compulsão.

Compulsões fora de controle

> *Eu como bastante, geralmente muito rápido e sem aproveitar, exceto pelo prazer inicial do paladar, que, de qualquer forma, é acompanhado de culpa. Geralmente faço isso de modo furtivo, e em um só lugar: se for em casa, na cozinha; se for na faculdade, no meu quarto. Eu como até fisicamente não conseguir mais. Geralmente é nesse tipo de episódio compulsivo que tomo laxantes, tanto durante quanto depois, o que intensifica ainda mais o sentimento de pânico e culpa. Imediatamente depois, fico tão estufado fisicamente que fico apático, mas depois me sinto terrível.*

```
Please Check Your Bags Before Leaving
   No Refunds Without This Receipt
******** Your Purchases Today ********
         KELLOGGS CORN POPS      3.69 F
         BTZIOS PIZZA            5.99 F
         NABISCO OREO            3.49 F
Regular Price 4.49 , You saved 1.00
         BRYRS ICE CR      PC    6.99 F
1 @ 2/5.00
         PETER FAN PNUT BIT      2.50 F
Regular Price 3.49 , You saved 0.99
         THOMAS NY BAGEL         3.49 F
Regular Price 4.49 , You saved 1.00
         M&M PEANUT 8 2OZ        3.19 B
         BH GOUDA CHEESE         5.99 F
         DIET COKE 1.25L         1.19 B
DP       SINGLE DEPOSIT          0.05 F
         MURRAY S/F COOKIES      3.49 F
         TAX                     0.36

    **** BALANCE                40.42
```

FIGURA 1.2 O custo da compulsão alimentar: um recibo de supermercado mostrando o custo (em dólares americanos) da comida comprada para um único episódio compulsivo.

Meias-compulsões

Esse tipo de compulsão geralmente ocorre tarde da noite e é semelhante às compulsões fora de controle, exceto que, apesar de eu comer a comida muito rápido, em um só lugar e sem aproveitar, eu não sinto tanto pânico. É quase como uma reação automática, frequentemente a alguma situação. Eu consigo parar no meio desse tipo de episódio compulsivo.

Compulsões graduais

Normalmente eu tenho essas em casa, e não na faculdade. Eu sinto quando vão começar. Consigo resistir a elas por um tempo, mas eventualmente desisto e tenho uma sensação quase prazerosa. Definitivamente há uma liberação de tensão no momento, porque deixo de me preocupar. Na verdade eu até gosto desses episódios. Pelo menos no início. Eu escolho comidas das quais eu gosto mas que geralmente não me permito comer, ou comidas que eu me permito comer apenas em quantidades limitadas. Eu tiro algum tempo para preparar a comida. Em algum momento, percebo que estou sendo um idiota e que vou ganhar muito peso (e não que estou sendo guloso), e então me sinto ainda mais culpado, mas ainda sinto compulsão por continuar.

Grupos distintos de pessoas têm compulsões distintas. Por exemplo, pessoas com o transtorno alimentar da anorexia nervosa muitas vezes têm pequenas compulsões subjetivas, mas que são acompanhadas pela mesma angústia e pela mesma sensação de perda de controle que estão associadas a compulsões objetivas. As compulsões de pessoas que estão significativamente acima do peso (muitas das quais têm "transtorno de compulsão alimentar"; ver Cap. 2) não são diferentes, no sentido de que pode ser difícil identificar o começo e o fim delas. Essas compulsões geralmente duram mais tempo do que as de pessoas com bulimia nervosa; na verdade, elas podem durar quase um dia inteiro.

COMO COMEÇAM AS COMPULSÕES

A esta altura, você deve estar perplexo com o fato de que compulsões alimentares acontecem. Por que algo que deixa as pessoas enojadas e envergonhadas aconteceria repetidamente? Esse aspecto levanta duas questões: o que faz com que os problemas de compulsão alimentar comecem, em primeiro lugar, e o que faz com que eles continuem acontecendo? Esses assuntos são abordados no Capítulo 6. No entanto, também é importante olharmos para os gatilhos mais imediatos de compulsões individuais. Que circunstâncias tendem a provocar uma compulsão?

Muitas coisas desencadeiam compulsões. Um estudo clássico identificou os principais gatilhos das compulsões, e um mais recente obteve informações sobre exatamente onde elas ocorrem (ver Quadro 1.1). Alguns dos gatilhos mais comuns são descritos nos parágrafos a seguir.

Hipoalimentação e a fome associada a ela. Algumas pessoas que comem compulsivamente, em especial aquelas com bulimia nervosa ou anorexia nervosa, comem muito pouco fora de suas compulsões. Essa privação pode ter muitos efeitos indesejáveis, como seria para qualquer um que estivesse pas-

> **QUADRO 1.1 Os gatilhos das compulsões e onde as compulsões acontecem**
>
> Foi obtida uma descrição detalhada das compulsões de 32 pacientes atendidos em uma clínica de transtornos alimentares em Sydney, na Austrália.[1] A maioria desses pacientes preenchia os critérios diagnósticos para bulimia nervosa (ver Cap. 2). Os principais causadores das compulsões relatados foram os seguintes:
>
> 91% Tensão
> 84% Comer alguma coisa (qualquer coisa)
> 78% Estar sozinho
> 78% Desejo por comidas específicas
> 75% Pensar em comida
> 72% Ir para casa (depois da escola ou do trabalho)
> 59% Sentir-se entediado e solitário
>
> Trinta e três mulheres com transtorno de compulsão alimentar (ver Cap. 2) receberam computadores de mão por uma semana.[2] Em intervalos regulares, foram feitas perguntas sobre a alimentação e o humor delas. Verificou-se que suas compulsões ocorriam com mais frequência quando elas estavam sozinhas e nos seguintes lugares:
>
> 31% Cozinha
> 31% Sala de estar
> 10% Carro
> 10% Trabalho
>
> ---
> [1] *Fonte*: Abraham, S. F., & Beumont, P. J. V. (1982). How patients describe bulimia or binge eating. *Psychological Medicine, 12*, 625–635.
> [2] *Fonte*: Stein, R. I., Kenardy, J., Wiseman, C. V., Dounchis, J. Z., Arnow, B. A., & Wilfley, D. E. (2007). What is driving the binge in binge eating disorder? *International Journal of Eating Disorders, 40*, 195–203.

sando fome. Impor limites rígidos para comer ou comer muito pouco cria uma pressão fisiológica e psicológica crescente para comer, e, uma vez que a pessoa começa a se alimentar, pode ser difícil parar. Muitos dizem que é como o rompimento de uma barragem.

> *O desejo de comer compulsivamente em geral começa por volta do meio-dia em um dia "normal" (ou seja, um dia em que estou tentando não comer). Durante a tarde, os pensamentos sobre comida se tornam uma preocupação cada vez maior; e, eventualmente, por volta das 16h, já não consigo mais me concentrar, o que faz com que os pensamentos sobre comida tomem conta de mim completamente. Então eu saio do trabalho e vou para o mercado.*

> *Uma coisa que definitivamente me tira do sério é a fome. Se estou com fome, em vez de comer algo para satisfazê-la, eu como qualquer coisa que estiver na minha frente. É quase como se eu tivesse que satisfazer todos os gostos, mesmo com coisas que eu não gosto.*

Quebrando as regras da dieta. Muitas pessoas que comem compulsivamente também fazem dieta, e suas dietas tendem a ser muito particulares (como discutiremos no Cap. 4). As pessoas geralmente tentam seguir regras rígidas sobre o que, quando e quanto devem comer. Quebrar essas regras geralmente desencadeia uma compulsão.

Beber álcool. Algumas pessoas acham que beber álcool as torna vulneráveis à compulsão. Existem várias razões para essa ligação. O álcool reduz a capacidade de resistir a desejos imediatos e, portanto, interfere na capacidade da pessoa de seguir as regras das dietas. Por exemplo, um plano para comer apenas uma salada poderia, depois de algumas bebidas, ser prontamente abandonado em favor de comer uma refeição completa. O álcool também prejudica o julgamento e faz com que as pessoas subestimem o quão mal se sentirão se quebrarem suas regras. Além disso, o álcool faz com que algumas pessoas se sintam deprimidas, aumentando ainda mais o risco de uma compulsão alimentar.

Emoções desagradáveis. Sentimentos desagradáveis de todos os tipos podem desencadear compulsões. Sentir-se deprimido é um estímulo particularmente poderoso.

> *Minhas compulsões começam quando estou cansado, deprimido ou até mesmo quando só estou chateado. Eu fico tenso e em pânico e me sinto muito vazio. Tento bloquear a vontade de comer, mas ela só fica cada vez mais intensa. A única maneira de me livrar desses sentimentos é ceder à compulsão. E comer compulsivamente realmente diminui*

esses sentimentos. Afasta o que estava me perturbando. O problema é que substitui esses sentimentos por culpa, autocrítica e cansaço.

Outros gatilhos emocionais incluem estresse, tensão, desesperança, solidão, tédio, irritabilidade, raiva e ansiedade.

Rotina não estruturada. A ausência de uma rotina estruturada durante o dia torna algumas pessoas propensas a comer compulsivamente. Logo, ter uma rotina pode ser um fator protetor. A falta de estrutura também pode ser acompanhada por sentimentos de tédio, um dos humores que tendem a desencadear compulsões alimentares.

Estar sozinho. Como já mencionado, as compulsões ocorrem principalmente em segredo. Estar sozinho, portanto, aumenta os riscos de compulsões alimentares, pois nessa situação não há restrições sociais contra elas. Se a pessoa também se sentir solitária, o risco é ainda maior.

Sentir-se gordo. Sentir-se gordo é uma experiência relatada por muitas mulheres (é incomum em homens), mas a intensidade e a frequência do "sentimento" parecem ser maiores entre aquelas que têm um problema alimentar. (Discuto esse sentimento com mais detalhes no Cap. 4.) Nessas pessoas, sentir-se gordo tende a ser equiparado a ser gordo, independentemente da forma ou do peso real da pessoa. Logo, apenas sentir-se gordo já pode desencadear uma compulsão alimentar.

Ganho de peso. A maioria das pessoas preocupadas com seu peso reage mal a qualquer aumento nele. Um ganho de peso de apenas 0,5 kg já pode causar uma reação negativa. Além disso, entre aqueles propensos à compulsão alimentar, uma resposta possível é desistir das tentativas de controlar a alimentação, o que resulta em um episódio compulsivo. Essa reação é baseada em um mal-entendido: o peso corporal flutua dentro de um mesmo dia e de um dia para o outro. Mudanças de curto prazo refletem mudanças na hidratação, e não na gordura corporal. (No Cap. 5, discuto o peso corporal e as flutuações de peso; e, na p. 67, forneço conselhos sobre como interpretar o número na balança.)

Tensão pré-menstrual. Algumas mulheres relatam que acham particularmente difícil controlar sua alimentação nos dias anteriores a um período menstrual. Essa pode ser a resposta delas a vários fatores, incluindo sensação de inchaço, ganho de peso pré-menstrual ou um humor adverso, como depressão ou irritabilidade.

COMO AS COMPULSÕES TERMINAM

> *Depois de um episódio compulsivo, me sinto assustado e com raiva. O que mais sinto é medo. Fico com medo do peso que vou ganhar. Também sinto raiva de mim mesmo por permitir que isso acontecesse mais uma vez. A compulsão alimentar faz com que eu odeie a mim mesmo.*

> *A coisa mais difícil depois de uma compulsão é esperar que os efeitos dela passem. Odeio me sentir tão inútil e incapaz de fazer qualquer coisa. Às vezes, sinto que poderia literalmente abrir meu estômago e tirar o lixo de dentro dele. O nojo e a repulsa são tão grandes. Na falta disso, os laxantes são a segunda melhor opção.*

Depois de comer demais em um dia, a maioria das pessoas leva isso como uma recompensa ("impertinente, mas agradável") ou tem alguns sentimentos de culpa (mais precisamente, sentem arrependimento). Essas pessoas podem decidir compensar comendo menos e talvez se exercitando, mas sua autorrecriminação e seu comportamento compensatório provavelmente terminam nesse ponto.

As consequências de um episódio compulsivo são bem diferentes. Aqueles que têm compulsões frequentemente relatam que experimentam alguns sentimentos positivos imediatos, embora temporários. Por exemplo, eles podem experimentar uma sensação de alívio da privação psicológica e fisiológica que precedeu o episódio. Talvez os sentimentos de depressão ou ansiedade que desencadearam a compulsão também possam se dissipar. Mas esses efeitos positivos logo são substituídos por sentimentos de vergonha, nojo e culpa. A autorrecriminação se instala, e as pessoas se sentem sem esperanças de controlar sua alimentação. A ansiedade também é comum, conforme o medo de ganhar peso aumenta. Esses sentimentos negativos podem ser exacerbados pelos efeitos físicos de ter uma compulsão, com a sonolência e a distensão abdominal sendo particularmente comuns. O medo do ganho de peso pode ser tão intenso a ponto de levar algumas pessoas a tomarem medidas compensatórias extremas que, ironicamente, podem incentivar ainda mais episódios de compulsão alimentar (como discutiremos em detalhes no Cap. 4).

2

Problemas alimentares e transtornos alimentares

Há poucas pessoas que nunca ouviram falar de bulimia ou anorexia nervosa. Infelizmente, a atenção que esses transtornos atraíram resultou na banalização deles; por exemplo, o termo *anoréxico* agora é sinônimo de pessoa abaixo do peso ideal. Um dos objetivos deste capítulo é esclarecer o que esses termos realmente significam, além de explicar como os problemas de compulsão alimentar são classificados.

PROBLEMAS ALIMENTARES *VERSUS* TRANSTORNOS ALIMENTARES

A grande maioria das pessoas com compulsões alimentares não tem um "transtorno alimentar". Os episódios compulsivos dessas pessoas são ocasionais, não frequentes, além de não causarem danos físicos e não prejudicarem a qualidade de vida delas. Se, no entanto, essas pessoas veem seus episódios compulsivos como um "problema", então é exatamente isso que eles são, um "problema alimentar". Por outro lado, episódios compulsivos interferem na saúde física e na qualidade de vida de um número significativo de pessoas. Se esse for o caso, considera-se que essas pessoas têm um transtorno alimentar.

> *A grande maioria das pessoas que apresentam episódios compulsivos não tem um "transtorno alimentar".*

Em adultos e adolescentes, há três tipos de transtornos alimentares:

- Bulimia nervosa
- Anorexia nervosa
- Transtorno de compulsão alimentar

No entanto, esse não é o retrato completo. Estudos clínicos e comunitários indicam que não é incomum que pessoas tenham um transtorno alimentar que esteja fora dessas três categorias. Pode-se considerar que essas pessoas têm um "transtorno alimentar atípico".

BULIMIA NERVOSA

A bulimia nervosa, originalmente conhecida apenas como "bulimia", se popularizou apenas nos últimos 30 anos. O Quadro 2.1 lista os principais marcos na história desse "novo" transtorno alimentar.

Em princípio, três características devem estar presentes para que o diagnóstico de bulimia nervosa seja feito, e uma característica deve estar ausente. Elas são as seguintes:

1. A pessoa tem compulsões objetivas frequentes — isto é, ela tem episódios recorrentes durante os quais come quantidades realmente grandes de alimentos (levando em conta as circunstâncias), com uma sensação de perda de controle no momento. Por definição, todas as pessoas com bulimia nervosa têm esses episódios.

2. A pessoa pratica um ou mais métodos extremos de controle de peso, que podem incluir vômitos autoinduzidos, uso indevido de laxantes ou diuréticos, exercícios intensos e dieta extrema ou jejum.

3. A pessoa superestima a importância de sua forma ou seu peso, ou ambos. Ou seja, as pessoas com bulimia nervosa se julgam em grande parte, ou mesmo exclusivamente, a partir da capacidade delas de controlar sua forma ou seu peso. (Essa característica é descrita em detalhes no Cap. 4, p. 57.) A preocupação delas com a forma e com o peso vai muito além de apenas se sentirem gordas ou infelizes com sua aparência.

4. A pessoa não tem anorexia nervosa (definida a seguir). Isso significa, basicamente, que a pessoa não pode estar significativamente abaixo

> **QUADRO 2.1 Uma breve história da bulimia nervosa**
>
> **1976** — Relatos de "bulimarexia" entre estudantes universitários americanos (ver Cap. 3).
>
> **1979** — Publicação do artigo clássico do professor Gerald Russell intitulado "Bulimia nervosa: an ominous variant of anorexia nervosa" ("Bulimia nervosa: uma variante ameaçadora da anorexia nervosa"). Esse artigo introduziu a expressão *bulimia nervosa*.
>
> **1980** — A síndrome de "bulimia" é adicionada ao manual de diagnósticos da Associação Americana de Psiquiatria.
>
> **1980-1982** — Estudos na Grã-Bretanha e na América do Norte indicam que a bulimia nervosa provavelmente é comum (ver Cap. 3).
>
> **1981-1982** — Relatórios descrevem dois tratamentos promissores para bulimia nervosa: terapia cognitivo-comportamental e medicação antidepressiva (ver Cap. 8).
>
> **1987** — *Bulimia* redefinida e renomeada como *bulimia nervosa* pela Associação Americana de Psiquiatria, alinhando o conceito com o proposto por Russell.
>
> **2013** — Os critérios diagnósticos da Associação Americana de Psiquiatria foram ampliados para incluir casos em que a compulsão alimentar ocorre uma vez por semana. O limite mínimo anterior era de duas vezes por semana.

do peso ideal. Na prática, a grande maioria daqueles com as três características definidoras da bulimia nervosa tem um peso corporal na faixa saudável. A Figura 2.1 mostra a distribuição de peso de pessoas com bulimia nervosa, anorexia nervosa e transtorno de compulsão alimentar.

Conforme explicaremos no Capítulo 3, a bulimia nervosa está mais frequentemente ligada às mulheres na faixa dos 20 anos. A proporção de casos no sexo masculino é incerta — é provável que seja inferior a um a cada 10 casos. O problema geralmente começa no final da adolescência, com um pe-

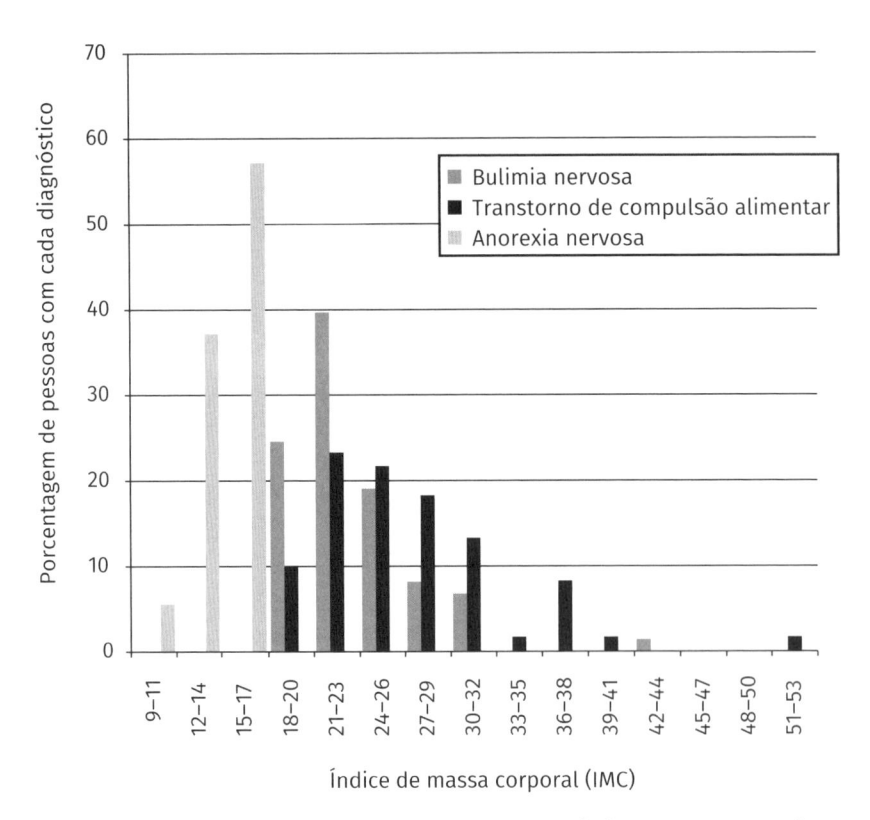

FIGURA 2.1 A distribuição de peso de pessoas com bulimia nervosa, anorexia nervosa e transtorno de compulsão alimentar (ver p. 27) mostrada em termos de seus IMCs (ver Quadro 2.2).
Fonte: Dados gentilmente fornecidos pelo Dr. Riccardo Dalle Grave.

ríodo de dieta rigorosa que eventualmente se torna pontuado por episódios repetidos de compulsão alimentar. Em cerca de um quarto dos casos, a dieta é tão extrema que a pessoa primeiro desenvolve anorexia nervosa e depois progride para a bulimia nervosa.

Pessoas com bulimia nervosa têm hábitos alimentares caóticos. Todas têm compulsões objetivas, mas essas compulsões ocorrem no contexto de tentativas extremas de restringir a alimentação. A alimentação dessas pessoas fora de suas compulsões se assemelha muito, inclusive, à de pessoas com anorexia nervosa. Algumas não comem praticamente nada fora de suas compulsões, e a maioria das outras tem uma dieta restritiva. Muitas forçam o vômito após cada episódio, a fim de se livrar da comida que comeram.

Laxantes, diuréticos e pílulas dietéticas também podem ser usados para esse fim, assim como se exercitar intensamente. Uma vez estabelecida, a bulimia nervosa tende a se autoperpetuar. Ela dificilmente vai regredir espontaneamente, embora possa aumentar e diminuir em gravidade. Até as pessoas buscarem ajuda — se elas buscarem —, a maioria já se alimentou dessa maneira por 5 a 10 anos, ou até mais.

ANOREXIA NERVOSA

A maioria das pessoas já ouviu falar de anorexia nervosa, possivelmente devido à atenção da mídia que esse transtorno atrai — seja por ser fatal ou pela aparência debilitada que as pessoas que sofrem com essa condição apresentam. Duas condições principais devem ser atendidas para que se diga que alguém tem esse transtorno alimentar:

1. A pessoa deve estar significativamente abaixo do peso, e isso deve ser o resultado de seus próprios esforços. O limiar para ver alguém como significativamente abaixo do peso é debatido e varia. Um IMC abaixo de 17,5, 18,0 ou 18,5 é um critério amplamente utilizado. (O Quadro 2.2 descreve o IMC.)

2. A pessoa deve mostrar evidências de que superestima a importância de sua forma e de seu peso, como na bulimia nervosa. Em vez de se preocuparem em estar abaixo do peso, as pessoas com anorexia nervosa têm medo de ganhar peso e engordar. Inclusive, muitas se consideram "gordas" apesar de seu baixo peso. Por essa razão, às vezes é dito que elas têm um "medo mórbido da gordura" ou uma "fobia de peso", e suas dietas têm sido descritas como sendo impulsionadas por uma "busca implacável pela magreza".

A anorexia nervosa afeta principalmente adolescentes e mulheres jovens, mas cerca de um em cada 10 casos ocorre com homens. As pessoas com o transtorno atingem seu baixo peso comendo muito pouco, embora exercício excessivo também possa contribuir. Elas evitam comer alimentos que consideram engordativos e às vezes podem fazer jejum. Cerca de um terço tem episódios compulsivos, a maioria dos quais são pequenos em volume (ou seja, são compulsões subjetivas), durante os quais suas tentativas de restringir a ingestão de alimentos implodem. Para pessoas com anorexia nervosa, uma compulsão pode consistir simplesmente em comer alguns biscoitos.

> **QUADRO 2.2 O índice de massa corporal**
>
> O IMC é uma maneira útil de determinar se estamos abaixo do peso, com um peso normal ou com excesso de peso. Ele é o nosso peso em relação à nossa altura. Mais especificamente, é o peso em quilogramas dividido pela altura em metros ao quadrado (ou seja, peso / [altura × altura]). O IMC se aplica a todos os adultos de ambos os sexos entre 18 e 60 anos. O Apêndice II traz um gráfico para identificar seu IMC.
>
> A seguir, são apresentados os critérios de IMC usados para classificar as pessoas como estando abaixo do peso, tendo um peso saudável, estando com sobrepeso ou tendo obesidade. Observe que eles se baseiam em riscos à saúde, e não na aparência.
>
> | | |
> |---|---|
> | Abaixo do peso | Abaixo de 18,5 |
> | Peso saudável | 18,5 a 24,9 |
> | Sobrepeso | 25 a 29,9 |
> | Obeso | 30,0 ou mais |
>
> Há boas evidências de que as pessoas de origem asiática têm maiores riscos à saúde quando apresentam IMCs mais baixos do que pessoas brancas. Por esse motivo, a Organização Mundial da Saúde considerou a redução dos critérios de IMC para excesso de peso e obesidade para os asiáticos.
>
> Também é importante ter em mente que o IMC apresenta algumas limitações. Ele não se aplica a crianças e adolescentes com menos de 18 anos, adultos com mais de 60 anos, pessoas com uma grande massa muscular (p. ex., atletas) ou pessoas com doenças físicas.

Eu já era anoréxica há cerca de um ano e estava tentando começar a comer corretamente. Um dia, do nada, comi um biscoito de chocolate. De repente, comecei a comer todas aquelas coisas das quais me privava. Não foi um grande episódio compulsivo pelos meus padrões atuais, mas foram mais calorias do que eu normalmente comia em uma semana inteira. Eu saí do meu estado de transe e de repente fiquei apavorada com o que havia feito. Imediatamente fui ao banheiro e enfiei os dedos na garganta. Eu tive que vomitar e me livrar de todo aquele lixo dentro de mim.

A anorexia nervosa pode ter uma duração curta, com a pessoa se recuperando completamente com ou sem tratamento. Isso é mais típico para casos na adolescência. Alternativamente, ela pode evoluir para bulimia nervosa ou para um transtorno alimentar atípico (explicados na próxima seção). Uma pequena proporção das pessoas afetadas fica "presa" à anorexia nervosa. Esse é um estado extremamente grave do qual pode ser difícil escapar.

TRANSTORNO DE COMPULSÃO ALIMENTAR

Como sua denominação implica, a compulsão alimentar é a principal característica do transtorno de compulsão alimentar. O diagnóstico é recente, embora suas origens remontem ao final da década de 1950, quando Albert Stunkard, da Universidade da Pensilvânia, observou que algumas pessoas com obesidade tinham problemas significativos de compulsão alimentar. Essa observação foi amplamente ignorada ou esquecida até meados da década de 1980, quando começaram a surgir evidências de que cerca de um quarto daqueles que procuravam tratamento para obesidade relatavam episódios de compulsão alimentar, mas poucos atendiam aos critérios para bulimia nervosa. Na mesma época, estudos comunitários sobre a prevalência da bulimia nervosa mostraram que a maioria daqueles que comiam compulsivamente não tinham bulimia nervosa. Juntos, esses achados levaram à proposta de reconhecimento de um novo transtorno alimentar caracterizado por compulsão alimentar recorrente na ausência de métodos extremos de controle de peso. Esse transtorno é chamado atualmente de *transtorno de compulsão alimentar*. Antes disso, essas pessoas eram descritas, de forma um tanto pejorativa, como "comedores compulsivos".

Pessoas com transtorno de compulsão alimentar têm compulsões objetivas repetidas, mas não adotam medidas extremas de controle de peso usadas por pessoas com bulimia nervosa. Ou seja, elas não vomitam, não tomam laxantes, diuréticos ou pílulas dietéticas, não se exercitam exageradamente e não levam suas dietas a um grau extremo. Em vez disso, a alimentação delas é tipicamente caracterizada por uma tendência geral a comer demais, à qual a compulsão alimentar é sobreposta. Isso é ilustrado no registro de refeições mostrado na Figura 2.2. Não é de surpreender, portanto, que muitas pessoas com transtorno de compulsão alimentar estejam acima do peso ou tenham obesidade franca (como mostrado na Fig. 2.1).

Dia da semana   Quinta-feira   Data   20 de abril

Hora	Comidas e bebidas consumidas	Local	*	V/L	Contexto e comentários
8:10	*Bagel* com manteiga Café descafeinado	Cozinha			
8:25	Meio *bagel* com manteiga Café descafeinado	Cozinha	*		Um ótimo *bagel*, mas...
10:20	1 *muffin* Café descafeinado	Mesa do escritório			Não consigo parar de pensar em comer nesta manhã.
12:00	Pizza média de pepperoni Coca-Cola Zero	Café do escritório			Estou me sentindo mal. Muito cheio. Estou gigante.
15:00	2 *donuts* Café descafeinado 2 *donuts*	Mesa do escritório	* *		Tenho que parar de comprar esses *donuts*. Eles são bons demais!
18:30	Pacote grande de batatinhas Coca-Cola Zero 2 *bagels* com pasta de amendoim Fatia grande de bolo de chocolate Coca-Cola Zero	Cozinha (em pé)	* * *		Uma volta cansativa para casa. Estava inquieto. Não tenho nada para fazer... Acabei de começar a comer... sem nem pensar. Estava gostando no começo.
19:15	3 KitKats Chá descafeinado 6 bolas de sorvete de chocolate 1 iogurte de frutas vermelhas	Cozinha	* * *		Comecei a comer de novo. Não tem o que fazer. Eu não tenho nenhum autocontrole.
21:00	2 chás descafeinados				

FIGURA 2.2 Um registro alimentar de alguém com transtorno de compulsão alimentar. Observe a tendência geral de comer demais, à qual a compulsão alimentar é sobreposta. (Os asteriscos significam refeições vistas pela pessoa como excessivas. V/L significa vômito ou uso de laxante.)

O transtorno de compulsão alimentar afeta uma gama mais ampla de pessoas do que a anorexia nervosa e a bulimia nervosa; a distribuição de gênero é mais uniforme, com cerca de um terço dos casos incidindo no sexo masculino, e a faixa etária é mais ampla, estendendo-se desde a adolescência até a meia-idade. Ele também tende a ter um curso em fases, em que há períodos em que a pessoa está mais propensa à compulsão intercalados com outros períodos em que ela tem controle sobre a alimentação. Essas fases podem ser muito longas, durando meses ou até anos.

Estudos baseados na comunidade sobre transtorno de compulsão alimentar indicam que aqueles que procuram ajuda são um subgrupo atípico. Os casos investigados na comunidade são de pessoas mais jovens, e a maioria não está com sobrepeso.

OS TRANSTORNOS ALIMENTARES ATÍPICOS

Muitos transtornos alimentares não atendem aos critérios diagnósticos para anorexia nervosa, bulimia nervosa ou transtorno de compulsão alimentar. Esses transtornos alimentares atraíram uma variedade de rótulos, um dos quais costumava ser "transtorno alimentar não especificado" (TANE). Neste livro, empregarei a expressão menos complicada: *transtorno alimentar atípico*.

Os transtornos alimentares atípicos são aqueles observados em adultos e adolescentes que não se encaixam nas definições técnicas de anorexia nervosa, bulimia nervosa ou transtorno de compulsão alimentar. A categoria recentemente atraiu uma atenção considerável, pois se descobriu que ela é muito mais comum do que se supunha (ver Fig. 2.3). Como a bulimia nervosa e a anorexia nervosa, ela afeta principalmente adolescentes e mulheres jovens. Os transtornos alimentares atípicos podem ser divididos em cinco subgrupos mais ou menos distintos:

1. *Bulimia nervosa fora dos critérios diagnósticos*, em que o transtorno alimentar se assemelha à bulimia nervosa, mas simplesmente não atende a todos os seus critérios diagnósticos.
2. *Anorexia nervosa fora dos critérios diagnósticos*, em que o transtorno alimentar se assemelha à anorexia nervosa, mas simplesmente não atende a todos os seus critérios diagnósticos.

FIGURA 2.3 Gráfico de *pizza* mostrando a distribuição dos quatro diagnósticos de transtorno alimentar entre pacientes adultos que frequentam uma reconhecida clínica de tratamento de transtornos alimentares.
Fonte: Dados retirados de Fairburn, C. G., & Cooper, Z. (2011). Transtornos alimentares, DSM-5 e a realidade clínica. *British Journal of Psychiatry*, 198, 8–10.

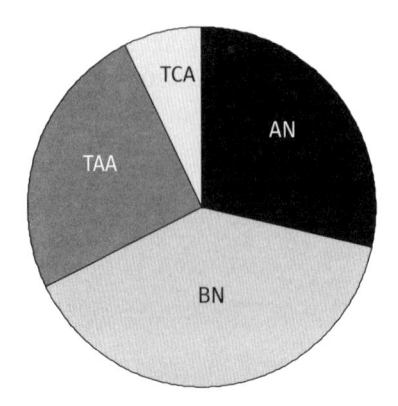

TCA = transtorno de compulsão alimentar
AN = anorexia nervosa
BN = bulimia nervosa
TAA = transtorno alimentar atípico

3. *Transtorno de compulsão alimentar fora dos critérios diagnósticos*, em que o transtorno alimentar se assemelha ao transtorno de compulsão alimentar, mas simplesmente não atende a todos os seus critérios diagnósticos.
4. *Transtornos alimentares mistos*, em que as características de bulimia nervosa, anorexia nervosa ou transtorno de compulsão alimentar são combinadas de forma a impossibilitar a classificação do estado como uma variante de um único desses transtornos.
5. *Síndrome do comer noturno*, em que há episódios recorrentes de comer durante a noite.

TRANSTORNOS ALIMENTARES MISTOS

O que pode ser chamado de *transtornos alimentares mistos* é a forma mais comum de transtorno alimentar atípico. A expressão se refere a transtornos alimentares em que características de anorexia nervosa e bulimia nervosa — e, às vezes, de transtorno de compulsão alimentar — estão misturadas. Um exemplo seria alguém com a fixação em avaliar sua forma e seu peso, característica da anorexia nervosa e da bulimia nervosa, com um peso um pouco baixo (mas não baixo o suficiente para se considerar que a pessoa tenha anorexia nervosa), com compulsões ocasionais, mas não regulares, com dieta extrema e com vômitos autoinduzidos intermitentes.

O que se sabe sobre esses transtornos alimentares é que eles são equivalentes à bulimia nervosa em termos de gravidade, duração e impacto na qualidade de vida da pessoa. Muitas vezes, a pessoa teve anorexia nervosa ou bulimia nervosa no passado. A compulsão alimentar é uma característica comum dos transtornos alimentares mistos.

Você pode eventualmente se deparar com a expressão *transtorno de purgação*. Ela é usada por alguns médicos para se referir a um transtorno alimentar em que há purgação recorrente (principalmente na forma de vômito autoinduzido ou uso indevido de laxantes ou diuréticos) na ausência de compulsão alimentar. Nossos dados de Oxford indicam que a maioria dessas pessoas relata ter compulsões subjetivas. Portanto, uma visão mais precisa dessa condição seria que essas pessoas têm uma forma de bulimia nervosa que não atende aos critérios diagnósticos mínimos.

SÍNDROME DO COMER NOTURNO

A síndrome do comer noturno é um diagnóstico relativamente novo sobre o qual ainda há muito a se aprender. Em princípio, três características devem estar presentes para que esse diagnóstico seja feito:

1. Episódios recorrentes de comer à noite (depois de adormecer) ou comer excessivamente durante a noite.
2. Consciência do comportamento no momento.
3. Padrão de alimentação que resulta em sofrimento ou prejuízo significativo.

A síndrome do comer noturno tende a começar durante o início da idade adulta e parece seguir um curso de longo prazo, embora possa haver períodos prolongados em que ela não esteja presente. Ela tende a ser particularmente prevalente entre pessoas com insônia ou obesidade e aqueles com transtorno de compulsão alimentar. Parece também acontecer em família, e é igualmente comum entre homens e mulheres.

O único transtorno alimentar que pode ser confundido com a síndrome do comer noturno é o transtorno de compulsão alimentar. Existem quatro principais características diferenciadoras: na síndrome do comer noturno, os episódios de comer em excesso ocorrem apenas à noite; os episódios são relativamente pequenos em volume (com média de cerca de 300 calorias); muitas vezes, não há sensação de perda de controle no momento; e a alimentação é frequentemente motivada pelo objetivo de voltar a dormir.

A PERSPECTIVA TRANSDIAGNÓSTICA

As distinções diagnósticas apresentadas anteriormente delineiam as principais formas de transtornos alimentares existentes. No entanto, elas têm falhas. Primeiro, elas podem nos cegar para o importante fato de que as pessoas com transtornos alimentares têm uma quantidade notável de características em comum. O mais importante é que elas compartilham hábitos alimentares semelhantes e preocupações semelhantes sobre forma e peso. Isso faz com que seja difícil estabelecer certas distinções diagnósticas. Tomemos como exemplo uma pessoa com todas as características de bulimia nervosa, mas um peso um pouco baixo, talvez com um IMC em torno de 18,0. O diagnóstico que essa pessoa recebe depende em grande parte de esse IMC ser visto como "significativamente baixo" — uma questão de debate. Se ele for visto como significativamente baixo, é provável que ela receba o diagnóstico de anorexia nervosa; se não for, será dito que a pessoa tem bulimia nervosa. Outro limite problemático é aquele entre bulimia nervosa e transtorno de compulsão alimentar. Em pessoas que não vomitam ou não tomam laxantes, a distinção depende principalmente de quão pouco essas pessoas comem entre as compulsões. Se for muito pouco, é provável que elas recebam um diagnóstico de bulimia nervosa, enquanto, se for uma quantidade um pouco maior, será dito que elas têm transtorno de compulsão alimentar. Em outras palavras, não há linhas divisórias nítidas entre os vários transtornos alimentares.

Uma segunda limitação do sistema de diagnóstico é que os três diagnósticos de transtorno alimentar fornecem uma imagem incompleta da gama de problemas que estão presentes, tanto em amostras comunitárias quanto em amostras clínicas. Como já discutimos, muitos transtornos alimentares não atendem aos critérios diagnósticos de anorexia nervosa, bulimia nervosa ou transtorno de compulsão alimentar e, portanto, devem ser colocados em uma categoria residual negligenciada, aqui denominada *transtorno alimentar atípico*.

A significância das distinções diagnósticas fica ainda mais em questão quando levamos em conta o fato de que a maioria dos transtornos alimentares muda de forma ao longo do tempo. Não é incomum que uma pessoa se encaixe em um diagnóstico de transtorno alimentar em janeiro e em outro em junho, sem uma grande mudança em seu estado. A "migração de diagnóstico" é a norma, não a exceção. Na minha prática clínica, encontrei inúmeras pessoas na faixa dos 20 ou 30 anos que tinham um transtorno alimentar desde a adolescência, mas que em um estágio teriam sido diagnosticadas como tendo anorexia nervosa, mais tarde bulimia nervosa e, mais recentemente, um transtorno alimentar atípico. Elas realmente tiveram três transtornos de saúde mental separados, um após o outro? Não, elas tiveram um único problema alimentar que evoluiu em forma ao longo do tempo.

Este livro adota uma perspectiva "transdiagnóstica" sobre problemas alimentares e como superá-los. A Parte I descreve toda a gama de problemas que as pessoas podem experimentar e o que os faz persistir. A Parte II descreve uma maneira de escapar desses problemas alimentares em que a compulsão alimentar é uma característica importante, independentemente do diagnóstico de transtorno alimentar.

3

Quem come compulsivamente?

Para qualquer pessoa que já tenha tido episódios compulsivos, a resposta para essa pergunta é de grande interesse, porque muitas pessoas têm a sensação de que estão sozinhas. Em grande parte, isso acontece devido à vergonha e ao silêncio que acompanham esse comportamento. Esse silêncio tem sido um problema para os pesquisadores, pois tornou difícil descobrir exatamente quem são as pessoas que têm compulsões alimentares.

O SURGIMENTO DA BULIMIA NERVOSA

O interesse pelo número de pessoas que comem compulsivamente tem suas origens na identificação da bulimia nervosa, em meados da década de 1970. O primeiro sinal do problema veio com a publicação de uma série de relatórios descrevendo a "bulimarexia" ou a "síndrome da purga compulsiva" entre estudantes do sexo feminino nos *campi* universitários dos Estados Unidos da América (EUA). O problema chamou mais atenção com a publicação, em 1979, de um artigo intitulado "Bulimia nervosa: an ominous variant of anorexia nervosa" (em português, "Bulimia nervosa: uma variante ameaçadora da anorexia nervosa"), escrito por Gerald Russell, de Londres, uma respeitada autoridade em anorexia nervosa. Nesse artigo, ele descreveu as características de 30 pacientes (28 mulheres e dois homens) que analisou entre 1972 e 1978. Esses pacientes tinham bulimia nervosa, como a conhecemos hoje.

Simultaneamente, em Edimburgo, eu tinha um grupo semelhante de pacientes. A coisa mais impressionante sobre esses pacientes era que a maioria achava que eles eram as únicas pessoas que tinham seus problemas alimentares. Eles pensavam que só eles tinham repetidos episódios de comer em excesso descontroladamente seguidos de vômito ou da ingestão de laxantes. A visão deles não era algo surpreendente, já que a bulimia nervosa ainda não havia atraído a atenção do público. Na verdade, naquela época sequer se ouvia falar em compulsão alimentar.

A maioria dos meus pacientes de Edimburgo manteve seus problemas alimentares em segredo por muitos anos. Eles fizeram isso em parte por vergonha e nojo de si mesmos e em parte porque achavam que nada poderia ser feito para ajudá-los. Manter o problema escondido não era muito difícil, já que a maioria tinha um peso corporal normal e conseguia comer de uma maneira relativamente ordinária quando com outras pessoas. A compulsão alimentar deles ocorria no privado. Alguns descreveram ter eventualmente reunido coragem para consultar o médico da família, apenas para ouvirem que não tinham um problema alimentar porque estavam dentro do peso. O fato de meus pacientes terem mantido seus problemas ocultos por muitos anos sugeriu que isso poderia não ser uma variante incomum da anorexia nervosa, como sugerido por Gerald Russell; em vez disso, poderia ser um problema de saúde significativo por si só. O desafio era descobrir se esse era realmente o caso. Como casos ocultos poderiam ser descobertos?

A solução foi recorrer à ajuda da revista *Cosmopolitan*. Como a maioria das minhas pacientes eram mulheres jovens, pensei que muitas poderiam ler essa revista. Então, providenciei para que uma pequena nota fosse publicada na edição do Reino Unido de abril de 1980 (ver Fig. 3.1). O resultado foi surpreendente. Dentro de cerca de uma semana, recebi cartas de mais de mil mulheres, a maioria das quais parecia achar ter bulimia nervosa (ver Quadro 3.1).

Mais ou menos simultaneamente, em Chicago, Craig Johnson estava recebendo muitos pedidos de informações após a publicação de vários artigos populares sobre bulimia nervosa. Ele e seus colegas também enviaram vários questionários e, dessa forma, identificaram 361 mulheres com bulimia nervosa (chamada apenas de *bulimia* nos EUA na época). Essas mulheres eram muito parecidas com aquelas identificadas por meio da revista *Cosmopolitan* (ver Tab. 3.1).

Outras clínicas também estavam encontrando casos desse "novo" transtorno alimentar. O transtorno apareceu mais ou menos simultaneamente na América do Norte, no Reino Unido, na Austrália e na Nova Zelândia.

> **New eating pattern**
>
> Some psychiatrists have become concerned recently over what may be the emergence of a new and bizarre eating disorder affecting young women in their late teens and twenties. The principal features are frequent self-induced and secretive vomiting and a profound fear of becoming fat.
>
> The sufferers have an irresistible desire to eat and drink, but keep their weight normal by vomiting.
>
> The condition is difficult to treat — and many GPs may not be fully acquainted with the symptoms and dangers — but even in a mild form it can have serious physical and psychological repercussions.
>
> Psychiatrists would like to know more about the prevalence of the disorder. Anyone with experience of vomiting this way might be able to help research by answering a confidential questionaire. Write to: Dr C G Fairburn, University Department of Psychiatry, Royal Edinburgh Hospital, Morningside Park, Edinburgh EH10 5HF.

FIGURA 3.1 A nota na *Cosmopolitan* (da seção "Saúde" da edição de abril de 1980).

Pouco se sabe sobre as origens da bulimia nervosa. É possível que ela tenha sido uma fonte de sofrimento não detectado anos, décadas ou mesmo séculos antes de o transtorno ser reconhecido. A experiência das minhas pacientes de Edimburgo e daquelas que responderam à nota da *Cosmopolitan* indica que o transtorno certamente passou despercebido pelo menos por algum tempo. Dito isso, há muito menos casos documentados de compulsão alimentar e purgação anteriores a meados do século XX do que de indivíduos que tiveram anorexia nervosa. No geral, parece improvável que a bulimia nervosa tenha atormentado jovens mulheres por séculos antes de o transtorno ser reconhecido. Mas a questão de por que houve um aumento tão dramático de casos na década de 1970 permanece sem resposta. A pesquisa sobre as causas da bulimia nervosa fornece algumas pistas (ver Cap. 6).

QUADRO 3.1 O estudo da *Cosmopolitan*

Para descobrir se a bulimia nervosa era um problema de saúde significativo, mas não detectado, uma nota foi publicada na página da seção "Saúde" da edição de abril de 1980 da revista feminina *Cosmopolitan* (ver Fig. 3.1). Ela pedia às pessoas que estavam usando o vômito autoinduzido como meio de controle de peso que escrevessem se estivessem dispostas a preencher um questionário confidencial. O vômito foi escolhido como a característica para identificar casos potenciais porque é uma das características centrais menos ambíguas da bulimia nervosa.

Dentro de cerca de uma semana, mais de mil respostas foram recebidas. As primeiras 800 pessoas a responder receberam um questionário feito para obter informações sobre peso, hábitos alimentares e atitudes em relação à forma e ao peso. Seiscentos e sessenta e nove questionários (84%) foram devolvidos preenchidos completamente. Com base nas respostas, ficou claro que 499 dos entrevistados tinham uma alta probabilidade de ter bulimia nervosa.

Todos os 499 casos eram de mulheres (lembrando que a *Cosmopolitan* era uma revista feminina). A idade média era de 24 anos, e dois terços estavam na faixa dos 20 anos. Mais de três quartos (83%) tinham um peso corporal dentro da faixa saudável para sua idade e sua altura. Na maioria dos casos, o problema alimentar havia começado na adolescência, e essas pessoas estavam comendo compulsivamente, em média, há 5 anos. Cerca de um quarto (27%) relatou que estava comendo compulsivamente pelo menos diariamente, e mais da metade (56%) vomitava diariamente. Dezenove por cento abusavam de laxantes.

O grau de angústia relatado por essas mulheres era extremo. Muitas escreveram longas cartas pedindo ajuda. Dois terços (68%) apresentaram níveis clinicamente significativos de depressão e ansiedade. A maioria expressou surpresa e alívio ao saber que não eram as únicas com o problema.

Mais da metade dessas mulheres achavam que precisavam de ajuda profissional, mas apenas 2,5% estavam recebendo qualquer forma de tratamento. Daquelas que queriam ajuda, menos da metade (43%) já havia mencionado o problema a um profissional de saúde.

Os resultados desse estudo sugeriram de modo contundente que a bulimia nervosa era um problema significativo e, em grande parte, não detectado.

Fonte: Fairburn, C. G., & Cooper, P. J. (1982). Self-induced vomiting and bulimia nervosa: An undetected problem. *British Medical Journal*, 284, 1153–1155.

TABELA 3.1 Uma comparação das amostras recrutadas em dois levantamentos iniciais sobre bulimia nervosa

	Amostra britânica	Amostra americana
Idade (em anos)	23,8	23,7
Estado civil Casados (%)	20,7	18,4

Compulsão alimentar[a]
    Idade no começo (em anos)
    Duração (em anos)
    Porcentagem da frequência
    (pelo menos diariamente)
	18,4
	5,2
	27,2
		18,1
		5,4
		50,0

Vômito autoinduzido
    Porcentagem da frequência
    (pelo menos diariamente)
	56,1	45,7

Abuso de laxativos
    Porcentagem que abusa
    diariamente
	18,8	33,0

Peso[a]
    Dentro do peso
    Alguma vez acima do peso (%)
    Com transtornos menstruais (%)
	83,2
	45,2
	46,6
		61,6
		50,1
		50,7

Fontes: Amostra Britânica — Fairburn, C. G., & Cooper, P. J. (1982). Self-induced vomiting and bulimia nervosa: An undetected problem. *British Medical Journal,* 284, 1153–1155. Amostra americana — Johnson, C. L., Stuckey, M. K., Lewis, L. D., & Schwartz, D. M. (1983). A survey of 509 cases of self-reported bulimia. In P. L. Darby, P. E. Garfinkel, D. M. Garner, & D. V. Coscina (Eds.), *Anorexia nervosa: Recent developments in research.* New York: Alan Liss.
[a] Definições diferentes foram usadas nos dois estudos.

A QUESTÃO DA DETECÇÃO

Talvez você tenha ficado impressionado com o fato de que apenas 2,5% das pessoas identificadas no estudo da *Cosmopolitan* estavam se tratando. Hoje, muito mais pessoas procuram ajuda, mas normalmente isso só ocorre após um atraso significativo. Por que isso acontece? As razões são muitas:

1. Como já discutimos, problemas de compulsão alimentar são acompanhados de sentimentos de vergonha e culpa. Ao procurar tratamento,

os pacientes correm o risco de que outras pessoas descubram sobre o problema deles e os anos de enganação e subterfúgios que foram necessários para mantê-lo em segredo.
2. Os homens podem achar particularmente difícil admitir ter um problema de compulsão alimentar, pois esses problemas são amplamente vistos como restritos às mulheres.
3. Algumas pessoas sentem que não merecem ajuda.
4. Algumas pessoas pensam que o problema alimentar delas não é grave o suficiente para precisar de tratamento.
5. Algumas pessoas esperam que o problema se resolva por conta própria.
6. Outras não querem ajuda, pois obtêm algum benefício com o problema. Por exemplo, a compulsão pode ajudá-las a lidar com emoções intensas (ver Cap. 6) ou pode fornecer a elas uma desculpa para não terem um bom desempenho em algum aspecto da vida (p. ex., carreira ou relacionamentos).
7. Pode haver barreiras financeiras para obtenção de ajuda. As pessoas com o transtorno podem não ter os recursos financeiros ou o plano de saúde necessários para cobrir o custo do tratamento. Surpreendentemente, alguns planos de saúde não cobrem o tratamento de transtornos alimentares atípicos.
8. Pode ser algo difícil de contar para profissionais de saúde. Problemas de saúde anteriores (p. ex., irregularidade menstrual; ver Cap. 5) podem ter resultado do problema alimentar, mas essa provável causa pode ter sido mantida escondida do profissional de saúde.

O fato de que apenas uma pequena proporção daqueles com problemas de compulsão alimentar está recebendo ajuda profissional é preocupante porque já existem tratamentos capazes de ajudá-los. Isso inclui o programa de autoajuda na Parte II deste livro.

OS RESULTADOS DE ESTUDOS COMUNITÁRIOS

Desde 1980, tem havido inúmeros estudos sobre a prevalência de problemas de compulsão alimentar. A maioria se concentrou em mulheres brancas entre 14 e 40 anos, pois acredita-se que esse seja o público em maior risco. No entanto, mais e mais estudos têm incluído homens, uma faixa etária mais ampla e diferentes grupos étnicos.

O método usado para detectar casos geralmente é um questionário simples, porém tais questionários tendem a gerar estimativas inflacionadas. Os estudos mais confiáveis são aqueles em que as pessoas são entrevistadas. Curiosamente, esses estudos produziram resultados relativamente consistentes. Parece que a bulimia nervosa afeta entre 1 e 2% das mulheres adultas jovens, enquanto o transtorno de compulsão alimentar afeta cerca de 2 a 3% dos homens e mulheres e uma faixa etária muito mais ampla. Esses números são relevantes, pois os problemas de compulsão alimentar prejudicam tanto a qualidade de vida (ver Cap. 4) quanto a saúde física (ver Cap. 5).

Também houve estudos com crianças. Esses estudos descobriram que a compulsão alimentar também ocorre em crianças, particularmente entre aquelas que estão acima do peso. Em uma amostra de 112 crianças com excesso de peso, mais de 5% preencheram os critérios para transtorno de compulsão alimentar.

ESTUDOS DE OUTROS GRUPOS SOCIAIS

Houve poucos estudos envolvendo grupos étnicos além dos brancos. Isso é lamentável, pois há evidências de que asiáticos e hispano-americanos são propensos a desenvolverem problemas de compulsão alimentar. Alguns estudos sugeriram, inclusive, que eles podem ser ainda mais vulneráveis.

Países de renda baixa e média também têm sido negligenciados. Isso ocorre em grande parte porque os transtornos alimentares tendem a ser vistos como "síndromes ligadas à cultura ocidental". Essa visão agora está desatualizada, já que há cada vez mais evidências de que esses transtornos ocorrem em todo o mundo. Por exemplo, bulimia nervosa e anorexia nervosa certamente ocorrem em países asiáticos de rendas alta e baixa, incluindo Japão, China, Índia e Malásia. No mundo árabe, os problemas alimentares também estão se tornando uma preocupação de saúde pública.

4
Aspectos psicológicos e sociais

Às vezes, uma compulsão é apenas uma compulsão. É um comportamento isolado que, mesmo que recorrente, não está associado a outros problemas. Na maioria das vezes, porém, a compulsão alimentar está associada a outras dificuldades. Você pode, inclusive, estar lendo este livro por causa desses outros problemas alimentares, e não por causa de uma compulsão alimentar. A relação entre esses problemas e a compulsão alimentar é complexa, e frequentemente se desenvolvem círculos viciosos que são autossustentáveis e difíceis de romper.

O objetivo deste capítulo e do próximo é descrever os muitos problemas e preocupações associados à compulsão alimentar e examinar a possível contribuição deles para os problemas de compulsão alimentar. Este capítulo se concentra em problemas que podem ser descritos como psicológicos ou sociais; os problemas físicos são examinados no Capítulo 5.

DIETA

Muitas pessoas que comem compulsivamente também levam a dieta a um grau extremo — ou pelo menos tentam levar. A exceção disso são as pessoas com transtorno de compulsão alimentar. Uma dieta de emagrecimento sustentada pontuada por episódios de compulsão alimentar é o padrão alimentar observado na bulimia nervosa e nos casos de anorexia nervosa em que há compulsões. Em alguns casos, pouco ou nada é comido fora desses episódios compulsivos. No transtorno de compulsão alimentar, o padrão alimentar é diferente. Há uma tendência geral de comer em excesso, à qual é sobreposta a compulsão alimentar. Pessoas com transtorno de compulsão alimentar fazem dieta às vezes; é comum, inclusive, que elas alternem entre períodos de dietas bem-sucedidas, que podem durar meses, e períodos de excessos, quando também comem compulsivamente. Como resultado, o peso corporal dessas pessoas pode mudar acentuadamente de um mês para outro ou de um ano para outro.

É comum que as pessoas com bulimia nervosa cometam o erro de pensar que suas dietas são simplesmente uma resposta à compulsão alimentar. Embora a dieta de emagrecimento seja sem dúvida incentivada pela compulsão alimentar, especialmente entre aqueles que estão muito preocupados com sua forma e seu peso, ela também desempenha um papel importante na causa da compulsão alimentar. Por exemplo, os episódios de compulsão alimentar são muito mais propensos a ocorrer em dias em que a pessoa está fazendo dieta. Isso é ilustrado na Figura 4.1, que mostra como a dieta pode simultaneamente incentivar a compulsão alimentar e ser uma resposta a ela. Ambos os processos são poderosos e juntos resultam em uma compulsão alimentar que persiste mês após mês e até ano após ano. Portanto, ao abordarmos um problema de compulsão alimentar, é crucial tratar não apenas da compulsão alimentar, mas também de qualquer dieta que esteja contribuindo para ela.

Fazer dieta para emagrecer tem um papel importante no desenvolvimento da compulsão alimentar.

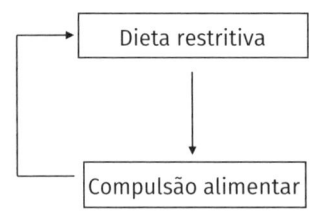

FIGURA 4.1 O círculo vicioso que liga dietas restritivas e compulsão alimentar.

As três formas de fazer dieta

Existem três maneiras principais pelas quais as pessoas fazem dieta. Pessoas que têm compulsão, e particularmente aquelas com bulimia nervosa ou anorexia nervosa, tendem a praticar todas as três maneiras.

Adiar a alimentação. Algumas pessoas não comem quase nada entre os episódios compulsivos. Inclusive, elas podem não comer por dias a fio (isto é, elas fazem jejum). Mais comumente, porém, elas adiam a alimentação pelo maior tempo possível durante o dia, muitas vezes não comendo até a noite. Cerca de uma em cada quatro pessoas com bulimia nervosa faz isso, algo que é muito menos comum no transtorno de compulsão alimentar (cerca de uma em cada 20 pessoas). Entre a população em geral, apenas uma em cada 100 pessoas não come durante o dia.

Restringir a quantidade total consumida. Isso geralmente envolve tentar manter a ingestão de alimentos abaixo de um certo limite de calorias. Para muitas pessoas com bulimia nervosa, o limite é de 1.000 ou 1.200 calorias por dia, bem abaixo da quantidade necessária para uma pessoa funcionar normalmente no dia a dia. Algumas pessoas estabelecem limites calóricos ainda mais extremos e inadequados, como 800 ou até 600 calorias por dia.

Evitar certos tipos de alimentos. Pessoas que comem compulsivamente podem evitar certos tipos de alimentos porque acreditam que eles engordam ou porque comê-los já desencadeou compulsões no passado. Elas geralmente descrevem esses alimentos como "proibidos", "ruins" ou "perigosos". A pesquisa mostrou que cerca de uma em cada cinco mulheres na população em geral faz dieta dessa maneira. Em contraste, três quartos das pessoas com bulimia nervosa o fazem, assim como metade das pessoas com transtorno de compulsão alimentar.

A variedade de alimentos evitados varia muito. Entre as pessoas mais radicais com a dieta, poucos alimentos — além daqueles fabricados e comercializados como "alimentos *diet*" — são consumidos livremente. A Figura 4.2 mostra a "lista de alimentos a se evitar" de um paciente com bulimia nervosa.

Não é incomum que aqueles que têm uma dieta restritiva descrevam o que estão fazendo como uma "alimentação saudável" ou justifiquem suas práticas restritivas alegando que são vegetarianos ou que têm alergia alimentar. Seja qual for a maneira como a alimentação é descrita, qualquer restrição dietética que tenha como objetivo, pelo menos em parte, reduzir o peso ou mudar a forma da pessoa deve ser vista como fazer dieta.

Os efeitos de fazer dieta

> *Penso em comida todo tempo em que estou acordado.*
> *Até meus sonhos são sobre comida.*

Leite integral	Panquecas	Outras massas
Manteiga	Sorvete	*Pizza*
Queijo	*Milkshakes*	Frango frito
Pão	Barras de chocolate	Batata frita
Bagels	Refrigerante	Frango à parmegiana
Muffins	Batatinhas	Costelas
Cereais	Tortilhas	Rocambole
Biscoitos	Molhos para salada	Cachorro-quente
Bolo	Maionese	Hambúrguer
Donuts	Salada de macarrão	Comida chinesa
Pasta de amendoim	Espaguete e macarrão instantâneo	

FIGURA 4.2 Uma lista de alimentos evitados por uma pessoa com bulimia nervosa.

Fazer dieta tem efeitos físicos e psicológicos. Os efeitos físicos são descritos no Capítulo 5. Um efeito psicológico importante é que a pessoa fica perdida em seus pensamentos sobre comida e alimentação e pode desenvolver uma sensação de privação. Algumas dessas pessoas encontram-se completamente preocupadas com o próprio assunto que estão tentando evitar, incapazes de pensar em outra coisa senão em comida e em comer. Elas têm dificuldades para se envolver em atividades cotidianas que exijam concentração, e mesmo atividades que exijam um foco mental mínimo, como assistir à televisão, podem se tornar impossíveis. Não importa o que elas estejam fazendo, pensamentos sobre comida e comer continuam se intrometendo em suas mentes e até mesmo em seus sonhos. E, como você deve estar ciente se tem um amigo ou parente que está fazendo dieta, algumas também não conseguem parar de falar sobre o assunto. Se observarmos as figuras na Tabela 4.1, poderemos ver que as preocupações desse tipo são raras entre as mulheres jovens em geral, mas até uma em cada quatro pessoas com um problema de compulsão alimentar é afetada por elas em um grau moderado ou acentuado.

Dieta restritiva *versus* dieta comum

As três formas de dieta que acabamos de descrever são todas *extremas* — ou seja, nelas são acentuadas as restrições sobre quanto, o que e quando a pes-

TABELA 4.1 Preocupação com pensamentos sobre comida e alimentação entre mulheres com problemas de compulsão alimentar e mulheres na população em geral

	Mulheres na comunidade (%)	Mulheres com transtorno de compulsão alimentar (%)	Mulheres com bulimia nervosa (%)
Pouca ou nenhuma	95	57	49
Pequena	3	18	23
Moderada	2	21	13
Acentuada	0	4	15

soa come. A dieta de algumas pessoas com compulsão alimentar, particularmente aquelas com bulimia nervosa, também tende a ser *restritiva*. Em vez de terem um objetivo geral, essas pessoas têm um objetivo muito específico e, se não o atingem, sentem que falharam. A maioria das pessoas que fazem dieta pode querer manter sua ingestão de calorias abaixo de, digamos, 1.500 calorias por dia e provavelmente ficará satisfeita se conseguir atingir esse objetivo na maioria dos dias. Em contraste, os praticantes de dietas restritivas sentem que *são obrigados* a atingir esse objetivo ao pé da letra e que, se comeram mais do que suas "regras" permitem, eles "falharam".

Quando a dieta é ao mesmo tempo extrema e restritiva, envolvendo regras dietéticas muito específicas que exigem uma restrição considerável, repetidas "falhas" são de se esperar. Isso é desmotivante. Mas, para piorar a situação, essas falhas desencadeiam compulsões, porque pessoas com dietas restritivas são propensas a abandonar a dieta, pelo menos temporariamente, quando quebram suas regras, e o resultado disso são episódios compulsivos. Isso reflete o estilo de pensamento dessas pessoas, que é

> *Pessoas com dietas restritivas que quebram uma regra da dieta são propensas a "desistir" temporariamente e ter episódios compulsivos.*

característico de muitos daqueles com compulsão, o chamado pensamento de "tudo ou nada" ou pensamento "dicotômico". As pessoas com esse tipo de pensamento veem as coisas em termos extremos — ou preto, ou branco. Elas se veem como bem-sucedidas ou fracassadas, veem os alimentos como bons ou ruins, e assim por diante. Como resultado, a dieta caracterizada por várias regras estritas e acompanhada por um pensamento de tudo ou nada cria um ciclo entre compulsão alimentar e dieta restritiva, com uma estimulando a outra.

OUTROS MEIOS DE CONTROLE DE FORMA E PESO

Fazer dieta é o método de controle de peso mais comum praticado por pessoas com problemas de compulsão alimentar. No entanto, algumas pessoas utilizam medidas mais extremas, incluindo induzir vômitos e tomar laxantes e diuréticos. Essas formas de comportamento são comuns na bulimia nervosa, na anorexia nervosa e em muitos transtornos alimentares atípicos, mas, por definição (como explicado no Cap. 2), não estão presentes no transtorno de compulsão alimentar. Juntas, elas são muitas vezes referidas como "purga".

Vômito autoinduzido

Um dia comecei a vomitar depois de comer demais. Parecia uma ótima maneira de ficar magra sem fazer dieta. Eu conseguia comer o quanto quisesse e então me livrar da comida. Era tão mais fácil do que toda aquela dieta.

Eu como até literalmente não conseguir mais. Então, usando meus dedos, eu vomito. Durante a meia hora seguinte, bebendo água entre os vômitos, eu vomito toda a comida do meu estômago. Então, me sinto desanimada, deprimida, sozinha e desesperadamente assustada por ter perdido o controle novamente. Sinto-me fisicamente terrível: exausta, com os olhos inchados, tonta, fraca e com a garganta doendo. Também fico com medo porque sei que é perigoso. Depois de algumas sessões de vômito, depois de começar a vomitar sangue, tentei parar, mas não consegui. O medo que se acumulava era tão grande que comecei a me sentir doente novamente.

Não é de conhecimento geral que entre 5 e 10% das mulheres jovens admitem já terem induzido vômitos e que até 2% das mulheres adultas jovens vomitam com a frequência de uma ou mais vezes por semana. "Epidemias" de vômitos autoinduzidos às vezes ocorrem, por exemplo, nos dormitórios de universidades. O vômito autoinduzido é especialmente comum entre pessoas com bulimia nervosa, mas também ocorre em até metade das pessoas com anorexia nervosa. Embora a maioria dessas pessoas vomite para se livrar dos alimentos que ingeriram — ou seja, para tentar limitar o número de calorias absorvidas —, ao longo do tempo, outros motivos podem ser adquiridos; por exemplo, algumas pessoas acham que o vômito libera a tensão.

O vômito autoinduzido não é necessariamente evidência de um transtorno alimentar (conforme definido no Cap. 2). A questão principal é se o vômito e as outras características do problema alimentar interferem na saúde física ou na qualidade de vida da pessoa. Uma questão particularmente importante é se a pessoa tem controle sobre o comportamento. Se alguém optar por vomitar ocasionalmente, por mais que isso seja socialmente pouco convencional, é improvável que o comportamento seja evidência de um transtorno alimentar. Mas, se o vômito é frequente ou não pode ser evitado, ele é quase certamente indicativo de um problema alimentar significativo.

> *Eu paro de comer quando começo a me sentir mal. Nesse ponto, começo a ter um desejo irresistível de me livrar de toda a comida que comi. Enfio os dedos na garganta e vomito de novo e de novo até me sentir completamente vazia. Isso faz com que eu me sinta aliviada e limpa. Mas também me deixa exausta.*

Normalmente, o vômito autoinduzido acontece enfiando um objeto na parte de trás da garganta para induzir o reflexo de vômito. Depois de um tempo, no entanto, algumas pessoas conseguem regurgitar à vontade apenas curvando-se ou talvez pressionando o estômago. Há outras que não conseguem vomitar, por mais que tentem.

A maioria das pessoas vomita depois de comer grandes quantidades de comida, mas algumas pessoas vomitam depois de comer qualquer coisa, especialmente se for algo que elas acham que engorda. Algumas pessoas vomitam apenas uma vez depois de comer, e isso as livra de comida suficiente para aliviar a ansiedade relativa ao que comeram. Outras vomitam repetidamente até não conseguirem mais. Esse processo pode levar uma hora ou mais e pode deixá-las fisicamente esgotadas. Uma minoria pratica uma técnica de "limpeza": essas pessoas bebem algo e vomitam repetidas vezes até que o líquido volte livre de qualquer alimento. Somente nesse ponto elas se sentem convencidas de que fizeram tudo o que podiam. Essa prática é fisicamente perigosa, pois pode resultar em uma perturbação eletrolítica (consulte o Cap. 5, p. 76).

A crença de que o vômito é um meio eficaz de se livrar da comida é equivocada. Embora ele claramente remova alguns dos alimentos, estudos de laboratório demonstraram que ele recupera apenas metade das calorias consumidas. Por exemplo, um estudo descobriu que, enquanto os episódios compulsivos de voluntários tinham em média 2.131 calorias, o vômito trazia apenas 979 dessas calorias de volta. A relativa ineficácia do vômito explica por que a maioria das pessoas com bulimia nervosa tem um peso normal; elas vivem do resíduo de cada um de seus episódios compulsivos, os 50% que elas não conseguiram eliminar. É importante lembrar que o episódio compulsivo médio contém entre 1 e 2 mil calorias (ver p. 12).

> *O vômito carrega cerca de metade das calorias consumidas.*

Algumas pessoas dizem que sabem que conseguem vomitar quase tudo o que comeram. Geralmente essas pessoas comem um alimento "marcador" (como tomates) no início de cada episódio compulsivo e vomitam repetidamente até que esse alimento (ou seja, as cascas do tomate) apareça. Elas estão supondo erroneamente que o alimento é depositado no estômago em camadas. Na verdade, o conteúdo do estômago fica misturado, então o reaparecimento do alimento marcador não indica que o estômago tenha sido esvaziado de tudo o que foi comido.

> *Eu comecei a vomitar como uma forma de poder comer o que gostava sem me sentir culpado e sem engordar. Vomitar era surpreendentemente fácil, e eu ficava muito satisfeito comigo mesmo. Foi só mais tarde que percebi o problema que isso havia se tornado.*

> *Nos últimos 8 anos, tenho repetido para mim mesma: "Esta vai ser a última vez que vomito". No começo, não ficava tão incomodada: pensava que conseguiria controlar se quisesse. Mas logo ficou claro que eu não tinha controle nenhum. Agora, parar parece completamente fora do meu alcance.*

Se adotarmos uma perspectiva de longo prazo, o vômito autoinduzido se torna um meio de controle de peso ainda menos atraente. Pessoas que induzem o vômito geralmente descrevem o prazer que experimentaram quando fizeram isso pela primeira vez. Era a resposta para seus problemas: em vez de lutar para controlar seus desejos de comer, elas podiam ceder, mas não ganhar peso. Na prática, elas pagam um preço alto porque o vômito incentiva a comer em excesso. Isso é resultado de dois mecanismos. Primeiro, como as pessoas acreditam que ao vomitar evitarão absorver a maior parte do que comeram, suas tentativas de resistir à fome são prejudicadas, e, como resultado, elas tendem a se tornar mais propensas à compulsão; além disso, suas compulsões se tornam maiores em volume. Elas também descobrem que é mais fácil vomitar se o estômago estiver cheio. Como resultado desses processos, um novo círculo vicioso se estabelece, sendo o vômito uma resposta à compulsão alimentar e um comportamento que a encoraja (ver Fig. 4.3). O vômito inclusive pode se tornar um dos principais processos que mantêm a compulsão alimentar. Isso é ilustrado pelo fato de que muitas pessoas que vomitam são capazes de resistir à compulsão alimentar se souberem que não terão a oportunidade de vomitar.

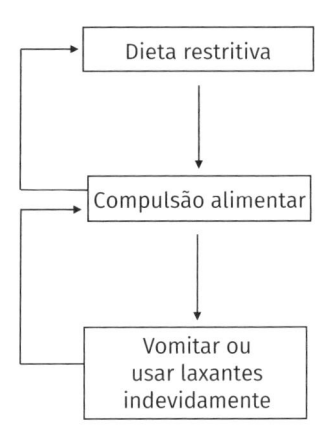

FIGURA 4.3 Os círculos viciosos que ligam dieta restritiva, compulsão alimentar e vômitos.

O outro ponto a ser enfatizado é óbvio. O vômito tem efeitos físicos nocivos. Esses efeitos são descritos no Capítulo 5. O Quadro 4.1 resume os principais fatos sobre o vômito autoinduzido.

QUADRO 4.1 Quatro fatos importantes sobre o vômito autoinduzido

1. O vômito é ineficiente. Ele só "recupera" cerca de metade das calorias consumidas em um episódio compulsivo típico.
2. Vomitar estimula a pessoa a comer em excesso: as pessoas se tornam mais propensas a terem compulsões, e suas compulsões aumentam.
3. Vomitar mantém a compulsão alimentar.
4. Vomitar tem efeitos físicos nocivos.

Uso indevido de laxantes e diuréticos

Comecei a tomar laxantes porque estava com medo de que, por estar comendo tanto, engordasse muito rapidamente. Pensei que, se tomasse laxantes, toda a comida passaria direto por mim.

Li em uma revista sobre pessoas que usavam laxantes como uma forma de se purificar. Eu experimentei vomitar, mas não consegui. Então eu saí e comprei alguns laxantes. Eu tomava 10 deles depois de cada episódio compulsivo que eu tinha. No fundo, eu sabia que eles não faziam nada para neutralizar a compulsão, mas eles faziam eu me sentir vazio e limpo por dentro.

O uso de laxantes ou diuréticos (pílulas de água) para controlar o peso é menos comum do que os vômitos autoinduzidos. Os laxantes são tomados por cerca de um terço das pessoas com bulimia nervosa, e os diuréticos, por cerca de 10% (ver Tab. 4.2). Ambos podem ser utilizados isoladamente ou em combinação com vômitos autoinduzidos. Por definição, todas as três formas de comportamento são incomuns entre aqueles com transtorno de compulsão alimentar, embora ocorram na anorexia nervosa e em alguns transtornos alimentares atípicos.

Pessoas com problemas de compulsão alimentar fazem mau uso de laxantes de duas maneiras. Elas os tomam para compensar episódios compulsivos — caso muito semelhante ao de pessoas que induzem o vômito, e no qual a quantidade tomada pode ser muito grande —, ou os tomam de modo regular independentemente de episódios compulsivos específicos — caso em que a quantidade tomada é menor, e o comportamento é

TABELA 4.2 Métodos comuns de controle de peso (além de fazer dieta) de pessoas com bulimia nervosa

	Amostra da comunidade (%)	Amostra clínica (%)
Vômito autoinduzido	54	76
Uso indevido de laxantes	35	38
Vômito e uso indevido de laxantes	19	23
Uso indevido de diuréticos	10	12

mais parecido com o de fazer dieta. Os diuréticos tendem a ser tomados da segunda maneira.

Os laxantes têm pouco efeito na absorção de calorias, porque a maioria dos alimentos é absorvida no alto do intestino, enquanto os laxantes agem mais abaixo. Os diuréticos não têm efeito na absorção de calorias: eles são meramente desidratantes. No entanto, algumas pessoas acham o uso desses medicamentos gratificante, principalmente porque o peso cai, embora transitoriamente, devido ao líquido perdido na diarreia ou no excesso de urina. (No Cap. 5, p. 67, discuto a hidratação e sua importância em relação ao peso corporal.) Além disso, algumas pessoas acham que tomar laxantes lhes dá a sensação de terem se livrado, ou se "limpado", da comida que comeram. Dessa forma, os laxantes, como o vômito autoinduzido, podem estimular mais episódios compulsivos. Muitas pessoas também descrevem gostar da sensação de que seu abdome está vazio depois de tomar laxantes, e algumas valorizam particularmente a aparência desinchada que surge temporariamente. Uma minoria não se importa com os efeitos físicos desagradáveis. Elas veem as cólicas e os espasmos abdominais — e a diarreia associada — como apenas uma punição por terem comido demais.

Os efeitos físicos do uso indevido de laxantes e diuréticos são descritos no Capítulo 5.

Pílulas dietéticas

As pílulas dietéticas, tipicamente inibidores de apetite, também são utilizadas indevidamente por algumas pessoas com transtornos alimentares. Isso ocorre apesar do fato de que essas drogas têm apenas um efeito modesto no peso corporal.

Exercitar-se em excesso

Algumas pessoas com compulsão alimentar se exercitam muito, em grande parte para influenciar sua forma ou seu peso. Isso geralmente não é um problema, a menos que comece a tomar conta da vida da pessoa. Se o exercício começar a ter precedência sobre outras atividades importantes, como comer, dormir ou socializar, a preocupação é justificada.

Um subconjunto de pessoas desenvolve uma ânsia ou uma "compulsão" por exercícios. Isso é caracterizado pela dificuldade em resistir a se exercitar, mesmo quando os custos superam em muito os benefícios. Isso é mais frequentemente visto na anorexia nervosa. Nessas pessoas, podem ocorrer "lesões por excesso".

Outro fenômeno relacionado ao exercício é o "endividamento". Isso acontece quando comer e se exercitar ficam ligados de tal forma que as pessoas não comem a menos que tenham queimado o número necessário de calorias de antemão. Ele tende a coexistir com o exercício em excesso e, embora incomum, é visto em todos os transtornos alimentares, exceto no transtorno de compulsão alimentar.

No outro extremo do espectro, exercitar-se muito pouco é mais característico de pessoas com obesidade, incluindo aquelas com transtorno de compulsão alimentar. Isso contribui tanto para a obesidade quanto para os riscos à saúde associados.

Manipulação da ingestão de fluidos

Não é incomum que as pessoas que comem compulsivamente manipulem sua ingestão de líquidos como um meio de controlar sua alimentação ou seu peso. Entre os comportamentos observados, estão os seguintes:

- Beber grandes quantidades de líquidos para reduzir o apetite e sentir-se saciado.
- Beber grandes quantidades de líquidos para facilitar o vômito.
- Fazer uma "limpeza" — isto é, beber e vomitar repetidamente até que o líquido volte livre de qualquer alimento.
- Minimizar a ingestão de líquidos para se desidratar (e perder peso).

Todos esses comportamentos também podem desregular o nível de hidratação e os níveis de eletrólitos do corpo (como é discutido no Cap. 5, p. 76).

EFEITOS FÍSICOS E PSICOLÓGICOS DO BAIXO PESO

Algumas pessoas com problemas de compulsão alimentar estão inequivocamente abaixo do peso, mesmo que não se vejam dessa forma. Qualquer pessoa com um IMC de 18,5 ou menos está abaixo do peso, clinicamente falando (ver Cap. 2, p. 26), e está em risco de sofrer efeitos físicos, psicológicos e sociais adversos. Estes aumentam acentuadamente quando o IMC cai para menos de 17,5.

O conhecimento sobre as consequências de um baixo peso corporal veio de uma variedade de fontes, incluindo estudos sobre os efeitos da fome e estudos experimentais em que os voluntários aderiram a uma dieta restritiva por longos períodos, sendo o mais famoso o estudo de semi-inanição de Minnesota (ver Quadro 4.2). Descobertas consistentes surgiram desses estudos e estão resumidas a seguir. Se você está abaixo do peso e tem um transtorno alimentar, você experimentará esses mesmos efeitos, alguns devido ao baixo peso e outros devido à hipoalimentação. Quase todos esses efeitos são revertidos quando a pessoa ganha peso até um nível saudável e volta a se alimentar bem.

Efeitos psicológicos

Pensamentos. O cérebro é afetado tanto pela hipoalimentação quanto pela condição de estar abaixo do peso. Portanto, não é de surpreender que o pensamento seja prejudicado — ele se torna um tanto quanto inflexível, e há dificuldade para alternar entre tópicos. A tomada de decisão também é afetada, e isso geralmente resulta em procrastinação.

QUADRO 4.2 O estudo de semi-inanição de Minnesota

Um estudo seminal sobre os efeitos de estar abaixo do peso foi conduzido na década de 1940 por Ancel Keys, da Universidade de Minnesota. Nesse estudo, 36 objetores de consciência (todos do sexo masculino) foram observados e avaliados, enquanto a ingestão alimentar deles foi diminuída até o ponto em que seu peso caiu para 75% do peso anterior. Os critérios de seleção para os homens eram rigorosos: apenas os voluntários mais saudáveis social e fisicamente podiam participar. Apesar disso, durante o período de fome, percebeu-se que os homens outrora gregários se tornaram introspectivos; eles perderam o interesse em socializar e em outras atividades e se tornaram muito mais irritáveis, muitas vezes provocando brigas uns com os outros. Os homens começaram a concentrar suas vidas em torno de comida e alimentação, prestando pouca atenção a qualquer outra coisa. Isso é muito parecido com o que é visto na anorexia nervosa.

Fonte: Keys, A., Brozek, J., Henschel, A., Mickelsen, O., & Taylor, H. L. (1950). *The biology of human starvation* (2 vols.). Minneapolis, MN: University of Minnesota Press.

A concentração é quase sempre prejudicada, embora algumas pessoas não tenham consciência disso, uma vez que se forçam a se concentrar no que estão fazendo. O comprometimento da concentração é agravado pela presença de pensamentos intrusivos sobre comida e alimentação.

O pensamento quase constante sobre comida e alimentação tem efeitos secundários. Isso faz com que algumas pessoas desenvolvam um interesse particular por culinária e, portanto, comecem a seletivamente ler receitas e assistir a programas de culinária na televisão. Elas também podem começar a cozinhar bastante. Elas podem até seguir carreiras que envolvam comida e alimentação. Uma consequência desse foco em comida e alimentação é que elas se tornam menos interessadas em outras coisas — por exemplo, elas podem abandonar interesses e *hobbies* anteriores.

Emoções. O humor da pessoa é afetado quando ela fica abaixo do peso. Geralmente as pessoas ficam com um humor desanimado, e muitas delas tendem a se irritar muito facilmente.

Comportamento. Há também mudanças de comportamento notavelmente consistentes. Uma das mudanças comportamentais mais proeminentes é o aumento da "obsessividade". Esse termo se refere à tendência de a pessoa ser inflexível e rígida em sua rotina, e muitas vezes é acompanhada pela dificuldade de ser espontânea. A obsessividade é particularmente marcante quando se trata do ato de comer, pois pode torná-lo uma pequena "cerimônia" que deve ser conduzida sem companhia. Algumas pessoas comem muito devagar, mastigando cada bocado um certo número de vezes; outras comem de forma ritualizada, por exemplo, usando sempre o mesmo prato ou cortando os alimentos em pequenos pedaços. Acumular objetos é mais um sinal da obsessividade, embora nem todos demonstrem esse comportamento. O acúmulo pode ser de comida ou de outras coisas. Muitas vezes, as pessoas não conseguem explicar por que estão acumulando coisas.

Efeitos sociais

Estar abaixo do peso tem um efeito profundo no funcionamento social. Há uma tendência de a pessoa se tornar introspectiva e focada em si mesma. Isso é exacerbado pela maior necessidade de rotina e previsibilidade e pela dificuldade de ser espontânea. Como resultado, as pessoas muitas vezes se isolam socialmente e se acostumam com esse modo de vida.

Essas características psicológicas e sociais são muitas vezes confundidas com a personalidade da pessoa, enquanto sua verdadeira personalidade está sendo mascarada pelos efeitos no cérebro de estar abaixo do peso.

PREOCUPAÇÕES COM A FORMA E O PESO

Minha confiança e meus sentimentos de autoestima estão profundamente enraizados na ideia de que devo ser fisicamente atraente — ou seja, magra. Quando ganho peso, mesmo 1 kg, corro o risco de não ser atraente, e vejo meu futuro como sombrio e solitário. Esse pensamento me enche de desespero, então me obrigo a comer o mínimo possível.

A maioria das pessoas que comem de maneira compulsiva está extremamente preocupada com sua forma e seu peso. Essas preocupações inclusive podem ser tão intensas que suas vidas passam a ser dominadas por elas; nada mais importa. Essa "preocupação excessiva" é característica da maioria das formas de transtorno alimentar: muitos especialistas a veem, inclusive, como a característica "central" deles, pois todo o resto parece derivar dela. A preocupação excessiva é mais proeminente na bulimia nervosa, na anorexia nervosa e em muitos transtornos alimentares atípicos (ver Cap. 2). Ela é menos proeminente em pessoas com transtorno de compulsão alimentar. As preocupações dessas pessoas tendem a ser diferentes. Elas são mais bem descritas como uma insatisfação e são um pouco mais compreensíveis em vista do maior peso dessas pessoas. No entanto, elas ainda podem ser um problema. Por exemplo, algumas pessoas com transtorno de compulsão alimentar fazem grandes esforços para impedir que outras pessoas vejam seu corpo e também podem evitar olhar para ele. Algumas até veem a própria aparência com desgosto e aversão.

O que significa um excesso de preocupação com a forma e o peso? Pense por um momento sobre como você se avalia como pessoa. Enquanto a maioria das pessoas em geral se avalia com base no desempenho delas em uma variedade de áreas de sua vida (como a qualidade de seus relacionamentos, seu desempenho no trabalho, suas realizações atléticas, etc.), a maioria das pessoas com um problema alimentar julga sua autoestima, em grande parte, ou mesmo exclusivamente, em termos de sua forma, seu peso e sua capacidade de controlá-los. Isso pode ser representado esquematicamente na forma de um gráfico de *pizza* em que cada fatia representa uma área da vida que é valorizada; quanto maior a fatia, mais importante é essa área para a pessoa em questão. As Figuras 4.4 e 4.5 mostram dois desses gráficos de *pizza*, um de uma jovem sem problemas alimentares e outro de alguém com excesso de preocupação com a forma e com o peso.

A preocupação excessiva com a forma e o peso observada na bulimia nervosa, na anorexia nervosa e em muitos transtornos alimentares atípicos é de grande importância para a compreensão desses problemas. A preocupação é fundamental para a persistência dessas pessoas; é o "motor" que impul-

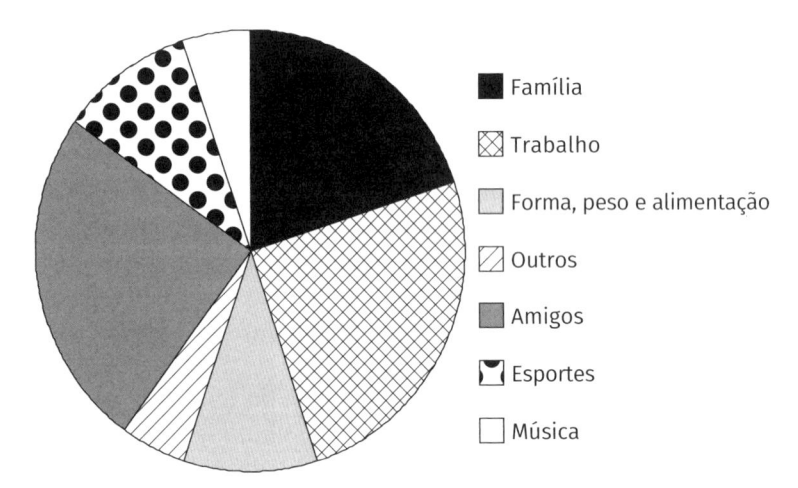

FIGURA 4.4 O gráfico de *pizza* de uma jovem sem problemas alimentares.

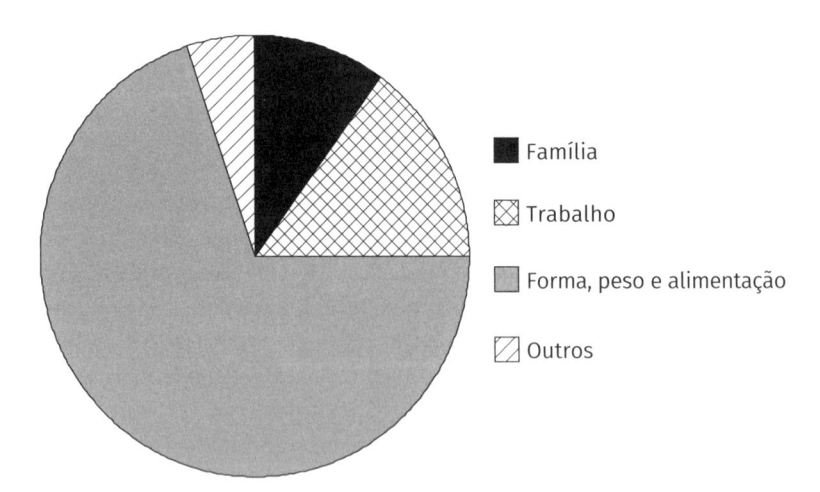

FIGURA 4.5 O gráfico de *pizza* de uma jovem com um problema alimentar.

siona esses problemas. Ela é responsável pela dieta restritiva (e, portanto, por todos os episódios compulsivos), pelos vômitos, pelo uso indevido de laxantes e diuréticos e pelos exercícios em excesso. Ela também tem papel em uma série de outros fenômenos que discutiremos a seguir. E, compreensivelmente, a preocupação excessiva é mantida por qualquer tendência a comer compulsivamente, criando mais um círculo vicioso (ver Fig. 4.6). Reduzir a intensidade dessas preocupações é, portanto, um dos principais objetivos do tratamento. As diretrizes para fazer isso são fornecidas na Parte II deste livro.

Verificar o peso e evitar o peso

> *Estou obcecada com o meu peso. Eu me peso várias vezes, às vezes até 15 vezes por dia. Outras vezes, fico tão enojada com meu corpo que não uso a balança por semanas ou até meses.*

A "expressão" mais direta da preocupação excessiva com o peso e a forma é a verificação do próprio corpo. Isso pode envolver se pesar, analisar a própria forma ou ambos.

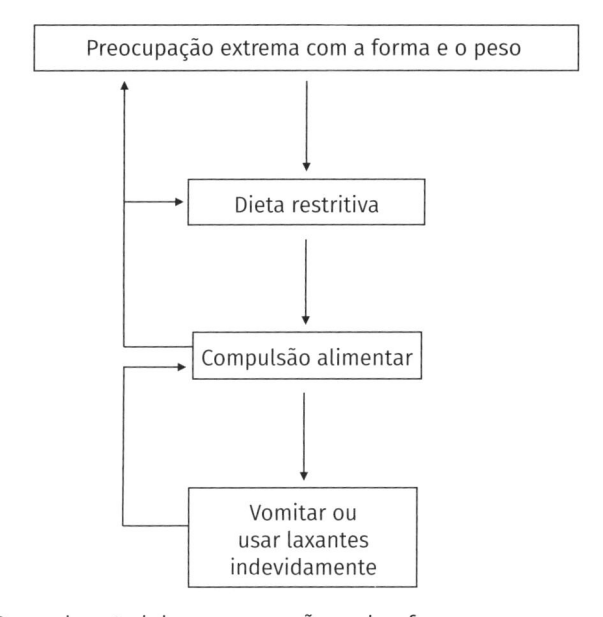

FIGURA 4.6 O papel central das preocupações sobre forma e peso.

Muitas pessoas com problemas de compulsão alimentar se pesam em intervalos frequentes — às vezes, muitas vezes ao dia. Por exemplo, mais de um quarto das pessoas com bulimia nervosa se pesam pelo menos uma vez por dia, em comparação com apenas uma em cada 20 mulheres na comunidade em geral (ver Fig. 4.7). Como resultado, muitos ficam preocupados com as flutuações de peso do dia a dia, que, de outra forma, passariam despercebidas. Isso leva essas pessoas a restringirem sua alimentação, seja qual for o número na balança: se for "alto" ou "o mesmo", elas tentam fazer uma dieta ainda mais restritiva; e se for "baixo", a dieta é reforçada pelo resultado. Seja qual for o número, elas tendem a concluir que devem continuar a fazer dieta. Esse é mais um processo que mantém os problemas de compulsão alimentar. O que muitas vezes não é levado em conta é que as mudanças de peso no dia a dia não são indicativas de mudanças na gordura corporal. Muito provavelmente elas acontecem devido a mudanças na hidratação ao longo do dia, conforme explicado no Capítulo 5 (p. 67).

> *Mudanças de peso a curto prazo não são indicativas de mudanças na gordura corporal.*

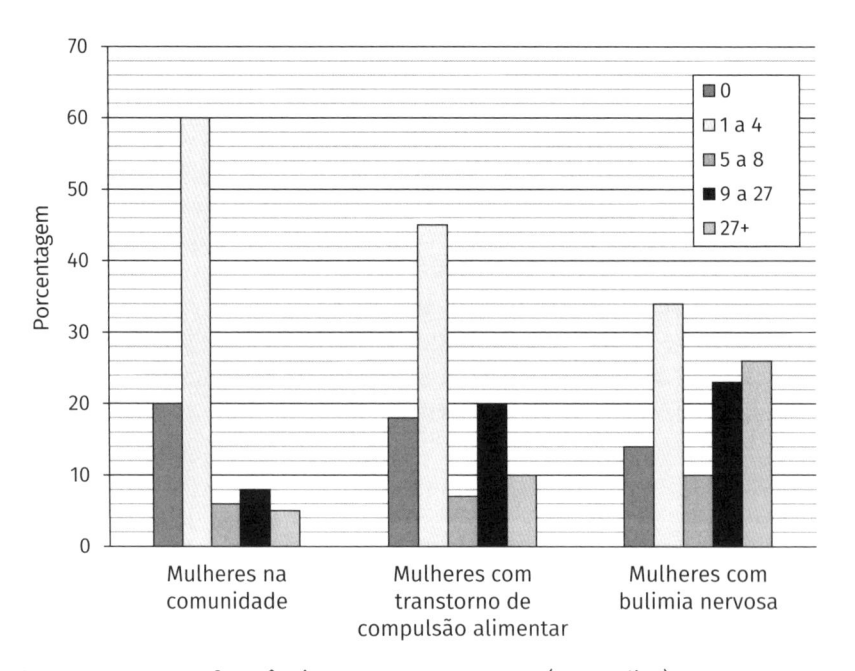

FIGURA 4.7 Com que frequência as pessoas se pesam (em 28 dias).

Outras pessoas com problemas de compulsão alimentar evitam ativamente verificar seu peso ao mesmo tempo que permanecem extremamente preocupadas com ele. Em geral, essas pessoas costumam se pesar com frequência, mas decidem passar a evitar a pesagem depois de resultados aversivos frequentes. Infelizmente, evitar a pesagem é tão problemático quanto a pesagem frequente, porque resulta em medos e suposições sobre o peso que acabam não sendo enfrentados.

Verificar a forma

Sou confiante de muitas maneiras, mas odeio meu corpo e não aguento olhar para ele. Sinto-me inchada, flácida e enorme. Isso me leva à compulsão. Meu namorado me ama. Por que não posso gostar de mim mesma?

Imediatamente depois de acordar, coloco as mãos nos meus quadris e no meu estômago para verificar se eles não estão cheios de gordura.

A verificação da forma é outra maneira de análise do corpo. Claro, todos analisam seu corpo até certo ponto, mas muitas pessoas com um problema de compulsão alimentar verificam seu corpo repetidamente e de maneiras incomuns. Elas podem se estudar no espelho, se medir e até tirar várias fotos de si mesmas sem roupa. Além disso, elas podem avaliar o quanto certas peças de roupa ou acessórios ficam apertados (p. ex., relógios ou anéis) e podem olhar para si mesmas enquanto sentadas para avaliar o quanto o estômago se projeta para fora ou até que ponto as coxas se espalham. Se você é do sexo masculino, pode estar preocupado com sua constituição física e sua musculosidade (ou a falta dela) e concentrar sua verificação nisso. Essa verificação de forma pode se tornar tão "natural" que você pode não estar totalmente ciente de que está fazendo isso; por exemplo, ao tomar banho, muitas pessoas também inadvertidamente verificam a própria forma ao sentir os próprios ossos ou beliscar a própria carne.

Os espelhos também podem ser um problema. Estudar-se no espelho é um modo particular de verificação de forma que tem o potencial de fornecer informações altamente confiáveis, mas enganosas. Todos nós acreditamos no que vemos no espelho, mas avaliar a si mesmo em um espelho é muito mais complexo do que geralmente as pessoas pensam. Para ilustrar esse ponto, considere o tamanho da sua imagem quando você se olha em um espelho de corpo inteiro. A imagem que você vê na superfície do espelho tem a sua altura real? Se não, qual é a altura? E a largura da imagem?

Para descobrir a resposta, peça a um amigo para marcar na superfície do espelho a parte superior e inferior do seu reflexo como você o vê (quando estiver suficientemente longe para poder ver a cabeça e os pés) e, em seguida, meça a distância entre eles. Você descobrirá que sua imagem na superfície do espelho tem cerca de metade do seu tamanho em todas as dimensões, algo que você provavelmente não notou antes. O fato de você não ter percebido que esteve olhando para uma versão muito pequena de si mesmo ao longo de todos esses anos deve ajudar a convencê-lo de que os espelhos são complexos e que muito processamento mental acontece "nos bastidores" quando você se enxerga neles.

> Os espelhos têm o potencial de fornecer informações altamente confiáveis, mas enganosas.

Há três pontos a serem enfatizados sobre a análise da forma. Primeiro, ela geralmente envolve estudar aspectos da aparência que não são apreciados. Isso está ligado a manter a insatisfação corporal. Em segundo lugar, ao fazer essa verificação, o que você descobre depende em grande parte da maneira como você se avalia. Se as pessoas olham para si mesmas em detalhes, as "falhas" que normalmente passariam despercebidas se tornam proeminentes e, uma vez notadas, são difíceis de serem esquecidas. Mesmo pessoas muito atraentes encontrariam falhas analisando a si mesmas dessa maneira. E terceiro, o escrutínio tende a ampliar os defeitos aparentes. Isso é ilustrado por um fenômeno visto entre pessoas com fobias de aranha. Elas tendem a ver as aranhas como maiores do que elas realmente são. Isso ocorre porque, ao olhar para as aranhas, as pessoas se concentram nelas e em suas características desagradáveis sem olhar para o ambiente ao redor. Como resultado, elas obtêm informações detalhadas sobre a aranha na ausência de pontos de referência para o tamanho. Um fenômeno equivalente acontece com as pessoas que se analisam no espelho, porque examinar aspectos do corpo tende a ampliá-los. Se você procurar por gordura, você a encontrará; não só isso, você a criará.

> Se você procurar por gordura, vai encontrá-la.

Comparações

Fazer comparações é uma maneira de analisar a própria forma. Algumas pessoas com problemas de compulsão alimentar fazem isso repetidamente e, em geral, de uma maneira que as faz concluir que não são atraentes em relação às outras. Isso ocorre porque elas fazem uma avaliação superficial da outra pessoa enquanto se examinam criticamente. Além disso, elas tendem a se comparar com pessoas magras e bonitas, sem perceber aquelas pessoas que são menos magras e menos atraentes.

Também é comum que pessoas com problemas alimentares se comparem com fotografias em revistas e na internet sem levar em conta que essas imagens muitas vezes são manipuladas. Como é discutido na Parte II, é importante se informar a esse respeito (ver p. 208).

Evitar olhar para o próprio corpo

Não consigo expressar em palavras o quanto sinto repulsa pelo meu corpo. Eu não consigo suportar olhar para isto. Não posso ter espelhos em casa. Tomo banhos de chuveiro em vez de banhos de banheira para evitar ter que me olhar. Não compro roupas há mais de 3 anos.

Não consigo tomar banho com as luzes acesas.
Se eu fizer isso, verei toda a minha gordura.

Evitar olhar para o próprio corpo é a contrapartida de analisar a forma. Trata-se do comportamento de evitar olhar para o próprio corpo e de ter consciência dele. Muitas vezes, também inclui evitar que outras pessoas vejam o corpo. Isso decorre de uma forte aversão à aparência do próprio corpo ou a como a pessoa sente que ele é. Muitas vezes, as pessoas que evitam ver o próprio corpo costumam ter um histórico de analisar a própria forma, mas mudaram de comportamento para evitar isso, porque o processo se tornou angustiante demais.

Evitar analisar a própria forma assume várias feições: pode envolver evitar se olhar no espelho, evitar usar roupas apertadas, cobrir o estômago (p. ex., com os braços) e não olhar para fotografias de si mesmo. É tão problemático quanto angustiante e permite que as preocupações com a forma persistam sem serem desafiadas.

Quando isso chega a um nível extremo, evitar se olhar pode interferir profundamente na vida cotidiana. Em casos leves, pode afetar a escolha de roupas e fazer com que a pessoa evite nadar e se trocar em público. Em casos mais severos, a pessoa pode ser incapaz de manter uma vida sexual ou qualquer forma de intimidade física devido à sua aversão por ser tocada ou vista. Dizer a essas pessoas que elas têm uma aparência boa raramente é reconfortante, pois a maioria é resistente a comentários desse tipo ou os interpreta negativamente.

Ocasionalmente, analisar e evitar a própria forma coexistem. Quando isso ocorre, a pessoa verifica alguns aspectos de seu corpo enquanto evita outros, ou muda de verificação para evitação e vice-versa.

Sentir-se gordo

Sentir-se gordo é outro produto de preocupações com a forma e com o peso. Claro que se sentir gordo é uma experiência relatada por muitas mulheres e alguns homens, mas a intensidade e a frequência desse sentimento são muito maiores entre pessoas com problemas alimentares. É um fenômeno importante porque pode ser equiparado a ser "gordo" de fato, o que pode estimular a pessoa a fazer uma dieta.

Sentir-se gordo ainda é algo mal compreendido: na verdade, muito pouco foi escrito sobre o assunto. É relevante destacar que a experiência pode flutuar acentuadamente em intensidade de um dia para o outro e até mesmo dentro de um mesmo dia. É algo bem diferente de se preocupar em excesso com a forma e o peso, sentimentos que tendem a ser estáveis, assim como são a forma e o peso reais da pessoa.

> *Sentir-se gordo geralmente é o resultado de rotular erroneamente certas emoções e experiências corporais.*

Sentir-se gordo geralmente é o resultado de rotular erroneamente emoções e experiências corporais desagradáveis. Isso inclui sentir-se deprimido, solitário ou não amado; ou sentir-se inchado, prestes a menstruar ou de ressaca. O motivo pelo qual essa rotulação incorreta ocorre não está claro, mas pode ser uma consequência da preocupação profunda e de longa data com pensamentos sobre a forma.

Quando essa sensação é frequente, intensa ou angustiante, ela precisa ser abordada em um tratamento. Fazer isso é um dos elementos do programa de autoajuda na Parte II.

OUTROS PROBLEMAS PSICOLÓGICOS E SOCIAIS

> *Meu problema alimentar tomou conta de toda a minha vida. Minhas amizades foram afetadas por minhas violentas oscilações de humor. Não falo com meus pais, pois eles nunca entenderam o que estou passando, embora fôssemos muito próximos. Tenho muito pouca autoconfiança. Fico terrivelmente deprimida e ansiosa. Não aguento ver pessoas.*

> Minha vida gira em torno da minha alimentação. Não consigo mais me concentrar no meu trabalho, que, como resultado disso, foi prejudicado. Meu problema causou brigas de família [discussões]. Não gosto mais de compartilhar refeições com familiares ou amigos. Tornei-me retraído e introspectivo e perdi toda a autoconfiança e o respeito próprio. Não quero mais sair de casa. Eu não gosto mais de mim mesmo.
>
> Sempre estou atrasado para tudo porque comer leva muito tempo... e não apenas a parte de comer, mas também comprar comida, me livrar das embalagens, limpar, etc., etc.

Como você deve saber, se você tem um problema de compulsão alimentar, sua qualidade de vida é prejudicada. Podemos nos sentir deprimidos e desmotivados. Muitas pessoas têm vergonha da falta de força de vontade delas e se sentem culpadas por fazerem tudo às escondidas e enganando outras pessoas. Elas são extremamente autocríticas. Algumas ficam tão desesperadas que tentam tirar a própria vida. Outras se machucam repetidamente, muitas vezes cortando a pele. Elas podem fazer isso para punir a si mesmas, aliviar a tensão ou ambos. A irritabilidade também é algo comum.

Os sentimentos de depressão podem ser graves. Geralmente, eles são secundários ao problema da compulsão alimentar e, quando esse é o caso, eles acabam se resolvendo quando a pessoa recupera o controle sobre a própria alimentação. No entanto, em um subgrupo, uma verdadeira depressão clínica se desenvolve. Características que sugerem que isso aconteceu incluem desânimo sustentado no humor, perda de motivação psicológica, pensamentos sobre a morte, choros atípicos e retraimento social. Se você apresenta algumas ou todas essas características, é importante procurar aconselhamento profissional, pois a depressão é grave, mas eminentemente tratável.

Aqueles que têm compulsão também tendem a ser ansiosos, tanto como um traço de personalidade quanto, especialmente, em situações que ativam suas preocupações. Por exemplo, alguns evitam ocasiões sociais, particularmente aquelas que envolvem comer. Isso pode significar perder o casamento de um amigo próximo ou a festa de aniversário de um dos pais, o que pode prejudicar tanto a pessoa com o problema alimentar quanto os amigos ou familiares. Eventos e circunstâncias que envolvem algum grau de exposição corporal também são frequentemente evitados. Isso inclui frequentar a piscina, ir a festas e tirar férias na praia.

Beber em excesso também não é incomum. Esse comportamento pode assumir a forma de um consumo excessivo habitual ou um consumo excessivo intermitente de álcool. Beber em excesso é algo tipicamente desencadeado por eventos ou humores adversos, de maneira muito semelhante à compulsão alimentar. Uma pequena minoria também faz uso indevido de drogas psicoativas.

Dois traços de caráter são proeminentes entre pessoas com problemas de compulsão alimentar. O primeiro é a baixa autoestima. Sentimentos de inadequação e inutilidade são comuns. Embora muitas vezes eles sejam parte de qualquer desmotivação ou depressão que acompanhe essas pessoas e, logo, melhorem à medida que o problema alimentar se resolve, eles também podem ser a expressão de um traço de personalidade de longa data. Algumas pessoas dizem que esses sentimentos remontam à sua infância.

Outro traço de caráter comum é o perfeccionismo. Muitas pessoas com compulsão tendem a estabelecer padrões excessivamente exigentes para si mesmas. O perfeccionismo delas tende a afetar a maioria dos aspectos da sua vida, mas isso fica particularmente óbvio nas metas alimentares que elas estabelecem para si mesmas. É claro que esse traço também tem seu lado positivo, pois os perfeccionistas podem ter um desempenho excepcionalmente bom no trabalho e em outros aspectos da vida que eles valorizem. A questão principal é se seus padrões são realistas. Se eles forem, não tem problema. No entanto, se não forem, essas pessoas vão ter que lidar com repetidas "falhas", mesmo quando o desempenho delas for alto para os padrões da maioria das pessoas. Falhar dessa maneira pode ser prejudicial, especialmente se a autoestima estiver baixa. A combinação de baixa autoestima e perfeccionismo, inclusive, não é incomum entre aqueles que têm compulsão e especialmente entre aqueles com bulimia nervosa, anorexia nervosa ou um transtorno alimentar atípico (ver Cap. 2, p. 29), o que pode muito bem contribuir para o desenvolvimento do problema (ver Cap. 6).

Na pior das hipóteses, os problemas de compulsão alimentar afetam todos os aspectos da vida. Nada é poupado. Tanto tempo e esforço são absorvidos pelo problema que resta muito pouco para qualquer outra coisa. Os relacionamentos com familiares e amigos podem até acabar se tornando insustentáveis. Tal como acontece com os sentimentos de depressão, a maioria dos problemas interpessoais melhora acentuadamente, ou até desaparece completamente, uma vez que o problema da compulsão alimentar recua. Um dos aspectos mais gratificantes de ajudar as pessoas a superarem os problemas de compulsão alimentar é ver alguém que está no fundo do poço emergir gradualmente à medida que o problema desaparece. A depressão, a tensão e a irritabilidade desaparecem, os relacionamentos melhoram, e antigos interesses retornam.

5

Aspectos físicos

Como discutimos no Capítulo 4, os problemas de compulsão alimentar estão associados a uma série de dificuldades. Com o tempo, eles podem transformar uma pessoa comum e feliz em alguém infeliz, prejudicando não apenas a pessoa com o problema, mas também seus relacionamentos com familiares e amigos.

Os problemas de compulsão alimentar também podem afetar a saúde física, seja como resultado direto do excesso de comida ou como consequência de qualquer comportamento de controle de peso associado a eles. Muitos dos efeitos físicos são reversíveis, mas alguns não. A maioria desses efeitos piora com o tempo, então eles não devem ser ignorados. Mas, primeiro, alguns fatos sobre o peso corporal precisam ser destacados, pois há muita desinformação sobre o assunto.

ALGUNS FATOS SOBRE O PESO CORPORAL

Como discutimos no Capítulo 4, a maioria das pessoas com problemas de compulsão alimentar está muito preocupada com o peso e a forma. Apesar disso, muitas dessas pessoas têm crenças falsas sobre peso corporal. A seguir estão alguns fatos importantes sobre o peso corporal e suas flutuações.

Somos em maior parte água. Cerca de 60% do nosso peso (como adultos) é água. Portanto, se você pesa 72 kg, quase 43 kg do seu peso são apenas água.

Nosso peso flutua dentro de um mesmo dia e de um dia para o outro. Essas mudanças de curto prazo no peso (variando de 0,5 a 1,5 kg) são em grande parte o resultado de mudanças em nosso nível de hidratação. Como somos compostos principalmente por água, mesmo pequenas mudanças em nossa hidratação têm um efeito mensurável em nosso peso. Esse fenômeno é explorado por aqueles que participam de esportes nos quais é necessário "bater o peso" (ver Quadro 5.1). Em pessoas que vomitam ou usam laxantes ou diuréticos indevidamente, os níveis de hidratação flutuam consideravelmente e, como resultado, o peso corporal também.

Mudanças de curto prazo no peso não refletem mudanças na gordura corporal. Como observamos anteriormente, essas mudanças de curto prazo são em grande parte o resultado de mudanças na hidratação. É importante ter isso em mente ao se pesar. No programa de autoajuda da Parte II (p. 168), há diretrizes detalhadas sobre como interpretar as mudanças no número que aparece na balança.

QUADRO 5.1 Jóqueis e "bater o peso"

Em alguns esportes, os participantes devem estar abaixo de um peso específico em um horário definido para poderem competir. Isso é chamado de "bater o peso".

Para jóqueis, esse limite é, na maioria das vezes, de 54 kg (incluindo o peso de roupas, sapatos, capacete e arreios). Para alguns jóqueis, a pressão de estar abaixo de um peso específico os leva a usar práticas insalubres de controle de peso no dia das corridas. Essas práticas incluem vômitos autoinduzidos, saunas e outros meios de desidratação.

Cotugna e colegas entrevistaram 20 jóqueis e descobriram que o IMC deles durante a temporada de corridas (ver p. 26) variou entre 17,0 e 21,4, colocando alguns na faixa de IMC marcadamente abaixo do peso. A perda de peso média deles em dias de corrida (dias em que eles tiveram que bater o peso) foi de 2,5 kg, mas alguns jóqueis perderam até 5 kg. Essa perda de peso é inteiramente o resultado da perda de água, destacando a enorme influência que a hidratação tem no peso corporal.

Fonte: Cotugna, N., Snider, O. S., & Windish, J. (2011). Nutrition assessment of horseracing athletes. *Journal of Community Health,* 36, 261–264.

ALGUNS FATOS SOBRE DIETA E PERDA DE PESO

Muitas pessoas com problemas de compulsão alimentar também se preocupam com a dieta. Algumas são leitoras assíduas de artigos sobre alimentação e nutrição, e muitas pensam que estão bem informadas. Minha experiência clínica, no entanto, sugere que esse geralmente não é o caso. Embora alguns de meus pacientes tenham conhecimento, muitos outros têm visões errôneas adquiridas ao longo de anos de absorção de fontes de informação não confiáveis e inconsistentes. A seguir estão alguns fatos importantes sobre dieta e perda de peso.

Não existe uma "dieta saudável" única. Uma dieta saudável é aquela que atende às nossas necessidades nutricionais e otimiza nossa saúde física. À medida que nossas necessidades nutricionais mudam de acordo com nossa idade e outras circunstâncias da vida, o que constitui uma "dieta saudável" também muda. Para a maioria dos adultos, especialmente aqueles de meia-idade ou idosos, a dieta ideal é aquela que minimiza o risco de ganho de peso, doenças cardíacas e câncer. No entanto, uma dieta diferente é recomendada para mulheres grávidas e que estão amamentando. Existem também dietas específicas para pessoas com problemas de saúde, como diabetes. Portanto, não existe uma "dieta saudável" única.

Dietas para perda de peso não são dietas saudáveis. As dietas para perda de peso são projetadas para ajudar as pessoas a perder peso. Elas não são saudáveis por si sós, embora possam ajudar as pessoas a atingirem um peso mais saudável se elas estiverem acima do peso (ver Apêndice II, p. 222). As dietas para perda de peso são projetadas para criar um desequilíbrio energético, de modo que a ingestão de energia (calorias) na forma de alimentos e bebidas seja menor do que a energia necessária para abastecer a atividade física e manter o corpo funcionando. Se esse desequilíbrio energético for sustentado ao longo do tempo, a pessoa perderá peso.

Dietas para perda de peso são para pessoas com sobrepeso ou obesidade. Se a pessoa não está acima do peso, não há nenhuma razão de saúde para seguir uma dieta de perda de peso. Se você tem o objetivo de atingir um peso indevidamente baixo (um IMC abaixo de 18,5; ver Parte II, p. 126), pense duas vezes. Como discutiremos em breve, estar abaixo do peso afeta negativamente a saúde física e também tem grandes efeitos psicológicos e sociais.

Dietas para perda de peso estão sujeitas à moda. O que está "na moda" em um ano pode muito bem estar "fora de moda" no outro. Por exemplo, nas décadas de 1960 e 1970, os carboidratos eram "ruins" e deviam ser evitados. Então, nas décadas de 1980 e 1990, a gordura alimentar (ou dietética) virou a vilã, e não era um problema consumir carboidratos. Na década de 2000, os carboidratos viraram mais uma vez o inimigo, e assim por diante. Se houvesse uma única maneira consistentemente bem-sucedida de perder peso, ela acabaria com esses modismos. Dê uma olhada no *site* dos Institutos Nacionais de Saúde dos Estados Unidos da América, em *www.niddk.nih.gov/ health-information/weight-management/myths-nutrition-physical-activity*, para ver uma lista de mitos e mal-entendidos comuns sobre perda de peso e nutrição (em inglês).

Distinguindo perda de peso e manutenção de peso. As dietas para perda de peso não são projetadas para serem usadas a longo prazo, pois não correspondem às nossas necessidades nutricionais. Certas dietas para perda de peso inclusive fariam mal se você as seguisse por um período prolongado de tempo.

Na prática, poucas pessoas conseguem seguir uma dieta para perda de peso por mais de 4 ou 5 meses. O que as pessoas fazem a partir daí é algo crítico. Há uma tendência a essas pessoas "desistirem" e retornarem aos seus antigos hábitos alimentares. Isso resulta no ganho do peso perdido novamente. Em vez disso, se elas quiserem manter o novo peso mais baixo, elas devem passar de seu regime de perda de peso para um de manutenção de peso. Muitos programas de perda de peso não mencionam isso. Talvez seja por isso que recuperar o peso perdido seja tão comum.

Uma dieta saudável envolve comer uma grande variedade de alimentos. Também devemos beber muita água. As únicas coisas com as quais devemos pegar leve, mas não excluir completamente, são sal, açúcar e dois tipos de gordura: gordura saturada e gordura trans. O motivo disso é que essas formas de gordura aumentam o risco de doenças cardiovasculares. As gorduras saturadas são encontradas principalmente em carnes vermelhas e laticínios, enquanto as gorduras trans são encontradas em margarinas, frituras e muitos alimentos industrializados. Mas nem toda gordura é desse tipo. O que muitos esquecem é que a "gordura insaturada" (encontrada em peixes, frutos do mar, nozes e azeite) reduz o risco de doenças cardíacas.

Você pode estar pensando que já ouviu tudo isso antes, mas que não sabe como traduzir essas diretrizes de alimentação saudável em comida de verdade, que não sabe exatamente o que comer. Até recentemente, educadores da área da saúde usavam uma "pirâmide alimentar" para explicar quais proporções dos vários tipos de alimentos compõem uma dieta saudável. Mais recentemente, a pirâmide foi substituída por um prato (ver, em inglês, em *www.choosemyplate.gov*), mas a ideia permanece praticamente a mesma.

Também há muitos mal-entendidos sobre o quanto as pessoas devem comer. Eu regularmente conheço pessoas que pensam que não devem comer mais de 1.500 calorias por dia, enquanto outras pensam que 2.500 calorias por dia é o correto. Embora eu certamente não defenda a contagem de calorias, que pode se tornar um problema por si só, é importante ao menos estar no patamar certo. A Tabela 5.1 lista as necessidades calóricas aproximadas de adultos com diferentes estilos de vida.

Para obter informações atualizadas sobre nutrição e alimentação saudável, acesse a internet e pesquise os vários *sites* relacionados à nutrição do governo dos EUA e de institutos nacionais de saúde. Se você é de fora dos EUA, dê uma olhada nas recomendações alimentares dos órgãos do seu próprio país.

Alimentos são as melhores fontes de vitaminas e minerais. Consumir quantidades adicionais de vitaminas e similares na forma de pílulas ou líquidos não é uma boa ideia, a menos que você tenha sido aconselhado a fazer isso por um profissional de saúde. Isso inclusive pode fazer mal (ver, em inglês, *www.ods.od.nih.gov*).

TABELA 5.1 Necessidades calóricas aproximadas por dia (mais ou menos 100 calorias)

Idade (anos)	Nível de atividade		
	Inativo	Um pouco ativo	Ativo
Mulheres			
18-50	1.900	2.100	2.400
Mais de 50 anos	1.600	1.800	2.100
Homens			
18-50	2.500	2.700	3.000
Mais de 50 anos	2.100	2.300	2.600

Você não precisa comer perfeitamente para ser perfeitamente saudável. Essa mensagem (adaptada de uma de Marcia Herrin, do Programa de Transtornos Alimentares do Dartmouth College) é para aquelas pessoas que estão preocupadas com o que comem. Essa é uma preocupação desnecessária. As orientações para uma alimentação saudável são exatamente isto: orientações. Elas são feitas para serem seguidas de forma flexível. Elas não devem governar sua vida.

EFEITOS FÍSICOS DA COMPULSÃO ALIMENTAR

Efeitos no estômago

> *Eu só paro de comer quando não consigo mais continuar; quando estou literalmente cheio. Depois de um episódio compulsivo, me sinto tão cheio que meu estômago dói e mal consigo me mover. Sinto-me muito mal e, às vezes, quando tenho uma compulsão muito ruim, até mesmo respirar fica difícil e doloroso.*

Os episódios compulsivos têm poucos efeitos físicos imediatos, mas a maioria deles deixa a pessoa cheia e, em alguns casos, a sensação é intensa e dolorosa. Como mostra o Quadro 5.2, as pessoas com bulimia nervosa são mais propensas a se sentirem extremamente cheias após uma compulsão do que as pessoas com transtorno de compulsão alimentar. Essa diferença provavelmente reflete a velocidade com que se come em cada caso.

Pessoas que comem até ficarem muito cheias às vezes descrevem ficar sem fôlego. Isso é causado pelo estômago distendido pressionando o diafragma. Em casos muito raros, a parede do estômago fica tão esticada que pode causar uma ferida ou até rasgar. Isso é uma emergência médica séria. Se você sentir dor abdominal ao comer de forma compulsiva, é essencial que você pare de comer imediatamente. E, se a dor for extrema, busque ajuda.

Compulsão alimentar e peso corporal

A relação entre compulsão alimentar e peso corporal não é simples. Tanto na bulimia quanto no transtorno de compulsão alimentar, episódios compulsivos são frequentes, mas o peso corporal geralmente é normal na primeira condição e alto na segunda. Por que isso acontece? Provavelmente isso é resultado da maneira como essas pessoas comem fora de suas compulsões.

> **QUADRO 5.2 O quão cheias as pessoas ficam após um episódio compulsivo**
>
> **Bulimia nervosa**
>
> 7% — não se sentem cheias
> 7% — sentem-se um pouco desconfortáveis (inchaço, sensação física de terem comido demais)
> 60% — sentem-se moderadamente desconfortáveis (com o estômago distendido, mas sem dor)
> 26% — sentem uma impossibilidade física de continuar comendo, devido à distensão severa dolorosa
>
> **Transtorno de compulsão alimentar**
>
> 17% — não se sentem cheias
> 32% — sentem-se um pouco desconfortáveis (inchaço, sensação física de terem comido demais)
> 47% — sentem-se moderadamente desconfortáveis (estômago distendido, mas sem dor)
> 4% — sentem uma impossibilidade física de continuar comendo, devido à distensão severa dolorosa

Lembre-se de que os hábitos alimentares das pessoas com bulimia nervosa consistem em dietas extremas pontuadas por episódios de compulsão alimentar. Em contraste, no transtorno de compulsão alimentar, a compulsão alimentar ocorre no contexto de uma tendência geral a comer demais. Portanto, não é surpresa que a maioria do primeiro grupo não esteja acima do peso, enquanto a maioria do outro esteja.

O que acontece com o peso corporal com um tratamento bem-sucedido? Em pessoas com transtorno de compulsão alimentar, parar de comer compulsivamente tem pouco efeito sobre o peso corporal. Isso ocorre porque é o excesso de comida em geral que contribui para a pessoa estar acima do peso. O mesmo vale para as pessoas com bulimia nervosa, mas por um motivo diferente: os melhores tratamentos para a bulimia nervosa visam tanto à compulsão alimentar dessas pessoas quanto à dieta que as acompanha, com os efeitos resultantes no peso anulando-se mutuamente. Para ilustrar essa descoberta, os dados de um estudo de tratamento conduzido pelo meu grupo em Oxford indicam que aqueles que se recuperaram totalmente da bulimia nervosa não tiveram, em média, praticamente nenhuma mudança no peso: o peso médio das pessoas foi de 62 kg antes do tratamento para 61 kg 16 meses depois. No entanto, é importante notar que esses números refletem uma média. Alguns pacientes perderam mais peso do que isso, enquanto outros ganharam.

E quanto à anorexia nervosa? Em pessoas com anorexia nervosa, a compulsão alimentar tem pouco impacto no peso corporal, desde que as compulsões sejam relativamente infrequentes e "subjetivas" (ou seja, pequenas em volume; ver Cap. 1, p. 12). No entanto, se as compulsões se tornam frequentes ou volumosas, elas fazem com que o peso corporal da pessoa aumente e resultam na mudança do diagnóstico do transtorno alimentar de anorexia nervosa para bulimia nervosa (novamente, ver Cap. 2).

EFEITOS FÍSICOS DE FAZER DIETA

Além de ter os efeitos psicológicos descritos no Capítulo 4, fazer dieta pode ter efeitos físicos adversos. Por exemplo, foi sugerido que ciclos repetidos de perda e recuperação de peso (ciclagem de peso), às vezes chamados de "efeito sanfona", alteram a composição corporal e o metabolismo de maneiras que tornam as tentativas subsequentes de perder peso mais difíceis.

A dieta também pode afetar a menstruação, pois a menstruação regular requer uma quantidade mínima de gordura corporal. É por essa razão que quase todas as mulheres com anorexia nervosa não menstruam (ver Quadro 5.3). Mesmo quando a quantidade de gordura corporal é adequada, dieta, alimentação irregular e exercícios intensos influenciam a menstruação, embora os mecanismos responsáveis ainda não sejam claros. O transtorno menstrual é

QUADRO 5.3 Manequins menstruariam?

Pesquisadores de Helsinque, na Finlândia, mediram a altura e outras dimensões de manequins da década de 1920 em diante. Eles calcularam a porcentagem de gordura corporal dos manequins como se fossem mulheres de verdade. Nos manequins de antes da década de 1950, o que seria a quantidade de gordura corporal deles estava em grande parte na faixa do normal; depois disso, a quantidade era consideravelmente menor. Eles concluíram que uma mulher com a forma de um manequim moderno dificilmente menstruaria.

Fonte: Rintala, M., & Mustajoki, P. (1992). Could mannequins menstruate? *British Medical Journal,* 305, 1575–1576.

observado em até metade das pessoas com bulimia nervosa e em cerca de uma em cada quatro mulheres com transtorno de compulsão alimentar.

EFEITOS FÍSICOS DO VÔMITO AUTOINDUZIDO

Como discutimos no Capítulo 4, o vômito autoinduzido é comum na bulimia nervosa. Ele também ocorre na anorexia nervosa, particularmente entre aqueles que têm compulsões, e é comum entre aqueles com transtornos alimentares atípicos.

Não é surpresa que o vômito autoinduzido tenha uma série de efeitos físicos adversos. Esses efeitos são vistos com mais frequência entre aqueles que vomitam frequentemente e já o fazem há algum tempo. Como explicado aqui, alguns desses efeitos são potencialmente graves.

Danos aos dentes. Vomitar repetidamente durante um longo período danifica os dentes; o vômito corrói gradualmente o esmalte dentário, principalmente na superfície interna dos dentes da frente. As obturações dentárias não são afetadas, de modo que se tornam proeminentes em relação à superfície do esmalte. Dentistas conseguem prontamente identificar esse padrão de erosão e, portanto, deduzir sua causa. A erosão é irreversível, mas não progressiva. Em outras palavras, ela para quando a pessoa para de vomitar. Acredita-se que a prática de enxaguar a boca com água após o vômito acelere a erosão dentária, em vez de retardá-la.

Inchaço das glândulas salivares. Ao redor da boca estão as glândulas que produzem saliva. Em algumas pessoas que induzem o vômito, essas glândulas incham gradualmente. O inchaço é indolor, mas pode aumentar a produção de saliva. Muitas vezes, é a glândula parótida (a glândula comumente afetada na caxumba) que mais incha, dando ao rosto da pessoa uma aparência um pouco arredondada e inchada. As pessoas com inchaço da parótida tendem a ver o próprio rosto como "gordo" e podem assumir que o resto do corpo tem a mesma aparência. Naturalmente, isso aumenta a preocupação delas com a forma e o peso, perpetuando assim o problema alimentar. O inchaço das glândulas salivares é reversível e desaparece gradualmente à medida que os hábitos alimentares melhoram.

Danos à garganta. Conforme descrito no Capítulo 4, a maioria das pessoas induz o vômito estimulando mecanicamente o reflexo de vômito. Esse pode ser um processo difícil e longo que requer alguma força. Podem ocorrer ferimentos superficiais na parte de trás da garganta, e esses ferimentos podem infeccionar. Queixas de dores de garganta recorrentes e rouquidão, portanto, não são incomuns.

Danos ao esôfago. Em casos raros, vomitar violentamente rasga a parede do esôfago, o tubo que vai da boca até o estômago. Existe um remoto risco de ruptura do esôfago. Isso é uma emergência médica. Se houver uma quantidade significativa de sangue fresco em seu vômito, você deve buscar orientação médica.

Danos às mãos. Outro efeito mecânico do vômito autoinduzido é visto em algumas pessoas que usam os dedos para estimular o reflexo de vômito. É um dano à pele da mão. Inicialmente, aparecem abrasões na mão devido à fricção contra os dentes e, eventualmente, formam-se cicatrizes. Essa é uma anormalidade altamente característica conhecida nos livros de medicina como "sinal de Russell", porque foi descrita pela primeira vez por Gerald Russell em seu artigo clássico sobre bulimia nervosa.

Desequilíbrio eletrolítico e de fluidos. Os efeitos fisiológicos de vomitar frequentemente podem ser graves, em especial entre aqueles que tentam "lavar" o estômago bebendo e vomitando repetidamente até que não haja sinal de comida no que estão vomitando. Vomitar repetidamente afeta a hidratação, como discutido anteriormente (p. 67), e os níveis de eletrólitos (sódio, potássio, etc.). O desequilíbrio eletrolítico mais preocupante é a hipocalemia (baixo teor de potássio), pois pode resultar em irregularidades potencialmente perigosas nos batimentos cardíacos. Se o seu batimento cardíaco for irregular, busque um médico.

Os sintomas do desequilíbrio de fluidos ou de eletrólitos incluem sede extrema, tontura, inchaço das pernas e dos braços, fraqueza e letargia, contrações musculares e espasmos e até convulsões epilépticas. Embora até metade das pessoas com bulimia nervosa tenha algum tipo de anormalidade de fluidos e eletrólitos, a maioria não apresenta nenhum desses sintomas, e a perturbação é leve. Também é importante notar que todos esses sintomas podem ter outras causas, de modo que a presença deles não é necessariamente indicativa de uma anormalidade subjacente de fluidos ou eletrólitos.

A perturbação eletrolítica é reversível; ela desaparece prontamente uma vez que a pessoa para de vomitar. Ela raramente requer tratamento por si só.

Qualquer tratamento deve ser supervisionado por um médico; você nunca deve tentar tratá-la sozinho.

Um pequeno número de pessoas induz o vômito quimicamente. Essas pessoas podem beber água salgada para se sentirem enjoadas, por exemplo. Isso é particularmente desaconselhável, uma vez que é outra causa de perturbação eletrolítica. Outras pessoas tomam um medicamento de venda livre, o Ipecac (ipecacuanha), para induzir o vômito, uma prática perigosa, pois vários efeitos tóxicos podem resultar de seu uso.

EFEITOS FÍSICOS DO USO INDEVIDO DE LAXANTES

Como explicado no Capítulo 4, pessoas com compulsão alimentar podem tomar laxantes para influenciar sua forma e seu peso, embora essa prática seja menos comum do que autoinduzir vômito. Essa prática é usada principalmente por pessoas com bulimia nervosa ou anorexia nervosa. Algumas pessoas tomam quantidades muito grandes, de até 50 a 100 doses de uma vez.

Os laxantes têm pouco efeito na absorção de calorias.

Independentemente da quantidade tomada, os laxantes têm pouco efeito na absorção de calorias. Eles agem na parte inferior do intestino, enquanto as calorias são absorvidas mais acima. O que eles produzem é diarreia aquosa e uma queda temporária de peso devido à perda de água. (Lembre-se de que cerca de 60% do nosso peso é água.) No entanto, a perda de peso é de curta duração, porque a pessoa recupera o peso perdido quase imediatamente à medida que seu corpo se reidrata. De qualquer maneira, as pessoas com bulimia nervosa acham a perda de peso gratificante, acreditando erroneamente que ela é evidência de um efeito na absorção de calorias.

O uso indevido de laxantes, assim como o vômito autoinduzido, produz uma variedade de anormalidades de fluidos e eletrólitos com sintomas como os que acabamos de descrever. Indivíduos que vomitam e fazem uso indevido de laxantes estão especialmente em risco. Alguns laxantes, quando tomados em altas doses por longos períodos, resultam em danos permanentes no intestino. Geralmente, no entanto, os efeitos físicos adversos são reversíveis.

As pessoas que tomam laxantes regularmente já há algum tempo podem reter líquidos (água) por uma semana ou mais se pararem abruptamente. Isso resulta em ganho de peso temporário, o que pode ser angustiante e pode levá-las a retomar a ingestão de laxantes. É importante que as pessoas percebam que o ganho de peso acontece devido à retenção de água, e não de gordura, e que ele vai desaparecer dentro de cerca de uma semana, no máximo.

EFEITOS FÍSICOS DO USO INDEVIDO DE DIURÉTICOS

Algumas pessoas tomam diuréticos (comprimidos de água), geralmente de venda livre, na tentativa de mudar forma e peso. Isso é infrutífero, uma vez que os diuréticos não têm efeito nenhum na absorção de calorias. Como os laxantes, eles causam perda de líquidos, mas nesse caso por meio da produção de excesso de urina; portanto, têm um efeito de curta duração no peso corporal. Quando tomados em grandes quantidades, eles podem produzir desequilíbrio de fluidos e eletrólitos, o que, como mencionado anteriormente, pode ser perigoso. Novamente, isso é algo reversível. Tal como acontece com os laxantes, aqueles que param de tomar diuréticos depois de tê-los usado por algum tempo podem acabar experimentando uma retenção temporária de líquidos.

EFEITOS FÍSICOS DO EXERCÍCIO EM EXCESSO

Como observamos no Capítulo 4, algumas pessoas com problemas de compulsão alimentar se exercitam muito, em grande parte para influenciar a forma ou o peso. Isso geralmente não tem efeitos físicos adversos, a menos que esteja contribuindo para que essas pessoas tenham um peso corporal indevidamente baixo (veja a seguir) ou resulte em "lesões por excesso". Certos tipos de exercício (p. ex., equitação) podem ser particularmente arriscados na anorexia nervosa, em que há um risco aumentado de fraturas ósseas.

EFEITOS FÍSICOS DE ESTAR ABAIXO DO PESO

Estar abaixo do peso tem diversos efeitos na saúde física. A natureza desses efeitos depende da extensão e da forma da privação alimentar.

Cérebro. Aqueles que estão abaixo do peso muitas vezes ignoram o fato de que estão afetando adversamente seu cérebro, tanto estrutural quanto funcionalmente. Começando com a estrutura, verificou-se na anorexia nervosa que a matéria cinzenta e a matéria branca do cérebro são ambas significativamente reduzidas em tamanho. Fazer dieta não poupa o cérebro — ele também é afetado. No que diz respeito à função cerebral, o cérebro requer uma quantidade considerável de energia (ou seja, calorias) para funcionar adequadamente, algo que é escasso entre aqueles que estão comendo pouco.

Considerando esses efeitos da hipoalimentação, não é de surpreender que déficits cognitivos e emocionais sejam comuns em pessoas com anorexia nervosa e que não comem o suficiente (como discutimos no Cap. 4). Essas anormalidades são revertidas quando a pessoa recupera o peso.

Circulação. Há também um grande impacto no coração e na circulação sanguínea. A pessoa perde músculo cardíaco, deixando o coração mais fraco como resultado. A pressão arterial cai, e a frequência cardíaca (pulso) diminui. Existe um risco aumentado de irregularidades graves nos batimentos cardíacos (arritmias), especialmente se também houver desequilíbrio nos fluidos e eletrólitos. Se o seu batimento cardíaco for irregular ou anormalmente lento (menos de 50 batimentos por minuto), você deve consultar um médico.

Hormônios. Da mesma forma, há um grande impacto na função hormonal, em que processos não essenciais cessam. Como resultado, a produção de hormônios sexuais diminui acentuadamente, e as mulheres se tornam inférteis (ver mais adiante neste capítulo). Há uma perda de libido, e a responsividade sexual diminui.

Ossos. Há deterioração da resistência óssea. Isso se deve em parte às alterações hormonais, em parte à diminuição do peso que os ossos têm que carregar e, em parte, a um efeito dietético direto. O resultado é um risco aumentado de osteoporose e fraturas.

Sistema digestivo. Pode haver uma sensação persistente de fome, embora isso esteja longe de ser invariável. O paladar pode ser prejudicado, o que pode resultar em algumas pessoas usando grandes quantidades de condimentos e temperos para dar sabor à comida. O intestino desacelera, presumivelmente para que a absorção de alimentos seja maximizada. Assim, o alimento no estômago leva muito mais tempo do que o normal para se mover para o intestino delgado. Isso também pode explicar em parte por que pessoas com baixo peso têm uma sensação aumentada de saciedade, mesmo depois de comer relativamente pouco.

Músculos. A pessoa perde músculos, e isso pode resultar em fraqueza. Isso fica mais óbvio quando a pessoa tenta subir escadas ou se levantar de uma posição sentada ou agachada.

Pele e cabelo. Os efeitos variam. Pelos ralos (chamados de lanugos) podem começar a crescer no corpo, especialmente no rosto, no abdome, nas costas e nos braços. Também pode haver perda de cabelo no couro cabeludo. Muitas vezes, a pele fica seca e pode desenvolver um tom alaranjado.

Regulagem de temperatura. A principal mudança é a diminuição da temperatura corporal. Algumas pessoas passam a sentir muito frio.

Sono. O sono também é prejudicado. Ele fica menos revigorante, e a pessoa tende a acordar mais cedo.

EFEITOS NA FERTILIDADE E NA GRAVIDEZ

> *Eu me preocupo com como meu problema alimentar afeta meu relacionamento com meu bebê e minha capacidade de lidar com ele. Espero ter três filhos, mas não gosto da ideia de engravidar de novo. Talvez da próxima vez eu não tenha mais bulimia.*

> *Eu estava me saindo muito bem com a minha alimentação. Eu tinha parado de vomitar e tomar laxantes no momento em que descobri que estava grávida. Eu também tinha parado de comer compulsivamente e estava me esforçando muito para comer apenas alimentos saudáveis. Então, quando meu médico estava examinando minha barriga, ele olhou para mim e disse: "Sinto muito pela demora, mas não consigo dizer o que é o bebê e o que é você". Eu sei que ele estava apenas brincando, mas isso realmente me chateou. Fui para casa e chorei. Não comi nada nos dias seguintes, e quando, com a ajuda do meu marido, comecei a comer de novo, não conseguia evitar vomitar depois de comer.*

> *Eu tento controlar minha alimentação, mas acho difícil. Depois de me fazer vomitar, me sinto extremamente culpada, pois nunca me perdoaria se algo de ruim acontecesse ao meu bebê, mas estou satisfeita por ter parado de tomar laxantes.*

Problemas de compulsão alimentar estão associados a problemas de fertilidade (ver Quadro 5.4), mas as razões para isso não são claras. Certamente, dieta, perda de peso e baixo peso corporal afetam a fertilidade, mas não se sabe se a compulsão alimentar também não tem efeitos. O que é importante enfatizar é que esses efeitos são geralmente reversíveis, desde que o problema alimentar seja superado.

Da mesma forma, pouco se sabe sobre os efeitos dos problemas de compulsão alimentar na gravidez. A maioria das pesquisas analisou a bulimia nervosa. Os resultados sugerem que a compulsão alimentar geralmente melhora quando a mulher sabe que está grávida. O desejo de não prejudicar o feto é intenso e, para algumas, é suficientemente poderoso para impedi-las de comer de modo compulsivo durante a gravidez. O vômito autoinduzido também tende a diminuir em frequência, e a maioria das pessoas para de usar laxantes indevidamente. Curiosamente, os desejos alimentares ocorrem da mesma forma que ocorrem na gravidez de pessoas sem esses problemas. Esses desejos podem levar ao consumo de alimentos que, de outra forma, seriam evitados (como sorvete) e, como resultado, podem desencadear episódios compulsivos.

> *Embora eu realmente quisesse controlar minha alimentação, era muito difícil, pois meu corpo parecia assumir o controle de certas maneiras. Eu tinha desejos por alimentos que eu não comia normalmente. Eu acabava comendo-os de vez em quando, o que fazia eu me sentir extremamente culpada.*

A partir do meio da gravidez, muitas mulheres com problemas de compulsão alimentar experimentam algum grau de alívio de suas preocupações com aparência e peso. Elas sentem que não são mais responsáveis por eles; mudanças em sua aparência e seu peso são inevitáveis. Como resultado, algumas deixam de controlar a ingestão de alimentos e acabam comendo demais. Isso as coloca em risco de ganho de peso excessivo, o que aumenta o risco de complicações na gravidez. Isso também significa que elas terão mais peso para perder após o nascimento do bebê.

> **QUADRO 5.4 O "Inverno da Fome na Holanda"**
>
> Antes de os bebês nascerem, o desenvolvimento subsequente deles é determinado até certo ponto pelo ambiente no útero. Isso os prepara para as circunstâncias que provavelmente enfrentarão ao nascer. Algumas das mudanças não podem ser revertidas e podem ter um impacto ao longo da vida desses bebês. Se, por exemplo, o feto em desenvolvimento não receber uma nutrição adequada, aspectos de seu metabolismo e sua fisiologia podem ser alterados para prepará-lo para um ambiente em que a comida é escassa. Por exemplo, o bebê pode se tornar particularmente bom em acumular gordura. Porém, se as circunstâncias externas subsequentemente mudarem, ou, por algum motivo, o suprimento inadequado de nutrientes não for o resultado da escassez de alimentos, as mudanças no desenvolvimento podem ser prejudiciais à saúde a longo prazo.
>
> O "Inverno da Fome na Holanda" foi um período de escassez de comida que ocorreu na Holanda durante a Segunda Guerra Mundial, quando, como represália pela resistência holandesa, o transporte de combustível e alimentos para o país foi proibido. No auge da fome, as porções de comida caíram para entre 400 e 800 calorias por pessoa por dia. Estudos sobre o Inverno da Fome Holandesa mostram que, apesar de terem nascido com um peso normal, as mulheres expostas à fome durante os estágios iniciais de sua vida fetal eram mais propensas a ter obesidade aos 50 anos do que aquelas que foram expostas à fome mais tarde na vida fetal ou não foram expostas a ela. A exposição precoce à fome também foi associada a um aumento de três vezes no risco de ter doença cardíaca coronária aos 50 anos em homens e mulheres.
>
> ---
>
> *Fontes*: Painter, R. C., Roseboom, T. J., & Bleker, O. P. (2005). Prenatal exposure to the Dutch famine and disease in later life: An overview. *Reproductive Toxicology*, 20, 345–352.
> Ravelli, AC, van der Meulen, JHP, Osmond, C., Barker, DJP e Bleker, OP (1999). Obesity at the age of 50 in men and women exposed to famine prenatally. *American Journal of Clinical Nutrition*, 70, 811–816.
> Roseboom, T. J., van der Meulen, J. H. P., Osmond, C., *et al.* (2000). Coronary heart disease after prenatal exposure to the Dutch famine, 1944–45. *Heart*, 84, 595–598.

À medida que minha gravidez progredia, eu ainda tentava controlar o que comia, contando calorias o tempo todo e tentando manter minha ingestão abaixo de 1.500 calorias por dia. Eu também me exercitava todos os dias. Eu ainda tinha compulsões regularmente, embora no fundo eu não quisesse causar nenhum mal ao meu bebê. Eu até tive um episódio compulsivo no dia em que minhas dores de parto começaram.

Por outro lado, uma minoria permanece tão preocupada com aparência e peso quanto antes, às vezes até mais. A possibilidade de qualquer mudança na forma ou no peso dessas pessoas as deixa aterrorizadas, por isso elas lutam contra isso. Elas fazem dieta, e algumas se exercitam intensamente, às vezes como um substituto ao vômito ou à ingestão de laxantes. Como resultado, elas ganham pouco ou nenhum peso, e, ao nascer, seus bebês podem estar abaixo do peso. Isso tem o potencial de gerar consequências adversas para o bebê a longo prazo (ver Quadro 5.4).

Pós-parto

Já se passaram três meses desde que dei à luz. Nunca me senti tão exausta. Eu tento correr de três a quatro vezes por semana e faço muitos exercícios para o estômago. Eu gostaria de perder 7 kg para voltar a vestir minhas roupas de antes da gravidez. Até agora, minhas tentativas de fazer dieta falharam. Minha alimentação foi muito controlada quando cheguei em casa, mas aos poucos as compulsões voltaram e mais uma vez fazem parte do meu dia a dia.

Após o parto, tudo muda. Muitas mulheres descobrem que a melhora nos problemas de compulsão alimentar foi temporária e que esses problemas retornam com consequências. Isso não é surpresa, já que algumas dessas pessoas ficam determinadas a voltar ao seu peso original o mais rápido possível e, portanto, retomam aquela mesma dieta rigorosa quase imediatamente. É aí que os problemas recomeçam, uma vez que, como discutido anteriormente, uma dieta restritiva torna as pessoas propensas à compulsão, e aderir a uma dieta nesse momento particularmente estressante é ainda mais difícil. Muitas mulheres ainda estão amamentando e, portanto, ficam sujeitas a pressões fisiológicas para comer mais, algumas ficam deprimidas, o que dificulta a dieta, e quase todas têm suas velhas rotinas interrompidas.

6

O que causa problemas de compulsão alimentar?

Comecei a comer compulsivamente quando tinha cerca de 17 anos. Eu era solitária, tímida e não tinha autoestima. Cada episódio compulsivo fazia eu me sentir pior e me odiar mais. Eu me punia com mais e mais comida. Em poucos meses, comer compulsivamente virou um costume, e eu ganhei peso rapidamente. Eu me detestava e segui com a minha vida apenas fingindo ser "normal".

As circunstâncias melhoraram e eu passei a ter menos episódios compulsivos. No entanto, meus hábitos alimentares permaneceram horríveis. Eu estava sempre pensando em comida. Nunca admiti meus problemas para ninguém. E eu mentia para mim mesma negando que tinha comido o que tinha comido. Agora, olhando para trás, penso nos anos desperdiçados (quase 16) pensando em comida e em como eu era gorda. Eu passei muitos anos deprimida e me odiando.

Histórias como essa levantam duas perguntas óbvias: por que esse problema de compulsão alimentar se desenvolveu? E por que persistiu por tanto tempo? Infelizmente, não há uma resposta simples ou completa. Nossa compreensão da causa dos problemas de compulsão alimentar ainda é limitada.

POR QUE A PERGUNTA É TÃO DIFÍCIL DE RESPONDER

Muitos processos estão envolvidos

Processos psicológicos, sociais e físicos parecem ter um papel na causa dos problemas de compulsão alimentar. O Capítulo 3 mencionou, por exemplo, que a bulimia nervosa parece ter surgido apenas recentemente (p. 35). Isso sugere que os processos ambientais têm um papel e que é provável que a causa seja de natureza social. No entanto, como nem todas as pessoas desenvolvem um problema de compulsão alimentar mesmo quando estão sujeitas a condições sociais semelhantes, processos adicionais também devem estar envolvidos. Vimos também que alguns processos psicológicos parecem ser relevantes, como a baixa autoestima e o perfeccionismo mencionados no Capítulo 4 (p. 66). E, como mostra este capítulo, processos geneticamente determinados também parecem contribuir, o que significa que os processos físicos também desempenham um papel na causa desses problemas.

Problemas de compulsão alimentar variam na forma como se iniciam

As pesquisas realizadas sobre o desenvolvimento de problemas de compulsão alimentar sugerem que há mais de uma rota possível para esses problemas.

Pessoas com bulimia nervosa geralmente relatam que seus problemas alimentares tiveram início quando elas começaram a fazer dieta durante a adolescência. Eles podem ter sido provocados por um problema de peso real ou percebido, ou por uma necessidade de se sentir "no controle" em um contexto de dificuldades na vida. Em alguns casos, uma perda de peso incidental (talvez devido a doença) pode ter sido o gatilho. Seja qual for o precipitante, o resultado é a perda de peso, que pode ser tão acentuada que a pessoa desenvolve anorexia nervosa. Então, após um período variável, o controle sobre a alimentação é perdido, a compulsão alimentar se desenvolve, e o peso corporal aumenta até se aproximar de seu nível original.

Um caminho muito diferente é descrito por muitas pessoas com transtorno de compulsão alimentar. Elas relatam uma tendência de longa data a comer em excesso, particularmente quando se sentem infelizes ou estressadas. Essa tendência acaba se tornando tão acentuada que elas desenvolvem verdadeiros episódios de compulsão alimentar. No entanto, a compulsão alimentar tende a ocorrer em fases — ou seja, também há períodos prolongados livres de compulsão alimentar. Isso é muito diferente da bulimia nervosa.

Para complicar ainda mais as coisas, algumas pessoas relatam uma mistura desses caminhos, especialmente se elas tiverem algum transtorno alimentar misto (ver Cap. 2, p. 30).

Problemas de compulsão alimentar variam em seu curso

Os problemas de compulsão alimentar variam em seu curso ao longo do tempo. Para algumas pessoas, o problema da compulsão alimentar é de curta duração e não se repete. Para outras, recorrências e recaídas são comuns. Há também casos em que, uma vez que o problema começa, ele dura anos. Isso sugere que processos adicionais, muitas vezes separados daqueles que foram responsáveis pela compulsão alimentar no início, entram em jogo para manter o problema em andamento.

Não está claro quais processos ditam se um problema de compulsão alimentar persiste ou desaparece. No Capítulo 4, discutimos as contribuições da dieta restritiva, do pensamento de tudo ou nada e das preocupações com a forma e o peso para esse problema. Como veremos neste capítulo, as dificuldades com relacionamentos também parecem relevantes, assim como certos eventos e circunstâncias.

UMA DISTINÇÃO CRUCIAL

Ao pensar sobre a causa de dificuldades duradouras, como problemas de compulsão alimentar, é importante distinguir os processos que provavelmente fizeram com que o problema começasse daqueles que o levam a persistir. Portanto, a questão da causa tem duas partes:

1. Por que os problemas de compulsão alimentar se desenvolvem?
2. Por que eles persistem?

Duas fases, portanto, precisam ser distinguidas: a fase de desenvolvimento (antes do início do problema) e a fase de manutenção (após o seu início).

Fazer essa distinção não apenas nos ajuda a entender o papel de todas as causas possíveis, mas também tem implicações práticas significativas. Se o objetivo é a prevenção de problemas de compulsão alimentar, a tarefa é identificar os processos que exercem sua influência antes do início, durante a fase de desenvolvimento, e tentar impedi-los. Em contraste, se o objetivo é um tratamento bem-sucedido do problema, a tarefa é identificar os processos que estão mantendo o problema em andamento.

PROCESSOS QUE CONTRIBUEM PARA O DESENVOLVIMENTO DE PROBLEMAS DE COMPULSÃO ALIMENTAR

Processos sociais

Como discutido no Capítulo 3, a bulimia nervosa parece ter surgido nas décadas de 1970 e 1980 nas partes do mundo onde a anorexia nervosa já era encontrada, principalmente na América do Norte, no norte da Europa, na Austrália e na Nova Zelândia. Nesses locais, a moda é as mulheres serem magras, e as dietas entre as mulheres jovens são comuns; assim, os processos sociais que incentivam as pessoas a fazerem dieta podem ter contribuído para o surgimento do transtorno. Um fator-chave entre esses processos é a forma das modelos. A bulimia nervosa surgiu quando ser *extremamente magra*, como a modelo inglesa Twiggy, tornou-se moda. Mas não é improvável que, em culturas distintas, diferentes processos possam contribuir para o problema. A situação também não é estática, como mostra uma pesquisa de Fiji (ver Quadro 6.1).

Recentemente, houve um movimento para combater o impacto de modelos muito abaixo do peso. Em 2006, a Espanha proibiu modelos com IMC abaixo de 18,0, e, no mesmo ano, a Itália exigiu que a indústria da moda fornecesse provas médicas de que suas modelos não tinham nenhum transtorno alimentar. Em 2012, Israel proibiu a atuação de modelos de anúncios ou desfiles de moda com IMC inferior a 18,5; uma linha semelhante foi adotada pela revista de moda *Vogue*. Infelizmente, existem forças trabalhando na direção oposta. Por exemplo, algumas atividades incentivam práticas insalubres de controle de peso e podem, como resultado, promover problemas alimentares. Isso é particularmente verdadeiro para aquelas pessoas para quem um certo peso (baixo) é necessário em um momento específico (p. ex., para corridas de cavalos; ver Cap. 5, Quadro 5.1, p. 68) ou para quem a aparência é crucial, como no balé (ver Quadro 6.2, p. 90).

> **QUADRO 6.1 Mudança cultural: lições de Fiji**
>
> Até a década de 1990, as ilhas Fiji estavam amplamente isoladas de influências sociais externas. Elas mantiveram uma forte cultura tradicional que valorizava o apetite e um tamanho corporal saudável. Um corpo mais robusto era inclusive valorizado. Mas talvez a característica mais protetora da cultura tradicional de Fiji fosse a de que as pessoas geralmente aceitavam seus corpos.
>
> Em 1995, os canais ocidentais de transmissão de televisão chegaram a Fiji, e houve uma "explosão" de problemas alimentares. Uma explicação é a de que a disseminação da cultura ocidental levou as meninas, em particular, a colocarem uma nova ênfase em seu corpo, gerando a mesma insatisfação que é encontrada nas meninas do Ocidente. No entanto, argumentou-se que essa explicação é muito simples e que a natureza particular do choque entre a cultura ocidental e os valores fijianos também deve ser considerada. As ilhas estavam passando por uma grande transição social na época, e isso criou preocupações sobre conquistas e posição social. Entrevistas com alunas fijianas sugerem que muitas associaram a magreza das atrizes ocidentais ao poder e ao sucesso. Simultaneamente, as preocupações com os riscos à saúde associados à obesidade estavam promovendo uma ênfase na responsabilidade pessoal pela forma e pelo peso do próprio corpo. Portanto, parece provável que uma variedade de processos complexos de interação estivesse envolvida.
>
> ---
> *Fonte*: Becker, A. E. (2004). Television, disordered eating and young women in Fiji: Negotiating body image and identity during rapid social change. *Culture, Medicine and Psychiatry*, 28, 533–559.

Gênero

No Capítulo 3, discutimos o fato de que todos os transtornos alimentares, exceto o transtorno de compulsão alimentar, são muito mais comuns entre as mulheres do que entre os homens. Esse padrão de mulheres sendo desproporcionalmente afetadas é espelhado em todas as culturas e grupos étnicos. Por que as mulheres estão em maior risco? Uma das principais razões provavelmente é o fato de que fazer dieta é muito mais comum entre as mulheres do que entre os homens, e, como discutiremos, isso aumenta muito o risco de desenvolver problemas alimentares.

> **QUADRO 6.2 Imagem corporal e balé clássico**
>
> No mundo do balé, o "corpo Balanchine", que consiste em uma estrutura fina, pernas longas, um pescoço longo e um tronco curto, representa o ideal. Essa estética é atribuída a George Balanchine, que foi um bailarino, professor e célebre coreógrafo. É relatado que Balanchine dizia a seus dançarinos que queria "ver os ossos" deles e que eles "não deveriam comer nada". Independentemente de isso ser verdade ou não, a pressão sobre as bailarinas para alcançar esse tipo de corpo ainda existe. O sucesso das carreiras delas depende disso.
>
> Uma crítica recente de *O quebra-nozes* no *The New York Times* comentou que uma das dançarinas parecia ser "uma fada açucarada demais". A "política nutricional" da Royal Ballet School, de Londres, reconhece o risco de problemas alimentares entre aspirantes a bailarinas. Mas, embora a escola vise a promover atitudes saudáveis em relação ao peso, à alimentação e à imagem corporal, ela admite que a pressão para ser magra não pode ser completamente removida.
>
> O IMC médio de uma bailarina está em torno de 18,5, o que significa que muitas estão perto de estar clinicamente abaixo do peso, e um número substancial delas têm IMC dentro da faixa de anorexia nervosa (44,3%, em um estudo). Estudos também mostram que muitas bailarinas querem perder mais peso, não menstruam e experimentam um nível de insatisfação corporal que fica entre o de meninas da população em geral e o daquelas diagnosticadas com anorexia nervosa.
>
> ---
>
> *Fontes*: Ringham, R., Klump, K., Kaye, W., Stone, D., Libman, S., Stowe, S., & Marcus, M. (2006). Eating disorder symptomatology among ballet dancers. *International Journal of Eating Disorders*, 39, 503–508. Bettle, N., Bettle, O., Neumärker, U., & Neumärker, K.-J. (1998). Adolescent ballet school students: Their quest for body weight change. *Psychopathology*, 31, 153–159.

Isso levanta outra questão: por que as mulheres têm uma maior tendência a fazer dieta do que os homens? Duas respostas vêm à mente. Em primeiro lugar, as pressões sociais para ser magro estão focadas principalmente nas mulheres. Em segundo lugar, as mulheres são mais propensas a basear a autoestima delas em sua aparência. Ambas as observações levantam questões importantes mais amplas sobre as diferenças entre o desenvolvimento masculino e o feminino e os papéis concorrentes e conflitantes das mulheres nas sociedades ocidentais.

Etnia e classe social

Quando consideramos os pacientes em tratamento, a bulimia nervosa e a anorexia nervosa parecem estar amplamente restritas a mulheres brancas, mas as amostras de pacientes são tendenciosas em relação à etnia. Os resultados de estudos baseados na comunidade sugerem que os problemas de compulsão alimentar são dispersos de maneira muito mais equilibrada. Há evidências semelhantes de uma tendência de pacientes com bulimia nervosa e anorexia nervosa serem desproporcionalmente mais comuns entre aqueles em um contexto de classe média ou alta. No entanto, isso pode ser devido a um viés na busca por tratamento, sendo as pessoas de classe média e alta mais propensas a consegui-lo.

Idade, adolescência e puberdade

Há consistentes evidências de que os problemas de compulsão alimentar geralmente se desenvolvem durante a adolescência ou no início da idade adulta. Essa idade de início provavelmente pode ser atribuída ao fato de que, entre as mulheres, fazer dieta é particularmente comum nessa idade. Aderir a dietas, por sua vez, provavelmente é o resultado de dois fatores. Primeiro, como já mencionado, as mulheres são mais propensas do que os homens a julgarem a autoestima em termos de aparência, e essa tendência é ainda maior nessa faixa etária. Em segundo lugar, na puberdade, muitas mulheres jovens começam a desenvolver uma forma corporal que se desvia daquela considerada na moda.

Esse não é o caso para os homens. Embora os homens estejam sob pressão para ter uma certa aparência, a puberdade masculina cria uma aparência que a sociedade deseja. À medida que os meninos passam pela puberdade, sua musculatura e sua altura aumentam, e seus ombros se tornam mais largos.

A própria adolescência também pode ser um fator relevante. Como todos sabemos, essa fase da vida apresenta grandes desafios de desenvolvimento: mudanças de aparência, flutuações de humor e mudanças nas expectativas e nos papéis sociais. Adolescentes que apresentam as características de personalidade que se acredita estarem associadas ao risco de desenvolver problemas de compulsão alimentar, como perfeccionismo e baixa autoestima, são mais propensos a experimentar uma sensação de perda de controle nesse período. Alguns acham que fazer dieta ajuda a restaurar a sensação de estar no controle e, por ser um comportamento considerado socialmente desejável por seus pares, isso também lhes dá uma sensação de realização. Para eles, fazer dieta pode ter mais a ver com autocontrole do que com qualquer outra coisa.

O momento das mudanças da puberdade em relação aos colegas também pode ser importante. Acredita-se que o desenvolvimento precoce em meninas pode aumentar o risco de dificuldades emocionais, porque aumenta a probabilidade de que elas tenham que enfrentar novos problemas e novas expectativas antes de estarem prontas para isso. Além disso, as mudanças na forma podem ser particularmente difíceis de lidar se ocorrerem antes do resto de seu grupo.

Certas mudanças de vida que dependem da idade também são relevantes. Uma particularmente importante é sair de casa para ir para a faculdade. Não é incomum que os problemas alimentares se desenvolvam ou piorem nesse momento. É fácil de perceber por que isso ocorre. A transição de casa para a faculdade não é apenas estressante, mas também, para alguns adolescentes, é a primeira vez que têm controle total sobre o que e quando comem. Como resultado, algumas pessoas passam por uma fase em que comem pouco e de maneira não controlada, enquanto outras comem demais e ganham quantidades substanciais de peso.

Obesidade

Resultados de pesquisas indicam que há uma taxa elevada de obesidade infantil e parental entre as pessoas que desenvolvem bulimia nervosa, e o mesmo parece valer para aquelas pessoas com transtorno de compulsão alimentar. Naturalmente, qualquer tendência a estar acima do peso durante a infância ou a adolescência provavelmente aumentará as preocupações com a forma e o peso do corpo e, assim, incentivará a pessoa a fazer dieta. Além disso, ter um membro da família com um problema de peso significativo pode deixar as pessoas mais sensíveis à "gordura" e propensas a fazer dieta, o que as leva a se esforçar para emagrecer, restringindo assim a alimentação.

Problemas e transtornos alimentares na família

Está bem estabelecido que os transtornos alimentares ocorrem em famílias. Parentes próximos de pessoas com um transtorno alimentar são mais propensos a também desenvolverem um. Fatores genéticos podem ser uma das causas, o que é reforçado pelos resultados das pesquisas. Dito isso, não se sabe exatamente o que é herdado. Existem muitas possibilidades, incluindo a tendência a ter um peso específico, respostas biológicas ou psicológicas a dietas e certos traços de personalidade. Também não está claro quais genes específicos provavelmente estão envolvidos. Não é improvável que processos "epigenéticos" contribuam; por exemplo, fazer dieta pode alterar a expressão gênica.

O fato de os transtornos alimentares ocorrerem em famílias não indica necessariamente que os fatores herdados sejam total ou parcialmente responsáveis. A alta incidência dentro de uma mesma família pode ser devida a influências ambientais. Vários estudos foram feitos sobre os hábitos e as atitudes alimentares dos membros familiares de pessoas com problemas alimentares. Até o momento, esses estudos se concentraram principalmente nos parentes de pacientes com anorexia nervosa, e os achados foram variados. Alguns encontraram altas taxas de atitudes e comportamentos alimentares incomuns, outros não.

Na prática clínica, relatos de um aparente contágio não são incomuns. Um exemplo são as mães pressionando suas filhas a se juntarem a elas em uma dieta (ver Quadro 6.3).

QUADRO 6.3 Mães, filhas e transtornos alimentares

Dois grupos de mães e filhas foram identificados com base nas pontuações das filhas em uma métrica amplamente utilizada para medir transtornos alimentares. Havia um grupo de pontuação alta e, para fins de comparação, um grupo de pontuação baixa. A idade média das filhas era de 16 anos, e a das mães era de 43 anos. As mães das filhas com transtornos alimentares diferiram das mães do outro grupo das seguintes maneiras:

1. Elas tinham mais hábitos alimentares problemáticos.
2. Elas achavam que suas filhas deveriam perder mais peso.
3. Elas eram mais críticas à aparência das filhas.

Esses achados sugerem que a transmissão de transtornos alimentares dentro das famílias pode ser, pelo menos em parte, devida a contágio.

Fonte: Pike, K. M., & Rodin, J. (1991). Mothers, daughters, and disordered eating. *Journal of Abnormal Psychology,* 100, 198–204.

Outros transtornos psiquiátricos na família

A possibilidade de que outros transtornos psiquiátricos na família possam contribuir para transtornos alimentares também tem sido estudada. A maior parte dessa pesquisa se concentrou em pessoas com anorexia nervosa ou bulimia nervosa.

O transtorno psiquiátrico que tem sido mais amplamente estudado é a depressão clínica. Os resultados sugerem que a presença de depressão dentro de uma família aumenta o risco das filhas de desenvolverem um problema alimentar. Não sabemos qual mecanismo pode ser responsável por essa associação. Por um lado, pode haver uma anormalidade fisiológica subjacente comum, como um defeito na regulação de serotonina no cérebro, uma substância química que se acredita estar envolvida tanto na depressão quanto no controle da ingestão de alimentos. Por outro lado, o mecanismo pode ser a influência ambiental sobre a criança criada por um pai ou uma mãe com depressão.

O outro transtorno a ser estudado é o abuso de substâncias psicoativas (ou seja, abuso de álcool ou drogas). Os resultados desses estudos são discutidos no Capítulo 7.

Eventos e transtornos na infância

Médicos que trabalham com pessoas com problemas de compulsão alimentar não conseguem deixar de notar como é comum a ocorrência de eventos traumáticos durante a infância de seus pacientes. Mortes, separações, desentendimento parental, doenças físicas, provocações, abuso sexual e físico e *bullying* parecem ocorrer com uma frequência perturbadora. No entanto, pesquisas indicam que tais eventos não ocorrem com mais frequência entre esses pacientes do que entre aqueles com outros transtornos psiquiátricos, sugerindo que eles aumentam o risco de desenvolver um transtorno psiquiátrico, mas não necessariamente o risco de um transtorno alimentar.

Verificou-se também que há um aumento da taxa de problemas psiquiátricos antes do início do problema alimentar. Os problemas de ansiedade são particularmente comuns, e um pequeno subgrupo tem um histórico de depressão infantil.

Características de personalidade

Como mencionei no Capítulo 4, certos traços de personalidade parecem ser comuns entre aqueles que desenvolvem problemas de compulsão alimentar. A maioria das pesquisas sobre esse tema se concentrou em pessoas com bulimia nervosa ou anorexia nervosa. A relevância desses traços para o transtorno de compulsão alimentar é incerta.

Aqueles que desenvolvem bulimia nervosa ou anorexia nervosa são extraordinariamente complacentes e meticulosos quando crianças. Eles costumam ser um tanto tímidos e solitários e podem ter tido dificuldade em se misturar com outras crianças. Além disso, eles tendem a ser competitivos e ambiciosos. Eles estabelecem padrões altos e trabalham duro para cumpri-los. Esses traços parecem ser os precursores da baixa autoestima e do perfeccionismo, vistos em muitas pessoas com anorexia nervosa ou bulimia nervosa.

A psicoterapia exploratória muitas vezes confirma esses achados. Michael Strober, da Universidade da Califórnia (UCLA), um dos principais especialistas em personalidade e transtornos alimentares, afirmou que uma investigação detalhada dos mundos internos desses pacientes revela "o medo onipresente de parecer fraco, inadequado e mediano; a incapacidade de ter prazer no lazer; uma relutância em enfrentar riscos e novidades, em se envolver em ações espontâneas desinibidas ou em afirmar sentimentos; e a experiência de impulsos e desejos como distrações inúteis para alcançar objetivos morais mais elevados". Michael Strober argumenta que características de personalidade desse tipo fazem com que essas pessoas fiquem "irremediavelmente mal preparadas" para as demandas de desenvolvimento da adolescência.

As características de personalidade daqueles que desenvolvem transtorno de compulsão alimentar não foram definidas com tantos detalhes. Problemas com assertividade e baixa autoestima parecem ser especialmente comuns, enquanto o perfeccionismo parece mais restrito àqueles que desenvolvem anorexia nervosa, bulimia nervosa ou transtorno alimentar atípico.

Fazer dieta

No Capítulo 4, discutimos a ligação entre compulsão alimentar e dietas restritivas e o fato de que elas perpetuam uma à outra (p. 43). No entanto, fazer dieta também aumenta o risco de se iniciar um problema de compulsão alimentar. É, inclusive, um fator de risco bem fundamentado para anorexia nervosa e bulimia nervosa. Parece algo menos relevante para o transtorno de compulsão alimentar. Ainda assim, sabemos que a maioria das pessoas que fazem dieta não desenvolve problemas alimentares. Portanto, outros fatores do tipo, já mencionados, devem interagir de alguma forma com a dieta no processo etiológico. Além disso, pode ser que apenas certas formas de dieta sejam propensas a colocar as pessoas em risco.

Conclusão: não há uma causa única

Para concluir, não há uma causa única de problemas de compulsão alimentar. Há uma variedade de fatores de risco e uma variedade de maneiras de esses problemas começarem. Se você tem um problema de compulsão alimentar, é provável que vários fatores tenham contribuído para o desenvolvimento dele. No entanto, como veremos agora, é provável que menos processos estejam fazendo com que esse problema persista.

PROCESSOS QUE PERPETUAM PROBLEMAS DE COMPULSÃO ALIMENTAR

As pesquisas sobre como os problemas de compulsão alimentar mudam ao longo do tempo e quais fatores influenciam seu curso sugerem que um número limitado de processos de interação está envolvido na causa desses problemas. Esses processos são ilustrados na Figura 6.1 e discutidos separadamente a seguir.

Dieta contínua

No Capítulo 4, consideramos as várias maneiras pelas quais fazer dieta torna as pessoas propensas à compulsão. Se a dieta for "extrema" (ou seja, se a pessoa exerce uma restrição em que ela come muito pouco), haverá fortes pressões fisiológicas. E, se a dieta for "estrita" (se a pessoa define metas dietéticas altamente específicas e mantém uma atitude de tudo ou nada em relação a elas), a pessoa tenderá a oscilar entre a dieta e a compulsão alimentar, com uma coisa promovendo a outra. Por meio desses mecanismos, fazer dieta continuamente parece manter muitos problemas de compulsão alimentar. É por esse motivo que muitos tratamentos se concentram em eliminar ou

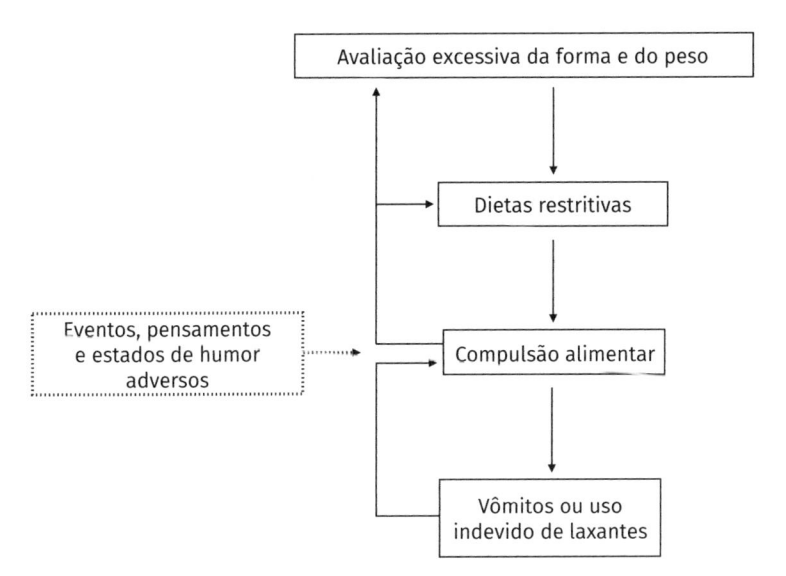

FIGURA 6.1 Os círculos viciosos que mantêm a compulsão alimentar.

moderar a dieta. Isso se aplica especialmente a tratamentos para anorexia nervosa, bulimia nervosa e transtornos alimentares atípicos. É algo menos relevante para o transtorno de compulsão alimentar, pois, na maioria dos casos desse transtorno, há pouca ou nenhuma dieta.

Vários fatores incentivam a dieta, sendo os principais a necessidade de se sentir no "controle", mencionada anteriormente, e a influência das preocupações com a aparência e o peso. Novamente, como discutido anteriormente, essas preocupações são reforçadas pela preferência da sociedade ocidental por uma forma corporal magra. Pessoas que estiveram acima do peso no passado podem ser particularmente propensas a fazer dieta por medo de recuperar o peso perdido, e seus esforços podem ser incentivados por amigos e parentes.

Vômito e uso indevido de laxantes

Esses dois métodos de controle de peso estimulam a compulsão alimentar, pois a crença em sua eficácia neutraliza um grande impedimento contra a compulsão alimentar: o medo do ganho de peso. Essa fé, no entanto, é infundada, como discutimos no Capítulo 4.

Humores e pensamentos adversos

Humor e alimentação estão ligados em todo mundo, não apenas naqueles com problemas alimentares. Mas a compulsão alimentar tem uma relação particularmente complexa e circular com o humor. Pessoas que comem compulsivamente acham que sua compulsão alimentar as ajuda a lidar com humores e pensamentos adversos porque ela é distrativa e calmante. Dessa forma, alguns podem confiar na compulsão alimentar para lidar com tais pensamentos e sentimentos, embora não estejam cientes do vínculo.

Relacionamentos, eventos e circunstâncias

Uma variedade de eventos e circunstâncias também influencia o curso dos problemas de compulsão alimentar. As relações pessoais são particularmente relevantes para esses problemas. Por exemplo, estabelecer um relacionamento próximo e de aceitação com um parceiro pode melhorar a autoestima, diminuir as preocupações com a forma e o peso e remover algumas fontes de estresse, promovendo assim uma recuperação. O fim de um relacionamento pode ter o efeito oposto.

Desejo de mudar

Os processos que acabamos de discutir não constituem uma lista exaustiva. Na verdade, nossa discussão sobre os processos que contribuem para a persistência de problemas de compulsão alimentar omitiu um fator-chave: o desejo de mudar. Algumas pessoas parecem ter pouco desejo de mudar. Elas aceitam o problema de compulsão alimentar e ajustam a sua vida em torno dele. Nesses casos, o problema tende a persistir, muitas vezes por anos. Outras decidem mudar, recomeçar e, curiosamente, apenas tendo tomado a decisão, conseguem superar o problema sem ajuda externa. Outras, no entanto, não conseguem.

O que estimula as pessoas a decidirem mudar, a começar do zero, não tem sido estudado, mas deveria ser. Uma das minhas esperanças é que a leitura deste livro possa fornecer a alguns leitores esse estímulo.

7
Compulsão alimentar e vício

Uma questão que não abordamos no Capítulo 6 é se a compulsão alimentar é um vício. Se você já experimentou a sensação de perda de controle e vontade de comer associada à compulsão alimentar, essa pergunta pode muito bem ter passado pela sua cabeça. Ou talvez você tenha lido em algum lugar sobre a compulsão alimentar ser um vício. Expressões amplamente utilizadas, como *comer em excesso compulsivamente* e *dependência alimentar*, certamente sugerem que esse é o caso. Na verdade, essa visão tem tantos seguidores nos Estados Unidos que é a base para alguns proeminentes programas de tratamento.

Por essas razões, é importante considerar se a compulsão alimentar deve ser vista como uma forma de vício. Se não for, os programas de tratamento baseados nessa premissa podem não ser apropriados. Este capítulo se concentra em três questões principais:

1. É correto ver a compulsão alimentar como um vício?
2. Existe alguma relação entre os vícios conhecidos, como abuso de álcool e drogas, e a compulsão alimentar?
3. Existem implicações dessa visão para o tratamento da compulsão alimentar?

A TEORIA DA COMPULSÃO ALIMENTAR COMO VÍCIO

> A OA acredita que comer compulsivamente é uma doença tripla: física, emocional e espiritual. Consideramos isso um vício que, como o alcoolismo e o abuso de drogas, pode ser interrompido, mas não curado.
>
> — Folheto da irmandade Comedores Compulsivos Anônimos
> (OA, do inglês Overeaters Anonymous)

De acordo com a teoria de que a compulsão alimentar é uma forma de vício (o chamado "modelo de dependência" da compulsão alimentar), ela seria o resultado de um processo fisiológico subjacente equivalente ao responsável pelo alcoolismo. As pessoas que comem de forma compulsiva seriam biologicamente vulneráveis a certos alimentos (normalmente açúcar e amidos) e, como resultado, se tornariam "viciadas" neles. Esses alimentos seriam "tóxicos" para essas pessoas, que, como resultado, seriam incapazes de controlar a ingestão deles, de modo que seu consumo aumentaria progressivamente. Como essa vulnerabilidade seria de base biológica, essas pessoas não poderiam ser curadas do problema (ou da "doença"); em vez disso, elas precisariam aprender a aceitá-lo e ajustar suas vidas de acordo.

O modelo de dependência é válido? Como enfatizou Terence Wilson, da Universidade Rutgers, hoje "o conceito de vício foi corrompido pelo uso promíscuo e impreciso para descrever praticamente qualquer forma de comportamento repetitivo". É dito que alguns de nós são "viciados em sexo", outros são "viciados em TV" ou "viciados em compras". O resultado é que não está mais claro o que significa ter um vício. Quando a palavra é usada de maneira tão ampla e informal, a maioria de nós poderia ser considerada "viciada" em alguma coisa ou outra.

O conceito de vício foi corrompido.

No entanto, existem algumas semelhanças entre a compulsão alimentar e os vícios clássicos envolvendo abuso de álcool e drogas, e muitas pessoas se concentram nessas semelhanças para respaldar o modelo de dependência da compulsão alimentar. Elas apontam que, seja no comportamento de abuso de álcool/drogas ou na compulsão alimentar, a pessoa:

- tem desejos ou impulsos de se envolver no comportamento;
- sente perda de controle sobre o comportamento;
- pensa constantemente sobre o comportamento;
- pode usar o comportamento para aliviar a tensão e sentimentos negativos;
- nega a severidade do problema;
- tenta manter o problema em segredo;
- persiste no comportamento, apesar de seus efeitos adversos;
- muitas vezes, faz repetidas tentativas mal-sucedidas de parar.

Essas semelhanças são, no entanto, parciais. Elas podem ser interessantes, e algumas são até relevantes para o tratamento (p. ex., o uso do comportamento para lidar com a tensão), mas o fato de as coisas serem semelhantes ou terem propriedades em comum não as torna iguais. Além disso, concentrar-se exclusivamente nas semelhanças, como muitas vezes é feito, negligencia diferenças importantes entre essas formas de comportamento — diferenças que são centrais para a compreensão delas e para o seu tratamento bem-sucedido. Existem três diferenças principais entre compulsão alimentar e abuso de substâncias, todas importantes:

> O fato de as coisas serem semelhantes ou terem propriedades em comum não as torna iguais.

1. A compulsão alimentar não envolve o consumo de uma determinada classe de alimentos. Em outra fonte, Terence Wilson apontou que, se a bulimia nervosa fosse um vício, os pacientes deveriam preferencialmente consumir alimentos específicos "viciantes". Esse não é o caso da bulimia nervosa nem do transtorno de compulsão alimentar. A principal anormalidade alimentar na compulsão alimentar é a quantidade de alimentos consumidos, e não o tipo de alimentos consumidos (como discutimos no Cap. 1).

2. Aqueles que comem compulsivamente têm um impulso de tentar evitar o comportamento. Pessoas com problemas de compulsão alimentar, exceto aquelas com transtorno de compulsão alimentar, estão continuamente tentando restringir sua ingestão de alimentos — ou seja, estão tentando fazer dieta. O que as aflige em sua compulsão alimentar é que ela representa uma falha em controlar a alimentação e acarreta o risco de ganho de peso. Não há fenômeno equivalente à dieta no abuso de álcool (ou de drogas). Aqueles que abusam do álcool não têm motivação inerente para evitar o álcool no contexto em que o consumo excessivo ocorre. Um dos principais objetivos dos programas de tratamento da dependência, inclusive, é incutir no viciado a determinação de não se envolver no comportamento viciante. Na maioria dos problemas de compulsão alimentar, em contraste, essa determinação já existe na forma do intenso desejo de controlar a ingestão de alimentos. O impulso de controlar a alimentação é inclusive um problema por si só, pois perpetua a compulsão alimentar (como discutimos no Cap. 4).

3. Aqueles que comem compulsivamente têm medo de se envolver nesse comportamento. Na maioria dos problemas de compulsão alimentar, além da vontade de fazer dieta, há um conjunto de atitudes voltadas à forma e ao peso, caracterizadas pela avaliação em excesso desses aspectos (ver Cap. 4). A autoestima é julgada quase exclusivamente em termos de aparência e peso, e (como discutimos no Cap. 6) essas atitudes desempenham um papel importante na perpetuação do transtorno, incentivando uma dieta persistente e restritiva. Mais uma vez, não há fenômeno equivalente no abuso de álcool ou drogas. Em outras palavras, o desejo de restringir a alimentação estimula aqueles com problemas de compulsão alimentar a terem episódios compulsivos. Em contraste, aqueles viciados em álcool ou drogas não são vulneráveis ao abuso dessas substâncias como resultado de seu desejo de evitá-las.

Como se pode perceber, existem mecanismos marcadamente diferentes envolvidos na compulsão alimentar e no abuso de substâncias, e eles apontam para duas abordagens diametralmente opostas no seu tratamento. No caso da maioria dos problemas de compulsão alimentar, o tratamento precisa se concentrar em moderar o autocontrole. Em contraste, os tratamentos para o vício precisam se concentrar em fortalecê-lo.

Por outro lado, a compulsão alimentar ocorre entre algumas pessoas que não fazem dieta de forma particularmente intensa, especificamente muitas pessoas com transtorno de compulsão alimentar. A compulsão alimentar dessas pessoas geralmente não é impulsionada pela dieta — ou, quando é, pelo menos se dá em um grau muito menor. As dificuldades para lidar com o estresse parecem ser muito mais importantes. Portanto, potencialmente, o que acontece é apenas uma sobreposição entre os mecanismos que impulsionam a compulsão alimentar e aqueles que estimulam o abuso de álcool ou drogas.

A RELAÇÃO ENTRE COMPULSÃO ALIMENTAR E ABUSO DE SUBSTÂNCIAS

Mesmo que a compulsão alimentar não seja em si um vício, seriam as semelhanças entre ela e o abuso de substâncias indicativas de uma associação entre os dois? Será que ambos os problemas podem ser causados por uma única anormalidade subjacente? Para responder a essas perguntas, foram realizados estudos com o intuito de determinar com que frequência e em que circunstâncias os dois problemas aparecem na mesma pessoa ou na mesma família.

Abuso de substâncias entre pessoas com problemas de compulsão alimentar

Embora os defensores do modelo de dependência da compulsão alimentar frequentemente afirmem que as taxas de abuso de álcool e drogas são desproporcionalmente altas entre aqueles com problemas de compulsão alimentar, esse não é o caso. Ainda que os resultados das pesquisas indiquem que as taxas realmente são elevadas, elas não são mais altas do que aquelas entre pessoas com outros transtornos psiquiátricos.

Problemas de compulsão alimentar entre pessoas que abusam de substâncias

Se houver uma associação específica entre compulsão alimentar e abuso de substâncias, aqueles com dependência de álcool e drogas devem ter uma taxa elevada de problemas de compulsão alimentar. Esse realmente parece ser o caso, mas, mais uma vez, parece que essa é uma associação inespecífica, já que há uma taxa elevada de problemas alimentares entre pessoas com outros transtornos psiquiátricos, como transtornos de ansiedade e depressão.

Estudos de famílias

Vários estudos relataram uma taxa elevada de abuso de substâncias entre os parentes de pessoas com bulimia nervosa. Esse achado é interessante, mas, como os demais já citados, de difícil interpretação. As taxas parecem não ser mais altas do que entre os parentes de pessoas com outros transtornos psiquiátricos. Isso não é o que se esperaria se os problemas de compulsão alimentar e abuso de substâncias fossem resultado de um processo subjacente comum.

A relação entre os transtornos ao longo do tempo

Para entender a relação entre dois transtornos, também é importante saber se um tende a levar ao outro. Estudos com pessoas com problemas com álcool que também têm um problema alimentar sugerem que esse último se desenvolve primeiro. Essa descoberta não é surpreendente, uma vez que os problemas alimentares geralmente começam em uma idade menos avançada do que aquela em que os problemas com álcool se desenvolvem.

Os efeitos do tratamento

Se uma única anormalidade for responsável pelos problemas de compulsão alimentar e abuso de substâncias, pode-se esperar que o tratamento bem-sucedido de um desses problemas leve ao surgimento do outro, a menos que a anormalidade subjacente também tenha sido corrigida. Esse fenômeno é por vezes chamado de *substituição de sintomas*. Não há evidências de que ele ocorra nesse contexto: na verdade, há evidências de que ele não ocorre, pelo menos entre pessoas com problemas de compulsão alimentar (ver Quadro 7.1).

AS IMPLICAÇÕES DO MODELO DE DEPENDÊNCIA PARA O TRATAMENTO

> *Nosso objetivo é nos abster de comer compulsivamente um dia de cada vez. Fazemos isso por meio de contato pessoal diário, reuniões e seguindo o programa de 12 passos dos Alcoólicos Anônimos, substituindo apenas as palavras "álcool" e "alcoólatra" por "comida" e "comedor compulsivo".*
>
> — Folheto da irmandade Comedores Compulsivos Anônimos

> Os princípios subjacentes ao tratamento orientado para o vício estão em total desacordo com o tratamento que se mostrou mais eficaz.

Já que não há motivos para afirmar que a compulsão alimentar é resultado de um processo viciante, é apropriado tratá-la como tal? A resposta direta é "não". Os princípios subjacentes ao tratamento orientado para o vício estão em total desacordo com a abordagem de tratamento que se mostrou mais eficaz para problemas de compulsão alimentar.

> **QUADRO 7.1 Mudanças na ingestão de álcool em pessoas tratadas para um transtorno alimentar**
>
> Normalmente se assume que pessoas que têm um problema de compulsão alimentar e uma alta ingestão de álcool se saem pior em tratamentos. Às vezes, uma preocupação relacionada, de que a eliminação do problema de compulsão alimentar possa piorar o problema de álcool que o acompanha, também é expressa.
>
> Dados de um estudo de "terapia cognitivo-comportamental aprimorada" (TCC-A) foram usados para investigar essas relações. Cento e quarenta e nove pacientes com algum transtorno alimentar foram divididos em dois grupos: um grupo de alta ingestão, cuja ingestão semanal de álcool excedeu as diretrizes saudáveis, e um grupo de baixa ingestão, cuja ingestão estava dentro dos limites saudáveis. Ambos os grupos sofriam de transtornos alimentares de severidade equivalente.
>
> Houve duas descobertas principais. Primeiro, os dois grupos responderam de maneira quase idêntica à TCC-A, refutando assim a suposição de que aqueles com alta ingestão de álcool teriam uma resposta pior. Em segundo lugar, durante o tratamento, a ingestão de álcool da maioria dos pacientes no grupo de alta ingestão caiu para dentro de limites saudáveis, apesar de esse não ser um foco da TCC-A. A ingestão de álcool de uma pequena minoria aumentou, mas essas pessoas fizeram progressos limitados em todos os aspectos, de modo que não parece que a melhora no seu problema alimentar as encorajou a beber. Em outras palavras, parece que não houve substituição de sintomas.
>
> ---
>
> *Fonte:* Karacic, M., Wales, J. A., Arcelus, J., Palmer, R. L., Cooper, Z., & Fairburn, C. G. (2011). Changes in alcohol intake in response to transdiagnostic cognitive behaviour therapy for eating disorders. *Behaviour Research and Therapy, 49,* 573–577.

O tratamento de acordo com o modelo de dependência se baseia na abordagem usada pelos Alcoólicos Anônimos (e outros grupos relacionados) para ajudar pessoas com problemas com álcool. Essa abordagem é chamada de "abordagem de 12 passos". Quatro características distinguem essa abordagem da melhor forma de tratamento para problemas de compulsão alimentar, um tratamento psicológico denominado terapia cognitivo-comportamental ou TCC (descrito no Cap. 8):

1. Abordagem de 12 passos: o transtorno é uma doença para a qual não há cura. Um livro de leituras diárias para membros dos Comedores Compulsivos Anônimos afirma que, "levando em conta a experiência de comedores compulsivos em recuperação, a doença é progressiva. A doença não melhora, ela piora. Mesmo enquanto nos abstemos, a doença progride".

Abordagem da TCC: a recuperação está ao alcance da maioria das pessoas. Estudos de acompanhamento de longo prazo de bulimia nervosa e de transtorno de compulsão alimentar indicam que a recuperação completa é possível e não é incomum, e que, com o tratamento adequado, a grande maioria das pessoas melhora substancialmente (ver Cap. 8).

2. Abordagem de 12 passos: a abstinência imediata é fundamental. O foco da abordagem de 12 etapas está em parar a compulsão alimentar o mais rapidamente possível, e pode ser que o grupo pressione a pessoa para esse fim. Em algumas reuniões de tratamento, os participantes abstinentes são identificados e elogiados, enquanto aqueles que não foram abstinentes têm pouca ou nenhuma oportunidade de falar; eles podem inclusive ser convidados a se retirar.

Abordagem da TCC: a ênfase na cessação imediata da compulsão alimentar não é razoável nem realista. A postura de abstinência é cruel e irracional. Embora, com bons conselhos e apoio, muitas pessoas consigam parar de comer compulsivamente de forma rápida, muitas outras não conseguem. Elas podem levar semanas ou meses para chegar a esse ponto. A abordagem da TCC não enfatiza a cessação imediata da compulsão alimentar.

3. Abordagem de 12 passos: uma estratégia relevante para alcançar a abstinência da compulsão alimentar é uma forma adicional de abstinência que consiste em evitar totalmente alimentos ("tóxicos") que desencadeiem a compulsão alimentar ao longo de toda a vida.

Abordagem da TCC: evitar alimentos é uma atitude que deve ser eliminada, não incentivada. Como discutido anteriormente, a visão de que certos alimentos são tóxicos e, de alguma forma, fazem com que as pessoas comam compulsivamente não é baseada em fatos. Evidências clínicas e experimentais indicam que são as próprias tentativas de evitar esses alimentos que tornam muitas pessoas vulneráveis à compulsão (ver Cap. 4). É por essa razão que a TCC se concentra em eliminar essa atitude, em vez de incentivá-la. O modelo de dependência prevê que isso promove mais compulsão alimentar, mas as pesquisas indicam exatamente o oposto.

4. Abordagem de 12 passos: a pessoa ou está no controle ou fora de controle; a comida ou é segura ou é tóxica; a pessoa ou é abstinente ou não é. A abordagem da abstinência é uma abordagem de tudo ou nada.

Abordagem da TCC: o pensamento em preto e branco é um problema que precisa ser questionado. Para dar um exemplo, uma visão de tudo ou nada do progresso após o tratamento incentiva as pessoas a considerarem qualquer revés como uma "recaída", em vez de um "lapso". Essa maneira de pensar leva as pessoas a desistirem diante de deslizes, quando não há necessidade disso. O pensamento de tudo ou nada é comum entre pessoas que têm episódios compulsivos e parece contribuir para eles, como discutimos no Capítulo 4. Portanto, em vez de reforçar essa maneira de pensar, como na abordagem da abstinência, é importante ajudar as pessoas a reconhecerem-na e combatê-la.

Há, é claro, outros tratamentos baseados no vício além do que eu apresentei. O ponto mais forte e positivo deles é o alto nível de apoio e companheirismo de longo prazo que muitos fornecem. Isso, combinado com a simplicidade da mensagem que passam, os torna atraentes para algumas pessoas. No entanto, o "ponto principal" que deve ser seguido é a eficácia de um tratamento. A abordagem de 12 passos para problemas de compulsão alimentar nunca foi avaliada adequadamente, enquanto já sabemos muito sobre a eficácia de outras formas de tratamento. Essas outras formas são o assunto do capítulo final desta seção do livro.

8

O tratamento de problemas de compulsão alimentar

Agora você aprendeu o que sabemos sobre problemas de compulsão alimentar — como os definimos, que tipos de fatores psicológicos, sociais e físicos estão envolvidos em sua origem e quem é afetado por eles, até onde a pesquisa foi capaz de discernir. Você também já deve ter compreendido que o que ainda não sabemos é substancial, talvez especialmente na área da causalidade. Agora é hora de nos voltarmos para o assunto do tratamento, um tópico sobre o qual se sabe muito mais.

Este capítulo resume o conhecimento atual sobre o tratamento de problemas de compulsão alimentar. Todas as principais formas de tratamento são discutidas, mas uma ênfase especial é dada ao uso de medicamentos antidepressivos e a uma psicoterapia específica de curto prazo chamada "terapia cognitivo-comportamental", comumente abreviada como TCC, pois essas abordagens têm sido o foco de esforços de pesquisa particularmente intensos.

O PAPEL DA HOSPITALIZAÇÃO

Uma pergunta que pode surgir para aqueles cujo problema de compulsão alimentar persistiu apesar das tentativas anteriores de tratamento é se a hospitalização é indicada. Na verdade, a hospitalização raramente é apropriada. Tanto a experiência clínica quanto a de pesquisa indicam que a grande maioria das pessoas com problemas de compulsão alimentar pode ser tratada com sucesso fora de hospitais.

A hospitalização pode ser não apenas desnecessária, como também contraproducente. As pessoas tendem a parar de comer compulsivamente logo após serem hospitalizadas e, portanto, é fácil chegar à conclusão de que a hospitalização está ajudando-as a superar o problema alimentar. No entanto, as pessoas tendem a parar de comer compulsivamente porque um hospital é um ambiente estranho a elas, onde o acesso aos alimentos é restrito, porque lá elas se distanciam de muitos dos estresses da vida cotidiana e porque a privacidade no hospital é limitada. Na realidade, a compulsão alimentar dessas pessoas é meramente suspensa. É bem provável que ela retorne após a alta.

Os melhores programas de internação tentam evitar recaídas após a alta, ajudando as pessoas a desenvolver habilidades para lidar com os processos que as levam à compulsão. O problema é que o ambiente hospitalar não é um bom lugar para fazer isso. O terapeuta e o paciente precisam enfrentar o problema da compulsão alimentar como ele normalmente ocorre — ou seja, no mundo exterior.

Claro que existem circunstâncias em que a admissão em um hospital é aconselhável. Três delas se destacam:

1. Quando as pessoas têm tendências suicidas e, portanto, precisam da proteção de um hospital.
2. Quando a saúde física da pessoa é motivo de preocupação (ver Cap. 5).
3. A hospitalização também pode ser indicada se o problema alimentar não tiver respondido a um tratamento ambulatorial bem-feito.

Na prática, essas circunstâncias se aplicam a menos de 5% dos casos. Há, no entanto, outro motivo para considerar a hospitalização. Em países sem assistência médica socializada, a cobertura do seguro de saúde pode ser o único meio viável de pagar pelo tratamento, e algumas apólices de seguro cobrem apenas atendimentos hospitalares. Nessas circunstâncias, as pessoas não têm muita escolha a não ser serem hospitalizadas.

Seja qual for o motivo da hospitalização, ela deve sempre ser vista como uma preliminar para um bom tratamento fora do hospital.

MEDICAÇÃO ANTIDEPRESSIVA E OUTRAS FORMAS DE TRATAMENTO MEDICAMENTOSO

O interesse em usar medicamentos antidepressivos para tratar problemas de compulsão alimentar surgiu em 1982, com a publicação de dois artigos científicos descrevendo uma resposta positiva de pacientes com bulimia nervosa. Desde então, muitas pesquisas foram conduzidas, e os fatos se tornaram mais claros.

Dentro de algumas semanas de tratamento com medicação antidepressiva, há, em média, uma redução de 50 a 60% na frequência da compulsão alimentar. As pessoas relatam ter o desejo por comida reduzido. Vinculada a essa redução está uma queda equivalente na frequência de vômitos autoinduzidos associados, uma melhora no humor e no senso de controle sobre a alimentação e uma diminuição da preocupação com a alimentação. Esses efeitos ocorrem estando a pessoa deprimida ou não, mas tendem a não durar, independentemente de a pessoa continuar ou não a tomar a medicação.

A pesquisa também mostrou que os medicamentos antidepressivos têm um efeito seletivo sobre os hábitos alimentares: a compulsão alimentar é afetada, mas qualquer dieta que a acompanhe não. É provável que a persistência em fazer dieta explique por que esses benefícios da medicação antidepressiva tendem a não durar.

A consciência de que os medicamentos antidepressivos têm valor limitado a longo prazo levou à diminuição do entusiasmo pelo uso deles. No entanto, eles ainda são empregados como tratamento para qualquer depressão clínica associada e podem ser extremamente eficazes para isso.

E quanto a outras drogas? Os efeitos de drogas estabilizadoras do humor, como lítio, drogas usadas para epilepsia e inibidores de apetite, foram todos estudados, mas os resultados não foram promissores. Atualmente, não há um tratamento medicamentoso comumente aceito para problemas de compulsão alimentar.

TERAPIA COGNITIVO-COMPORTAMENTAL

Em contraste marcante com a medicação antidepressiva, pesquisas mostram que tratamentos psicológicos podem ajudar consideravelmente. O tratamento mais eficaz é uma forma específica de TCC que desenvolvi quando estava estudando para me tornar psiquiatra em Edimburgo. Originalmente, o tratamento foi projetado para pessoas com bulimia nervosa, mas desde então foi modificado para se adequar a qualquer tipo de problema de compulsão alimentar.

A TCC é adequada para o tratamento de problemas de compulsão alimentar porque seus elementos cognitivos abordam os aspectos cognitivos desses problemas, como a avaliação excessiva de forma e peso, as regras alimentares e o pensamento de tudo ou nada, enquanto seus componentes comportamentais abordam os problemas dos hábitos alimentares das pessoas. As principais características da TCC estão listadas no Quadro 8.1.

QUADRO 8.1 As principais características da abordagem cognitivo-comportamental

Formato

Normalmente, cerca de 20 sessões de tratamento individuais ao longo de 20 semanas, começando com sessões duas vezes por semana.

Estrutura e conteúdo

Primeiro estágio

- Criar uma "formulação", um diagrama que represente os principais processos que parecem estar mantendo o problema alimentar. Isso facilita muito a mudança.
- Registrar em detalhes todos os alimentos e bebidas consumidos no momento em que for consumi-los, juntamente com pensamentos e sentimentos relevantes.
- Introduzir um padrão regular de alimentação. Isso desloca a maioria das compulsões.
- Desenvolver a capacidade de resistir aos impulsos compulsivos.
- Receber educação personalizada sobre comida, alimentação, forma e peso.

Segundo estágio

- Abordar preocupações sobre forma e peso, como as de verificar a forma, evitar o próprio corpo e sentir-se gordo.
- Introduzir alimentos evitados na alimentação e eliminar gradualmente outras formas de dieta.
- Desenvolver habilidades para lidar com as dificuldades do dia a dia que, de outra forma, poderiam desencadear episódios compulsivos.

Terceiro estágio

- Desenvolver meios de minimizar o risco de recaída.

Fonte: Adaptado de Fairburn, C. G. (2008). *Cognitive behavior therapy and eating disorders.* New York: Guilford Press.

A TCC aborda o problema da compulsão alimentar de forma sistemática, usando uma sequência cuidadosamente planejada de intervenções projetadas para atender às necessidades do indivíduo. Ela começa com o uso de técnicas comportamentais e educacionais para ajudar a pessoa a recuperar o controle sobre a própria alimentação, sendo um dos elementos-chave desse tratamento o estabelecimento de um padrão regular de alimentação. Isso é crucial porque é um comportamento que tende a substituir a maioria dos episódios compulsivos. No entanto, a melhora que resulta disso é frágil, pois a maioria das pessoas permanece vulnerável a novos episódios de compulsão alimentar. Portanto, na segunda etapa do tratamento, a ênfase muda para reduzir essa vulnerabilidade, combatendo qualquer tendência a fazer dieta e a usar a compulsão alimentar para lidar com eventos e humores adversos. O terceiro estágio se concentra em manter as mudanças feitas e minimizar o risco de recaída.

A TCC tem sido muito pesquisada. Ela foi testada em estudos nos Estados Unidos, no Canadá, no Reino Unido, em outros países da Europa, na Austrália e na Nova Zelândia. Nenhum outro tratamento para problemas de compulsão alimentar tem suporte equivalente. Ela também foi comparada com diversas outras formas de tratamento, tanto farmacológicas quanto psicológicas, e nenhum outro tratamento foi considerado tão eficaz. Nos últimos tempos, em um teste excepcionalmente exigente da versão mais recente da TCC, a chamada "TCC aprimorada" ou TCC-A (descrita mais adiante), Stig Poulsen e Susanne Lunn, de Copenhague, compararam 20 sessões de TCC (realizadas ao longo de 20 semanas) com 100 sessões de psicoterapia psicanalítica (realizadas ao longo de 2 anos). A TCC-A foi claramente superior, tanto após 20 semanas quanto após 2 anos.

No geral, os resultados da pesquisa indicam que a TCC tem um efeito rápido na compulsão alimentar. Esse efeito é maior em magnitude do que o obtido com os antidepressivos e, na maioria dos casos, é persistente. Como no caso da medicação antidepressiva, ele é acompanhado de melhorias no humor, na concentração e no senso de controle sobre a alimentação. Além disso, a tendência a fazer dieta diminui juntamente com as preocupações com a forma e o peso. Esses dois últimos efeitos provavelmente explicam por que os efeitos da TCC tendem a ser duradouros.

OUTROS TRATAMENTOS PSICOLÓGICOS

Uma afirmação recorrente é a de que todos os tratamentos psicológicos são igualmente eficazes. Isso não é verdade. Alguns tratamentos psicológicos têm pouco ou nenhum impacto nos problemas de compulsão alimentar.

Dito isso, dois tratamentos psicológicos diferentes da TCC demonstraram ter efeitos consistentes, embora não tão bons quanto os obtidos com ela; são eles: a terapia interpessoal (TIP) e a "autoajuda guiada", uma forma simplificada de TCC.

Terapia interpessoal

A TIP é uma psicoterapia de curto prazo que se concentra em ajudar as pessoas a melhorarem seus relacionamentos com outras pessoas. Embora tenha sido originalmente desenvolvida como um tratamento para a depressão, ela também ajuda muitas pessoas com problemas de compulsão alimentar. A razão pela qual isso acontece é incerta, mas é fato que muitas pessoas com problemas de compulsão alimentar têm relacionamentos problemáticos, como discutimos no Capítulo 4.

Quando usada para tratar a bulimia nervosa, a TIP foi considerada tão eficaz quanto a TCC, mas muito mais lenta. A nova versão da TCC, a TCC-A, parece ser claramente superior à TIP. O único transtorno alimentar em que a TIP pode ter um papel relevante é o transtorno de compulsão alimentar, possivelmente devido à forte influência das dificuldades interpessoais no desencadeamento das compulsões das pessoas com o transtorno. Dito isso, a autoajuda guiada é tão eficaz quanto a TIP e muito mais simples de implementar.

Autoajuda guiada

A autoajuda guiada é uma forma simplificada de TCC. Desenvolvi esse tratamento na Universidade de Oxford juntamente com a minha colega Jacqueline Carter (que, depois disso, voltou ao Canadá). A ideia de desenvolver uma forma mais simples de TCC surgiu da observação de que um subgrupo de pessoas com problemas de compulsão alimentar respondeu rápida e facilmente à TCC mesmo sem muita contribuição de um terapeuta. Parecia que essas pessoas eram capazes de se tratar usando apenas os princípios da TCC. O que fizemos, portanto, foi criar um programa de autoajuda baseado na TCC, que foi publicado na 1ª edição de *Vencendo a compulsão alimentar*. A Parte II deste livro consiste em uma versão extensivamente revisada do programa com base na TCC-A.

O programa original de autoajuda se concentrou principalmente em ajudar as pessoas a melhorarem seus hábitos alimentares. Ele consistia nos componentes comportamentais e educacionais da TCC, mas sem os elementos cognitivos mais complexos — por isso, era mais simples do que ela. O programa foi projetado para ser usado de duas maneiras:

1. *Autoajuda simples*: utilização do programa por conta própria, sem suporte externo.
2. *Autoajuda guiada*: utilização do programa com apoio externo. O apoio não precisa ser de terapeutas altamente treinados, pois o papel do apoio se limita a ajudar a pessoa a fazer o melhor uso possível do programa. Portanto, esse é um tratamento "guiado pelo programa" em vez de "guiado pelo terapeuta".

Essas duas formas de autoajuda têm sido extensivamente estudadas. As principais conclusões estão resumidas a seguir:

1. *Vencendo a compulsão alimentar* é o mais estudado dos programas de autoajuda para problemas de compulsão alimentar. Inclusive, ele é provavelmente o programa de autoajuda mais estudado de qualquer tipo.

   > Vencendo a compulsão alimentar *é o programa de autoajuda mais estudado.*

2. Em geral, a autoajuda guiada é mais eficaz do que a autoajuda simples, embora algumas pessoas sejam capazes de tratar a si mesmas.
3. A autoajuda guiada é notavelmente eficaz como um tratamento para o transtorno de compulsão alimentar e estados relacionados (p. ex., ver Quadro 8.2).
4. Houve menos pesquisas sobre o uso de autoajuda guiada no tratamento da bulimia nervosa e dos transtornos alimentares atípicos, e os achados são um pouco inconsistentes. Dito isso, está claro que ela é eficaz em um número substancial de casos.

A autoajuda guiada tem muitas vantagens em relação às formas mais convencionais de terapia, entre elas, o preço e a facilidade de acesso, pois ela não requer um terapeuta treinado. A autoajuda simples tem ainda mais vantagens, pois evita totalmente algumas das barreiras para se obter tratamento, como o custo, a ausência de recursos de tratamento no local e a dificuldade em comparecer às consultas. Além disso, a autoajuda simples permite que as pessoas recebam "tratamento" em um momento, um lugar e um ritmo

> **QUADRO 8.2 Autoajuda guiada para compulsão alimentar recorrente**
>
> Cento e vinte e três pacientes com uma compulsão alimentar recorrente (principalmente com o diagnóstico de transtorno de compulsão alimentar) foram alocados aleatoriamente para receber autoajuda guiada ou o tratamento usual fornecido por uma organização de saúde local. A autoajuda guiada envolveu seguir o programa publicado na 1ª edição de *Vencendo a compulsão alimentar*, com o suporte de oito sessões de 25 minutos com um "terapeuta" júnior, realizadas ao longo de 12 semanas. Os pacientes foram avaliados antes do tratamento, 6 meses depois e 12 meses após o término do tratamento.
>
> Em comparação com as formas usuais de tratamento nas organizações de saúde, mais pessoas que receberam a autoajuda guiada pararam de comer compulsivamente (64% vs. 45%), apesar da brevidade e da simplicidade da intervenção. Elas também relataram melhorias mais relevantes na dieta, nas preocupações com a forma e o peso e na depressão.
>
> ---
>
> *Fonte:* Striegel-Moore, R. H., Wilson, G. T., DeBar, L., Perrin, N., Lynch, F., Rosselli, F., & Kraemer, H. C. (2010). Cognitive behavioral guided self-help for the treatment of recurrent binge eating. *Journal of Consulting and Clinical Psychology*, 78, 312–321.

que sejam convenientes para elas. Por último, mas não menos importante, ela tem a vantagem de ser inerentemente empoderadora. No geral, ambas as formas de autoajuda têm muitos pontos positivos.

QUANDO USAR A AUTOAJUDA

Que conclusões podemos tirar da pesquisa sobre o tratamento de problemas de compulsão alimentar? E onde a autoajuda se encaixa?

O ponto mais importante a enfatizar é que se você, ou alguém que você conhece, está procurando ajuda profissional para um problema de compulsão alimentar, o melhor tratamento disponível é a TCC individual e, idealmente, a TCC-A. (O site *www.credo-oxford.com* fornece informações atualizadas, em inglês, sobre tratamentos.) A maioria das pessoas se beneficia substancialmente desse tratamento e, na maioria dos casos, as mudanças duram. Deve-se ressaltar, no entanto, que algumas pessoas não melhoram ou obtêm apenas ganhos limitados. Essas pessoas precisam de ajuda adicional. Por outro lado, números substanciais de pessoas respondem a abordagens mais simples, como a autoajuda simples ou guiada.

Dadas as descobertas das pesquisas, uma abordagem de "cuidado escalonado" para a administração do tratamento parece sensata, com um tratamento simples sendo usado em um primeiro momento, e outros mais complexos sendo empregados apenas se o primeiro se mostrar ineficaz. Assim, no caso da compulsão alimentar recorrente, há duas etapas:

- *Etapa 1*: autoajuda (guiada ou simples)
- *Etapa 2*: terapia individual, idealmente TCC ou TCC-A

Essa estratégia é baseada em evidências e se aplica a todos os tipos de problemas de compulsão alimentar, a menos que a pessoa esteja abaixo do peso. Se a pessoa estiver abaixo do peso (ou seja, se tiver um IMC abaixo de 18,5; ver "Preparando-se", Tab. 9.1, p. 127), ela deve procurar aconselhamento profissional, porque a autoajuda por si só provavelmente não será suficiente.

POR QUE USAR ESSE PROGRAMA DE AUTOAJUDA?

Por que usar o programa de autoajuda da Parte II? Existem duas razões. Primeiro, como já mencionado, o programa de autoajuda original publicado em *Vencendo a compulsão alimentar* é o programa mais testado disponível. Em segundo lugar, a nova versão do programa leva em conta os avanços na compreensão dos problemas de compulsão alimentar, que se refletiram no desenvolvimento da versão "aprimorada" da TCC, a TCC-A. A TCC-A inclui uma nova maneira de conceituar os problemas alimentares, maneiras aprimoradas de recuperar o controle sobre a alimentação, uma abordagem mais sofisticada para lidar com preocupações sobre forma e peso e uma ênfase muito maior na prevenção de recaídas. O programa de autoajuda da Parte II é, em essência, uma versão de autoajuda da TCC-A.

PARTE II

Programa de autoajuda aprimorado para pessoas com compulsão alimentar*

---

* *Copyright* 2013 por Christopher G. Fairburn. Tanto a versão original deste programa quanto esta nova versão aprimorada foram desenvolvidas com o apoio da Wellcome Trust.

9
Preparando-se

Eu li o programa do começo ao fim e soube imediatamente que ele fazia muito sentido. Sublinhei vários pontos. Ele não simplesmente dizia "coma isso" e "evite aquilo". Em vez disso, ele explicava como seguir o caminho certo de uma forma realista, passo a passo. Eu me senti inspirado porque ele entendia o meu problema. Era exatamente o que eu estava procurando e exatamente do que eu precisava.

Nenhum programa de autoajuda funcionará a menos que a pessoa que o realiza realmente queira mudar. É por esse ponto que devemos começar. E, mesmo que você tenha certeza de que deseja mudar, sugiro que leia esta seção, pois ela o incentivará ainda mais.

POR QUE MUDAR?

À medida que chego à meia-idade, percebo com grande tristeza quanta energia direcionei para controlar meu peso e minha alimentação e o quão ruim é ter compulsões regulares como consequência. Eu poderia estar fazendo algo mais produtivo com minha energia, como construir relacionamentos, ler ou escrever. Não sei o que poderia fazer, mas não quero que meu epitáfio seja "Jane queria ser magra". Foi isso, no final, que me fez decidir mudar.

A esta altura do livro, você já deve saber — se não sabia antes — se tem ou não uma compulsão alimentar. Se você tem, a questão principal é se você quer mudar. Você quer parar de comer compulsivamente? Certamente é possível mudar, é possível começar a comer normalmente de novo, é possível gostar de comer em vez de comer com arrependimento e culpa, é possível ser feliz comendo com os outros.

Como discutimos na Parte I, a intensidade do impacto da compulsão alimentar na vida de uma pessoa, se houver algum, varia muito de uma pessoa para outra. Só você pode decidir o quão urgente é a necessidade de mudança. Como a motivação tende a aumentar e diminuir, algo que pode ajudar é ter um conjunto estável de diretrizes com base nas quais você pode julgar os benefícios da mudança, sem levar em conta flutuações na severidade do seu problema alimentar. Além disso, se você tem um longo histórico de compulsão alimentar, é possível que você tenha ajustado sua vida para acomodar o problema. Se esse for o caso, você precisa pensar se essa é a coisa certa a fazer.

As vantagens de tentar mudar

> *Uma das minhas dificuldades em decidir mudar era que parecia algo muito autoindulgente. Afinal, muitas pessoas têm problemas com alimentação e peso. Mas a verdade que eu tive que encarar foi que o problema era muito mais invasivo do que parecia — afetava tudo. Eu não poderia ser eu mesma enquanto ainda tivesse o problema.*

Comece elaborando uma lista das potenciais vantagens de mudar. Para ajudá-lo nessa tarefa, faça a si mesmo as seguintes perguntas:

Se eu parar de comer compulsivamente...
- *Vou me sentir melhor comigo mesmo?*
- *Minha qualidade de vida vai melhorar?*
- *Minha saúde física vai melhorar?*
- *Outras pessoas se beneficiarão?*

> As pessoas costumam se surpreender com o quanto elas se sentem melhor quando param de comer compulsivamente.

As pessoas costumam se surpreender com o quanto elas se sentem melhor quando param de comer compulsivamente. Mesmo pequenos problemas de compulsão alimentar podem ter efeitos adversos sutis em muitos aspectos de nossa vida. Podemos ficar desnecessariamente irritáveis às vezes, nossa concentração pode não ser tão boa quanto poderia ser, podemos evitar eventos sociais dos quais gostaríamos de participar (ver Cap. 4), e nossa saúde física pode ser prejudicada (ver Cap. 5). Talvez você não perceba que esses são resultados diretos do seu problema de compulsão alimentar e se resolverão à medida que esse problema melhorar. Outro benefício da mudança é o efeito que ela tem na moral e na autoimagem da pessoa: muitos acham que ela restaura o senso de autorrespeito e a autoestima. Como mencionei no Capítulo 4, um dos aspectos mais gratificantes de ajudar as pessoas a superarem os problemas de compulsão alimentar é ver a essência delas emergir à medida que o problema diminui. A depressão, a tensão e a irritabilidade desaparecem, a concentração melhora e antigos interesses (talvez esquecidos) retornam.

Também é importante ter uma perspectiva de longo prazo. Sugiro que você leia novamente a citação na p. 121. Basicamente, Jane não queria desperdiçar sua vida. Com isso em mente, faça a si mesmo as quatro perguntas a seguir:

Quantos anos passei comendo compulsivamente?

Quanto tempo isso tirou de mim?

Quanto dinheiro eu gastei desnecessariamente?

Eu tenho ajustado minha vida em torno da minha compulsão alimentar?

E, é claro, você também ficará em uma posição melhor para controlar seu peso se estiver no controle da sua alimentação.

Para algumas pessoas, uma das razões mais convincentes para parar de comer compulsivamente é interromper os danos que o vômito autoinduzido e o abuso de laxantes podem estar causando à saúde delas. Quando a pessoa para de fazer essas coisas, ela pode esperar um retorno gradual das sensações normais de saciedade e fome, um aumento na energia e uma melhora na sensação geral de bem-estar.

> *Você fica em uma posição melhor para controlar seu peso quando tem controle sobre sua própria alimentação.*

As outras pessoas em nossa vida, como amigos, familiares ou colegas de trabalho, também se beneficiam quando recuperamos o controle sobre nossa própria alimentação. Nós deixamos de ser imprevisivelmente irritáveis e mal-humorados, ficamos menos sensíveis em relação a comer e em relação à nossa forma e ao nosso peso e ficamos mais felizes perto de outras pessoas. Também ganhamos mais tempo: para nós mesmos, para o trabalho e para outras pessoas. Como resultado, nossos relacionamentos e nosso desempenho no trabalho melhoram.

As desvantagens de tentar mudar

Tendo compilado sua lista de razões para mudar, você deve ter pensado em possíveis desvantagens. Pode haver algumas, e vale a pena compará-las com as vantagens. Como você se sentiria se não conseguisse mudar? Talvez você esteja tentado a não fazer nada em vez de arriscar o fracasso. Embora essa postura seja compreensível, é melhor resistir a ela. Há todos os motivos para esperar que, com o tipo certo de ajuda, seu problema de compulsão alimentar melhore, isso se não for completamente resolvido. Além disso, se você decidir usar este programa de autoajuda e se esforçar para cumpri-lo, a questão não será falhar ou não. Se as coisas não melhorarem, o programa simplesmente não era adequado para você; ele terá falhado, não você. E, se for esse o caso, existem muitas outras opções disponíveis, como discutimos a seguir.

Outro ponto a ser observado é que uma boa maneira de avaliar a gravidade de um problema é ver como é fácil superá-lo. Se você descobrir que pode facilmente parar de comer compulsivamente, então pelo menos você terá aprendido que o problema é superável. Por outro lado, se você descobrir que mudar não é fácil, terá aprendido que é um problema significativo, talvez maior do que você pensava. Nesse caso, talvez você deva considerar levá-lo mais a sério.

COMO MUDAR: AS VÁRIAS OPÇÕES

Supondo que você tenha decidido resolver seu problema de compulsão alimentar, o que você deve fazer? Consideramos as principais opções do Capítulo 8. Em princípio, são quatro.

1. *Procurar ajuda profissional.* Existem muitos profissionais que ajudam pessoas que têm problemas de compulsão alimentar. Entre eles estão psicólogos, psiquiatras, clínicos gerais, nutricionistas, assistentes sociais e enfermeiros, entre outros. Alguns se especializam na área. Orientações sobre como encontrar um especialista local são fornecidas no Apêndice I.

2. ***Juntar-se a um grupo de autoajuda.*** Muitos desses grupos são excelentes, mas, infelizmente, alguns não são. Alguns grupos têm opiniões questionáveis sobre problemas de compulsão alimentar e como eles devem ser abordados. Além disso, alguns deles estão mais focados em ajudar as pessoas a conviverem com o problema do que superá-lo. Antes de se comprometer com um grupo de autoajuda, descubra o máximo que puder sobre ele. Se você decidir se juntar a um, veja se ele combina com você. Lembre-se de que você sempre pode sair do grupo se ele não for adequado para você.
3. ***Usar este programa de autoajuda.*** Não importa se você é homem ou mulher, se é solteiro ou casado, se mora sozinho ou com outras pessoas — este programa de autoajuda é para todos. Você só não deve usar este programa se um dos critérios de exclusão mencionados a seguir se aplicar.
4. ***Combinar ajuda profissional e autoajuda.*** Existem duas formas de fazer isso. A primeira é usar este programa por conta própria e, ao mesmo tempo, receber terapia de algum outro tipo, como terapia direcionada à autoestima ou a relacionamentos. Esse é um bom plano, desde que você o discuta com seu terapeuta. Ele deve ser totalmente informado no caso de haver um conflito entre este programa e a ajuda que está sendo fornecida.

    A outra maneira de combinar autoajuda e ajuda profissional é o que foi referido como "autoajuda guiada" no Capítulo 8. Essa maneira envolve seguir o programa com o apoio e a orientação de um terapeuta. Nesse caso, o terapeuta (os termos "facilitador", "guia" ou *coach* às vezes são usados) ajuda você a analisar seu progresso e incentiva e orienta você na identificação de soluções para os problemas que aparecem no caminho.

Decidindo qual opção é melhor para você

Se você acha que precisa de ajuda profissional, é importante que tome medidas para obtê-la. Este programa de autoajuda não deve fazer você deixar de buscar ajuda profissional.

No entanto, este programa, usado com ou sem ajuda profissional, provavelmente será apropriado para a maioria das pessoas com problemas de compulsão alimentar. Dito isso, devo enfatizar que superar um problema de compulsão alimentar não é fácil; geralmente requer muito esforço. Tentativas sem muito esforço tendem a não funcionar. Portanto, peço que você não duvide do programa — afinal, ele é amplamente baseado em evidências — e faça o seu melhor para segui-lo.

QUANDO COMEÇAR

Se você decidiu mudar, mas hesita em se comprometer, o melhor conselho é mergulhar no programa e começar. No entanto, há algo que deve ser observado que se aplica à maioria das formas de ajuda, mas especialmente a este programa: se você puder prever que terá grandes distrações que provavelmente lhe atrapalharão, é melhor adiar esse início. Se você estiver prestes a se mudar, mudar de emprego, se casar, ter um bebê ou sair de férias, por exemplo, adie o início até que a distração tenha passado ou pelo menos a influência dela tenha diminuído.

Para aproveitar o programa ao máximo, você precisará de pelo menos alguns meses sem distrações significativas. Qualquer coisa menos do que isso não será suficiente.

QUANDO A AUTOAJUDA PODE NÃO SER APROPRIADA

Você não deve usar este programa se alguma das circunstâncias descritas a seguir se aplicar.

Se você estiver abaixo do peso. Se o seu IMC (ver Quadro 2.2, p. 26) estiver abaixo de 18,5, seu peso é baixo. A Tabela 9.1 mostra quais pesos (para diferentes alturas) são equivalentes a um IMC de 18,5. Se você pesa menos do que o peso mostrado para a sua altura, você não deve seguir este programa, a menos que seja aconselhado a fazê-lo por um terapeuta que tenha conhecimento sobre problemas alimentares (ver Apêndice I). Por si só, é improvável que o programa o ajude se você estiver abaixo do peso.

Se você tiver uma doença física grave. Se você tem uma doença física que pode ser afetada por uma mudança em seus hábitos alimentares, você deve usar este programa apenas sob a supervisão de um médico. Esse conselho se aplica particularmente a pessoas com diabetes.

TABELA 9.1 Você está abaixo do peso?

Abaixo está uma tabela listando pesos para diferentes alturas. Cada peso representa um índice de massa corporal de 18,5. Os números se aplicam a homens e mulheres entre 18 e 60 anos. Para determinar se você está abaixo do peso, encontre sua altura na tabela e olhe para o peso correspondente. Se você pesa menos do que esse peso, seu índice de massa corporal está abaixo de 18,5. (Se você usar unidades diferentes de metros, centímetros e quilos, consulte a tabela no Apêndice II para descobrir seu IMC ou use uma das muitas calculadoras de IMC na internet.)

Altura[a] (metros, centímetros)	Peso[b] (kg)	Altura[a] (metros, centímetros)	Peso[b] (kg)
1,47	40	1,73	55
1,48	40,5	1,74	56
1,49	41	1,75	56,5
1,50	41,5	1,76	57
1,51	42	1,77	57,5
1,52	43	1,78	58,5
1,53	43,5	1,79	59,5
1,54	44	1,80	60
1,55	44,5	1,81	60,5
1,56	45,5	1,82	61
1,57	46	1,83	62
1,58	46,5	1,84	62,5
1,59	47	1,85	64,5
1,60	47,5	1,86	64
1,61	48	1,87	65
1,62	48,5	1,88	65,5
1,63	49	1,89	66
1,64	50	1,90	67
1,65	50,5	1,91	67,5
1,66	51	1,92	68
1,67	51,5	1,93	69
1,68	52	1,94	69,5
1,69	53	1,95	70
1,70	53,5	1,96	70,5
1,71	54	1,97	72
1,72	54,5	1,98	72,5

[a]Sem calçados; [b]sem calçados, com roupas leves.

Se você estiver grávida. Mulheres grávidas não devem usar o programa sem antes discutir o assunto com um obstetra.

Se você suspeitar que sua saúde física está sendo afetada pelo problema de compulsão alimentar (ver Cap. 5). Nesse caso, você deve consultar um médico para verificar sua saúde antes de embarcar no programa. Depois de fazer isso e informar o médico sobre seu plano, você pode começar o programa.

Se você está significativamente deprimido ou desanimado. Se você está se sentindo assim, talvez não consiga reunir a energia mental e o otimismo suficientes para fazer bom uso do programa. Nessas circunstâncias, procure o conselho de um profissional de saúde e, ao fazê-lo, mencione o seu problema de compulsão alimentar. Uma vez que seu humor melhore, você pode muito bem aproveitar o programa.

Se você tiver um problema significativo com álcool, drogas ou automutilação recorrente. Se esse for o caso, é melhor procurar ajuda profissional, pois é improvável que este programa por si só seja suficiente para ajudá-lo.

O QUE ACONTECERÁ COM MEU PESO?

Como discutimos no Capítulo 4, a maioria das pessoas com problemas de compulsão alimentar está muito preocupada com o peso e a forma. Portanto, é provável que você queira saber o que acontecerá com o seu peso se você seguir o programa. A resposta é que geralmente há pouca ou nenhuma mudança. As razões para isso foram explicadas no Capítulo 5 (p. 73). No entanto, algumas pessoas perdem peso e outras ganham, e é impossível prever o que acontecerá em cada caso individual. Se o seu peso for baixo como resultado de seus próprios esforços, é provável que você precise ganhar algum peso, porque continuar a fazer dieta raramente é compatível com a superação de um problema de compulsão alimentar. Por outro lado, se você estiver clinicamente acima do peso (ver Quadro 2.2, p. 26, e Apêndice II), é menos fácil prever o que acontecerá, embora seja improvável que você ganhe peso.

Nessa fase, sugiro que você concentre seus esforços em superar seu problema de compulsão alimentar e aceite, por enquanto, qualquer mudança de peso que possa ocorrer. Se isso parecer muito difícil, tente deixar de lado a questão do seu peso por, digamos, um mês, enquanto embarca no programa. Então, após esse mês, faça um balanço e avalie seu progresso em termos de sua alimentação e seu peso. A essa altura, você estará em uma posição muito melhor para decidir se deve se concentrar em seu problema de compulsão alimentar ou em seu peso. É claro que também é totalmente apropriado monitorar seu peso à medida que você avança no programa. Conselhos sobre como fazer isso são dados na Etapa 1.

COMO USAR O PROGRAMA

O programa é composto por uma série de "etapas" e, como no tratamento cognitivo-comportamental no qual ele se baseia, as etapas são cumulativas — ou seja, cada etapa progride a partir da anterior. Portanto, não é uma boa ideia ficar testando partes do programa separadamente, fazendo um pouco de cada coisa. Em vez disso, você deve começar do início e progredir até o fim seguindo as diretrizes fornecidas... mas, antes de fazer isso, é muito importante que você leia os Capítulos 1, 4 e 5 da Parte I deste livro. O programa pressupõe que você leu esses capítulos.

Comece pelo início e progrida até o fim. Não é uma boa ideia pular etapas ou fazer diferentes partes separadamente.

É essencial que você leia primeiro os Capítulos 1, 4 e 5.

Dito isso, é provável que alguns elementos do programa não sejam relevantes para você. O programa foi projetado para todos aqueles que comem compulsivamente, e, como explicado na Parte I, os problemas de compulsão alimentar variam em sua natureza e severidade. A maioria das pessoas que comem compulsivamente também faz dieta, muitas vezes de maneira restritiva, mas algumas não fazem dieta nenhuma. Da mesma forma, algumas pessoas estão muito preocupadas com aparência e peso, enquanto outras não. Algumas são perfeccionistas e meticulosamente organizadas, enquanto outras estão mais para o lado caótico. E algumas vomitam, ou tomam laxantes ou diuréticos, enquanto outras não. Conforme explicado no Capítulo 4, todas essas características contribuem à sua maneira para a persistência do problema de compulsão alimentar e, portanto, precisam ser abordadas pelo programa. Por esse motivo, o programa tem vários componentes, e alguns deles podem não se aplicar a você. Na maioria das vezes, será óbvio o

Nem todas as partes do programa serão relevantes para você.

que se aplica e o que não se aplica. Mas, se você estiver em dúvida, o melhor é sempre assumir que o conselho se aplica e segui-lo.

Algumas dicas para ajudá-lo a ter sucesso

Insista, especialmente quando o conselho é difícil de seguir. Em geral, quanto mais difícil for para você seguir o conselho, mais importante é que você o faça. Quando as coisas estão difíceis, muitas vezes é porque você está lidando diretamente com os processos mais poderosos que mantêm seu problema de compulsão alimentar.

> Quanto mais difícil for para você seguir o conselho, mais importante é segui-lo.

Lembre-se de que você não precisará seguir o programa para sempre. Você precisará fazer muitas coisas para se livrar do seu problema de compulsão alimentar, mas apenas algumas precisarão ser mantidas a longo prazo. Elas diferem de pessoa para pessoa e serão identificadas no final do programa.

Não tenha pressa. Em vez disso, siga o ritmo sugerido, pois é o que a experiência indica que funciona melhor. Às vezes, é uma boa ideia ficar em uma etapa por uma semana extra ou mais, para ver se há mais que você pode fazer. E, se você tiver alguma recaída, muitas vezes é aconselhável voltar um passo no programa.

> Em geral, as pessoas levam entre 4 e 6 meses para terminar o programa e tirar o máximo de proveito dele.

Em geral, as pessoas levam entre 4 e 6 meses para terminar o programa e tirar o máximo de proveito dele. Algumas pessoas conseguem mudar rapidamente; para outras, é um processo lento. A questão principal é se você está progredindo. Se você estiver se movendo na direção certa, então é razoável continuar. No entanto, se você não se beneficiou nem um pouco até chegar à Etapa 5, você deve procurar ajuda externa. O mesmo se aplica se você ficar emperrado em alguma das etapas.

Não espere sucesso da noite para o dia. Não fique desapontado com resultados pequenos. A mudança leva tempo, e é improvável que os problemas de compulsão alimentar se resolvam em apenas algumas semanas.

Não espere fazer um progresso suave e constante. É normal que o progresso ocorra aos trancos e barrancos. É provável que haja momentos em que as coisas corram bem, momentos em que você fique preso e momentos em que você tenha contratempos e o problema pareça piorar. No decorrer do programa, você estará sempre acompanhando seu progresso. Isso permitirá que você identifique e enfrente quaisquer obstáculos que estejam atrapalhando.

Não espere que a vontade de comer compulsivamente desapareça assim que você parar de comer compulsivamente. Mesmo depois de parar completamente de comer compulsivamente, você terá impulsos compulsivos intermitentes. Esses impulsos persistirão por alguns meses. Não desanime com isso. Esses impulsos serão desencadeados pelas mesmas circunstâncias que costumavam desencadear compulsões reais. O programa ajudará você a resistir a esses impulsos, e, gradualmente, eles desaparecerão.

Certifique-se de realizar sessões de revisão semanais. Essas sessões regulares nas quais você avalia seu progresso são parte integrante do programa. Até que sua compulsão alimentar esteja bem controlada, faça duas dessas sessões de revisão por semana. Depois disso, elas podem ser semanais. É uma boa ideia agendá-las com antecedência e tratá-las como equivalentes a uma consulta com um terapeuta — mas, nesse caso, com você sendo seu próprio terapeuta. Tente reservar de 15 a 30 minutos para essas sessões. Elas são importantes, e você não deve permitir que outras atividades tenham precedência sobre elas. (As orientações para a realização das sessões de revisão são fornecidas no final de cada etapa.)

> *"Sessões de revisão" regulares são parte integrante do programa.*

Considere chamar alguém para ajudá-lo. Enquanto muitas pessoas usam o programa por conta própria, outras recorrem a ajuda externa. Os ajudantes são de dois tipos, e suas funções diferem. Você pode escolher um amigo ou parente. Nesse caso, o papel principal da pessoa é apoiar e incentivar em momentos de dificuldade. Ajudantes desse tipo precisam permanecer em segundo plano, a menos que a assistência deles seja solicitada. Alternativamente, você pode procurar a ajuda de um terapeuta com quem tenha um relacionamento profissional, e não pessoal. Terapeutas podem assumir um papel mais ativo do que amigos ou parentes. Eles podem inclusive supervisionar seu uso do programa de acordo com o que é descrito no Capítulo 8 (p. 112). Ambos os tipos de ajudantes precisam se familiarizar com o programa se quiserem ajudá-lo com o uso dele. (O Apêndice V traz diretrizes para parentes e amigos, e o Apêndice VI, para terapeutas.)

10

Etapa 1
Começando bem

Etapa 1: Começando bem

Automonitoramento
Pesagem semanal

Etapa 2: Alimentação regular

Estabelecer um padrão de alimentação regular
Parar de vomitar e fazer uso indevido de laxantes e diuréticos

Etapa 3: Alternativas à compulsão alimentar

Substituir por atividades alternativas
Identificar mudanças no peso

Etapa 4: Resolução de problemas

Praticar a resolução de problemas

Etapa 5: Fazer um balanço

Analisar o progresso
Decidir o que mais precisa ser abordado

Módulo de dieta

Enfrentando dietas restritivas

Módulo de imagem corporal

Abordando as preocupações com a forma,
a verificação da forma, a evitação do próprio corpo
e o sentir-se gordo

Terminando bem

Manutenção do progresso
Como lidar com contratempos

> *O programa pressupõe que você esteja familiarizado com as informações dos Capítulos 1, 4 e 5.*

Agora você está pronto para iniciar o programa. Mas, antes de fazer isso, lembre-se de que o programa pressupõe que você esteja familiarizado com as informações dos Capítulos 1, 4 e 5 do livro. Refresque sua memória em relação a elas. Isso é importante. Tendo feito isso, você estará pronto para embarcar na Etapa 1, que tem dois componentes: o automonitoramento e a pesagem semanal.

INICIANDO O AUTOMONITORAMENTO

O automonitoramento é uma parte fundamental do programa. Ele serve a dois propósitos essenciais:

1. *O monitoramento da sua alimentação fornece informações importantes sobre seu problema alimentar.* Você pode achar que está completamente por dentro do problema — e, em certo sentido, é claro que isso é verdade. Mas o monitoramento preciso quase sempre destaca detalhes que não eram óbvios para você anteriormente. O monitoramento nos dá respostas para as seguintes perguntas:

> Exatamente o que eu como durante meus episódios compulsivos? Como esses alimentos se comparam com o que eu como em outros momentos? Minhas compulsões ocorrem com alimentos que estou tentando evitar comer?
>
> Exatamente quando ocorrem minhas compulsões? Existe um padrão previsível? Por exemplo, as compulsões sempre ocorrem à noite? Os dias úteis são diferentes dos fins de semana?
>
> Há algum gatilho para minhas compulsões? Minhas compulsões tendem a ocorrer sob certas circunstâncias? Elas ocorrem quando estou entediado, deprimido, solitário ou ansioso?
>
> Minhas compulsões parecem ter algum propósito? Por exemplo, elas aliviam sentimentos de tensão? Elas são uma maneira de eu me punir?

Por razões que explicarei mais tarde, você precisa de respostas a essas perguntas para superar seu problema de compulsão alimentar.

2. O monitoramento também ajuda você a mudar. Quando feito corretamente, o monitoramento também ajuda as pessoas a mudarem. Monitorar a alimentação com precisão *e quando você estiver comendo* revelará gradualmente que o comportamento aparentemente automático e fora de controle não é nada disso. Você não precisa comer compulsivamente sempre que se sentir tenso ou com raiva, ou sempre que quebrar uma de suas regras alimentares; você apenas se acostumou tanto a fazer isso que fazer qualquer outra coisa parece impossível. Fazer o automonitoramento seguindo as recomendações mostrará que você tem outras opções além da compulsão alimentar. Ele o ajudará a mudar.

Por que você deve se monitorar mesmo que tenha dúvidas em relação a isso

Você pode se sentir relutante em fazer o automonitoramento. Talvez você tenha uma ou mais das preocupações descritas a seguir.

Eu já mantive registros da minha alimentação antes, e isso não ajudou. É muito improvável que você tenha se monitorado da maneira recomendada por este programa. Experimente e veja o que acontece.

Monitorar-se parece uma tarefa difícil demais. Você pode sentir que está muito ocupado ou que seu estilo de vida impossibilita o automonitoramento. Certamente é verdade que ele pode ser exigente em termos de tempo e esforço, mas nunca encontrei ninguém cujo estilo de vida realmente fizesse com que fosse impossível se automonitorar. A sua vontade de se monitorar é um teste do seu compromisso com a mudança.

Estou envergonhado demais com a minha alimentação para me monitorar. Se você se sentir assim, o monitoramento pode, de fato, ser particularmente difícil. No entanto, se você quiser superar seu problema de compulsão alimentar, não terá alternativa a não ser enfrentá-lo, e o monitoramento é o primeiro passo para isso. Talvez saber que se monitorar se torna uma tarefa automática dentro de algumas semanas o ajude a mudar de ideia.

O monitoramento me deixará ainda mais preocupado com a minha alimentação. Isso é verdade, mas apenas no curto prazo (uma questão de semanas). O efeito desaparece rapidamente. E, de qualquer maneira, a preocupação é construtiva, porque se concentra em como superar seu problema de compulsão alimentar.

Como usar os registros de monitoramento

Um registro de monitoramento em branco é mostrado na Figura 10.1. Você pode baixar uma cópia dele acessando a página do livro em *loja.grupoa.com.br*. Você precisará de uma folha nova para cada dia e precisará carregá-la com você aonde quer que vá. Você pode ficar tentado a registrar sua alimentação usando seu *smartphone* ou algum outro dispositivo eletrônico, mas isso não é uma boa ideia. Ao usar dispositivos desse tipo, as pessoas notam o que e quando comem, mas tendem a não registrar outras questões importantes, como as circunstâncias do momento e quaisquer pensamentos e sentimentos que as acompanhem. As instruções para o preenchimento dos registros de monitoramento são fornecidas no Quadro 10.1.

A Figura 10.2 mostra um registro de monitoramento preenchido por uma mulher com bulimia nervosa. Podemos ver que ela não comeu quase nada até a noite, quando teve um grande episódio compulsivo. A Figura 10.3 mostra um registro de alguém com transtorno de compulsão alimentar. Ele mostra o consumo excessivo típico ao qual a compulsão alimentar é sobreposta.

Iniciando o automonitoramento: o que fazer

Comece a se automonitorar exatamente como descrito, mas não tente mudar sua alimentação ainda. É importante iniciar o programa entrando no processo de monitoramento de maneira precisa. Você mudará sua alimentação na Etapa 2. O monitoramento precisará se tornar um hábito, pois ele acontece durante todo o programa. Não tire dias de folga dele (ou do próprio programa) e certifique-se de não omitir as compulsões de seus registros. Isso pode ser difícil, mas é essencial que você seja honesto consigo mesmo. Para superar um problema de compulsão alimentar, você precisa confrontar todo o problema, e não apenas uma versão diminuída dele.

Mantenha seus registros de monitoramento em algum lugar privado e guarde-os todos juntos para que você possa analisá-los. Revisar seus registros permitirá que você perceba alterações ao longo do tempo. (Se você estiver usando a abordagem de autoajuda guiada descrita anteriormente, precisará revisar seus registros de monitoramento juntamente com seu terapeuta.)

Assim, comece o programa monitorando sua alimentação até sua primeira sessão de revisão, em 3 ou 4 dias. As sessões são descritas a seguir.

Dia da semana   Data

Hora	Comidas e bebidas consumidas	Local	*	V/L	Contexto e comentários

FIGURA 10.1 Um registro de monitoramento em branco. (Uma versão editável dele pode ser baixada na página do livro em *loja.grupoa.com.br*.)

QUADRO 10.1 Instruções para o preenchimento dos registros de monitoramento

Faça o seu melhor para ser preciso e registre as coisas o mais próximo possível do momento em que elas ocorrerem. Em outras palavras, tente registrar em "tempo real".

Coluna 1: anote a hora em que você comeu ou bebeu alguma coisa.

Coluna 2: registre exatamente o que você comeu e bebeu, incluindo tudo o que consumiu nos episódios compulsivos. Não deixe nada de fora. Não registre as calorias. Em vez disso, escreva uma descrição simples do que você comeu e bebeu; faça isso o mais rápido possível depois da refeição ou, de preferência, imediatamente depois. Tentar lembrar o que você comeu ou bebeu algumas horas antes não é uma medida confiável e não o ajudará a mudar. Por exemplo, se você estiver comendo fora, é uma boa ideia anotar o que está comendo no intervalo entre a chegada de diferentes pratos, talvez dando uma breve saída para ter um pouco mais de privacidade. Somente assim o monitoramento ajudará você a mudar seu comportamento. Também na coluna 2, identifique entre colchetes os episódios de alimentação que você vê como "refeições". Não coloque lanches ou outros episódios de alimentação entre colchetes.

Coluna 3: especifique onde você estava quando consumiu a comida ou bebida. Se estiver em sua casa, especifique o cômodo.

Coluna 4: coloque um asterisco nessa coluna ao lado da comida que você sentiu que foi excessiva. As compulsões serão, portanto, distinguidas por uma cadeia de asteriscos.

Coluna 5: a coluna V/L serve para registrar quando você vomita ou faz uso indevido de laxantes ou diuréticos.

Coluna 6: use essa coluna como um diário para anotar qualquer coisa que pareça estar influenciando sua alimentação. Por exemplo, sempre que colocar um asterisco na coluna 4, você deve registrar na coluna 6 as circunstâncias do momento, com o objetivo de identificar os gatilhos de cada episódio de alimentação "excessiva". Talvez você tivesse acabado de ter uma discussão com alguém e estivesse com raiva. Ou talvez estivesse sob pressão social para comer. Use também a coluna 6 para registrar seu peso cada vez que se pesar.

Dia da semana   Terça-feira   Data   18 de junho

Hora	Comidas e bebidas consumidas	Local	*	V/L	Contexto e comentários
6:30	Café preto Copo de água	Quarto			Noite mal dormida. Estou me sentindo nojenta e gorda.
11:45	Café preto 2 copos de água	Sala dos funcionários			Não vou comer compulsivamente hoje! Começando a sentir fome, então tomei um copo extra de água.
14:15	1 garrafinha média de Coca-Cola Zero 1/2 *donut*	Sala dos funcionários			Ahh! Por que eles SEMPRE trazem *donuts*? Mas só comi metade, então está tudo bem.
15:30	4 *donuts*	Banheiro dos funcionários	*		Por que eu faço isso? Não consegui evitar, mas não queria que ninguém me visse. Me sinto horrível e gorda.
18:15	1 garrafinha média de Coca-Cola Zero Copo de água	Cozinha			Não vou comer de novo hoje.
21:30	1 pão sírio com *homus* 3 *bagels* de canela e passas 6 colheres de pasta de amendoim 15 biscoitos Oreo 1/2 pote de sorvete de baunilha 3 porções de nozes 1 garrafa de Coca-Cola Zero	Quarto	* * * * * *	 V V	Estou com nojo de mim mesma. Não tenho força de vontade. Me sinto desesperadamente sozinha. Vou para a cama mais cedo para parar de comer.

FIGURA 10.2 Um registro de monitoramento preenchido por alguém com bulimia nervosa.

Dia da semana Quinta-feira   Data 20 de abril

Hora	Comidas e bebidas consumidas	Local	*	V/L	Contexto e comentários
8:10	*Bagel* simples, manteiga Café descafeinado	Cozinha			
8:25	Metade de um *bagel*, manteiga Café descafeinado	Cozinha	*		Ótimo *bagel*, mas...
10:20	1 *muffin* de passas Café descafeinado	Na mesa de trabalho			Passei a manhã inteira pensando em comida.
12:00	*Pizza* média de pepperoni Coca-Cola Zero grande	Refeitório dos funcionários			Me sinto um pouco enjoada. Muito cheia. Eu sou enorme.
15:00	2 *donuts* Café descafeinado 2 *donuts*	Na mesa de trabalho	* *		Tenho que parar de comprar *donuts*, eles são bons demais!
18:30	Saco grande de batatinhas Coca-Cola Zero 2 *bagels* com pasta de amendoim Fatia grande de bolo de chocolate Coca-Cola Zero	Na cozinha, em pé	* * *		Uma volta cansativa para casa. Estava inquieto. Não tenho nada para fazer... acabei de começar a comer... sem nem pensar. Estava gostando no começo.
19:15	3 KitKats Chá descafeinado 6 bolas de sorvete de chocolate 1 iogurte de cereja	Cozinha	* * *		Comecei de novo. Não tem o que fazer. Eu não tenho nenhum autocontrole.
21:00	2 chás descafeinados				

FIGURA 10.3 Um registro de monitoramento preenchido por alguém com transtorno de compulsão alimentar.

ESTABELECENDO A PESAGEM SEMANAL

A maioria das pessoas com problemas de compulsão alimentar está preocupada com seu peso — ou seja, o número na balança —, e muitas vezes essa é uma grande preocupação. Saber o próprio peso pode ser muito importante para essas pessoas. Como discutimos no Capítulo 4, muitos passam por um período em que se pesam com frequência, em alguns casos muitas vezes ao dia. No entanto, se pesar com essa frequência pode se tornar algo intolerável, e, consequentemente, algumas pessoas decidem não se pesar mais, porém ainda se preocupam com seu peso.

Como resultado de seguir este programa, seus hábitos alimentares mudarão. Portanto, você vai querer saber o que está acontecendo com o seu peso. Você pode ter medo de descobrir, mas evitar saber é uma má ideia, pois você fica pensando em seus piores medos em relação ao peso, mas sem informações sobre ele. É muito melhor monitorar seu peso à medida que você progride no programa. A melhor maneira de fazer isso é se pesar uma vez por semana. Não preste muita atenção nas pesagens individualmente, pois, como discutimos no Capítulo 5 (p. 67), o peso corporal flutua de um dia para o outro, e até mesmo dentro de um mesmo dia, de maneiras não relacionadas às mudanças na gordura corporal. O número na balança, se analisado individualmente, pode, portanto, ser enganoso, pois você pode ter atingido um peso muito alto ou muito baixo dentro dessas flutuações. Em vez disso, você deve procurar tendências ao longo do tempo, levando em conta um período mínimo de várias semanas (ou seja, três ou quatro pesagens), porque só assim você será capaz de distinguir mudanças genuínas no peso de flutuações do dia a dia que ocorrem em segundo plano.

Uma boa maneira de identificar mudanças no seu peso é anotar cada pesagem em um gráfico. A Figura 10.4 mostra o gráfico de peso de uma mulher na semana 8 do programa. No geral, parece que o peso dela não está mudando, embora esteja flutuando um pouco. (Gráficos em branco para impressão podem ser baixados da internet; ver, p. ex., *www.printablepaper.net/category/graph*).

Estabelecendo a pesagem semanal: o que fazer

Comece a se pesar uma vez por semana em uma manhã fixa de sua escolha. Um dia de semana geralmente é melhor, porque então nos fins de semana você pode se debruçar sobre quaisquer mudanças que tenham ocorrido. Faça o seu melhor para não se pesar fora dessas pesagens semanais.

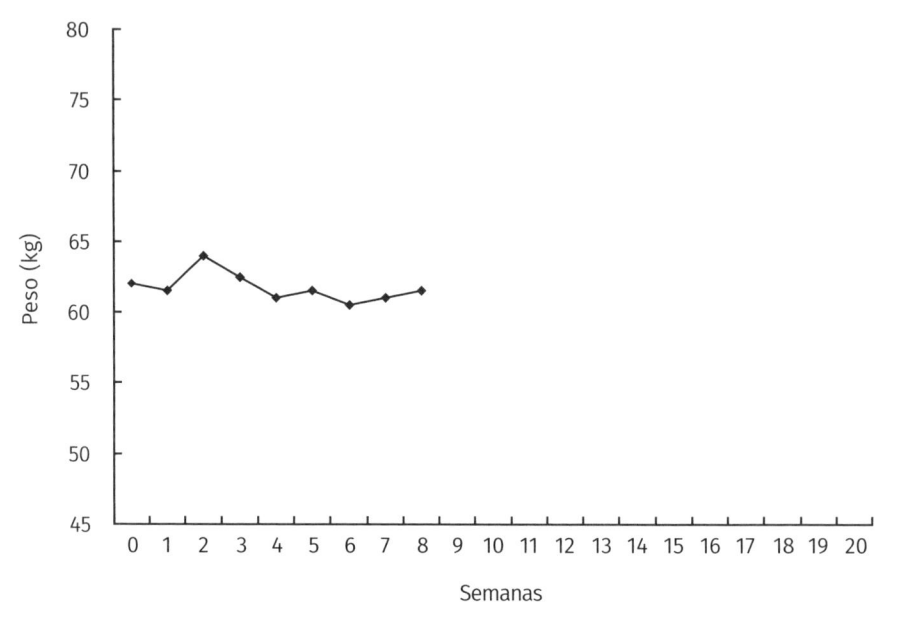

FIGURA 10.4 O gráfico de peso de uma mulher que está há 8 semanas no programa.

Muitas pessoas acham esse conselho difícil de seguir. Por um lado, se você está acostumado a se pesar com uma frequência maior, você pode se sentir desconfortável ao reduzir sua frequência de pesagem. Você pode ter medo de que seu peso suba sem que você saiba. Por outro lado, se você tem evitado se pesar, pode ter medo de que, se você começar a se pesar novamente, isso o leve a se preocupar com seu peso e, como resultado, você queira se pesar cada vez mais. Independentemente de essas preocupações se aplicarem a você ou não, esforce-se para se pesar apenas uma vez por semana em um dia predefinido.

Você pode ter que comprar uma balança. Uma balança de banheiro normal é perfeitamente adequada. Algumas pessoas sempre se pesam quando estão nuas, na tentativa de obter o número mais preciso possível, mas isso é desnecessário. Como já enfatizei, o número de uma pesagem semanal individual por si só é difícil de ser interpretado devido à influência da hidratação e de outros fatores, incluindo o estado do intestino da pessoa. Pesar-se apenas com roupas leves é perfeitamente aceitável.

Se você estiver tentado a se pesar entre suas pesagens semanais planejadas, mantenha a balança fora de vista e relativamente inacessível, para que seja mais fácil resistir à tentação.

SESSÕES DE REVISÃO DA ETAPA 1

Suas sessões de revisão da Etapa 1 devem se concentrar nos dois elementos da Etapa 1, o automonitoramento e a pesagem semanal. Você deve realizar a primeira sessão de revisão depois de seguir as diretrizes da Etapa 1 por 3 ou 4 dias, e a próxima depois de mais 3 ou 4 dias.

Cada sessão de revisão da Etapa 1 deve ter duas partes. A primeira é reler a Etapa 1 para relembrar o que você está tentando fazer, e a segunda é fazer a si mesmo as quatro perguntas a seguir.

1. *Eu tenho feito o automonitoramento?* Se a sua resposta for sim, você começou bem. Se a sua resposta for não, há um problema sério. Considere cuidadosamente seus motivos para não fazer o monitoramento e talvez releia a seção sobre por que ele é importante. (Na verdade, é uma boa ideia reler todo o programa em intervalos regulares. É especialmente importante reler as seções nas quais você fica preso ou progride de forma limitada.)

Talvez você deva reconsiderar as vantagens e desvantagens de decidir mudar. Se as vantagens superarem as desvantagens, você deve assumir um novo compromisso de se automonitorar, pois é muito improvável que você faça progressos significativos sem isso. Lembre-se de que o monitoramento fornece informações importantes e o ajuda a mudar.

2. *Eu posso melhorar meu automonitoramento?* Estude seus registros de monitoramento para ver se há espaço para melhorias. Você tem seguido todas as orientações? Por exemplo, o seu monitoramento foi preciso? Você registrou tudo o que comeu e bebeu o mais rápido possível após o consumo? Você colocou refeições entre colchetes? Você usou os asteriscos da maneira descrita? Você tem escrito na coluna 6?

3. *Estou me pesando uma vez por semana?* Se sim, muito bem! Registre o número na coluna 6 de seus registros, bem como em sua folha de resumo (descrita a seguir). Se você está se pesando com mais frequência do que isso, você deve ponderar por que isso está acontecendo; talvez você precise deixar a balança fora de vista ou torná-la relativamente inacessível. Se você não está se pesando, descubra o porquê. Lembre-se de que você está embarcando neste programa para recuperar o controle sobre sua alimentação, e, como resultado, seu peso pode mudar. É muito melhor saber o que está acontecendo do que se esconder e temer o pior.

4. *Algum padrão na minha alimentação está se tornando evidente?* Tente responder às seguintes perguntas com o máximo de cuidado possível. Isso aumentará a sua compreensão do seu problema de compulsão alimentar e deixará claras as coisas que precisam ser mudadas.

> Eu tive algum episódio compulsivo? Eles tiveram algo em comum? Eles aconteceram na mesma hora do dia? E os gatilhos? Eu consigo identificá-los?
>
> O que eu comi nesses episódios? Há algo característico sobre a comida? Por que estou comendo esses alimentos em particular? São alimentos que estou evitando em outros momentos?
>
> O que estou comendo fora dos meus episódios compulsivos? Estou tentando limitar minha alimentação de alguma forma? Estou atrasando ou evitando comer? Estou comendo refeições normais?
>
> Todos os meus dias são iguais, ou eles são diferentes? Existem dias em que eu faço dieta e dias em que eu como compulsivamente?

Decidindo quando passar para a Etapa 2

É melhor não passar para a Etapa 2 imediatamente após a sua primeira sessão de revisão. No entanto, na segunda sessão de revisão (3 ou 4 dias depois), você deve se fazer as mesmas quatro perguntas:

> *Eu tenho feito o automonitoramento?*
> *Eu posso melhorar meu automonitoramento?*
> *Estou me pesando uma vez por semana?*
> *Algum padrão está se tornando evidente?*

Feito isso, você estará pronto para escrever a primeira entrada em sua folha de resumo. Uma folha em branco é mostrada na Figura 10.5 (e pode ser encontrada no meu *site*). Você usará a folha de resumo para traçar seu progresso à medida que passa pelo programa e decide quando seguir em frente.

As orientações para o preenchimento da folha de resumo são fornecidas no Quadro 10.2. Ela deve ser preenchida no final de cada semana.

Veja na Figura 10.6 uma folha de resumo preenchida parcialmente. Ela mostra o progresso de alguém que está há 6 semanas no programa. Agora olhe para a sua própria folha de resumo. Quantos "dias de mudança" você

Semana	C	V/L	DMs	P	Eventos
1					
2					
3					
4					
5					
6					
7					
8					
9					
10					
11					
12					
13					
14					
15					
16					
17					
18					
19					
20					

FIGURA 10.5 Uma folha de resumo em branco. (Uma versão editável dela pode ser baixada na página do livro em *loja.grupoa.com.br*.)

já teve? Se você já teve 6 ou 7, você está pronto para passar para a Etapa 2. Nesse caso, leia a Etapa 2 e siga os conselhos dela enquanto continua com os dois elementos da Etapa 1, o automonitoramento e a pesagem semanal. Por outro lado, se você teve menos de 6 ou 7 dias de mudança, tente descobrir o porquê e continue na Etapa 1 até sua próxima sessão de revisão, em mais 3 ou 4 dias. Então, mais uma vez, reexamine seu progresso e decida se deve ou não seguir em frente.

Por fim, lembre-se de que é importante não apressar o programa. Para obter o máximo de benefícios, você precisa completar cada etapa antes de passar para a próxima.

QUADRO 10.2 Instruções para preenchimento da folha de resumo

Coluna 1: indica há quantas semanas você segue o programa. Você já concluiu sua primeira semana.

Coluna 2: registre aqui quantas "compulsões" (C) você teve nos últimos 7 dias. Você deve obter esse número em seus registros de monitoramento.

Coluna 3: essa coluna serve para registrar o número de vezes que você praticou qualquer método extremo de controle de peso, como vômitos autoinduzidos ou uso indevido de laxantes ou diuréticos (V/L). Registre cada comportamento separadamente. Novamente, você deve obter esses números em seus registros de monitoramento.

Coluna 4: registre aqui quantos "dias de mudança" (DMs) você teve durante a semana. *Um dia de mudança é aquele em que você fez o seu melhor para seguir o programa.* Portanto, nesse ponto do programa, *um dia de mudança* é aquele em que você registrou sua alimentação com precisão e fez a pesagem semanal no dia indicado. Não importa se você teve um episódio compulsivo ou não no dia. A definição de um dia de mudança será alterada à medida que você avança no programa.

Coluna 5: registre seu peso (P) nessa coluna. Se você se pesou mais de uma vez durante a semana, registre apenas o peso do dia em que pretendia se pesar.

Coluna 6: aqui você deve registrar outros pontos de observação. Por exemplo, anote quando você passar de uma etapa do programa para outra. Observe também quaisquer eventos que tenham influenciado significativamente sua alimentação — por exemplo, estar doente ou longe de casa.

Semana	C	V/L	DMs	P	Eventos
1	9		4	64,5	Comecei a Etapa 1.
2	7		7	65,3	Fora do trabalho esta semana.
3	4		5	64,8	Etapa 2. Uma semana melhor.
4	1		7	63	Uma das boas! John estava aqui.
5	3		4	63	Piorei... preciso me esforçar mais.
6	1		7	63,5	Bem melhor. Passei o fim de semana com Julie.
7					
8					
9					
10					
11					
12					
13					
14					
15					
16					
17					
18					
19					
20					

FIGURA 10.6 Uma folha de resumo preenchida por alguém com 6 semanas de programa.

11

Etapa 2
Alimentação regular

Etapa 1: Começando bem

Automonitoramento
Pesagem semanal

Etapa 2: Alimentação regular

Estabelecer um padrão de alimentação regular
Parar de vomitar e fazer uso indevido de laxantes e diuréticos

---

Etapa 3: Alternativas à compulsão alimentar

Substituir por atividades alternativas
Identificar mudanças no peso

Etapa 4: Resolução de problemas

Praticar a resolução de problemas

Etapa 5: Fazer um balanço

Analisar o progresso
Decidir o que mais precisa ser abordado

Módulo de dieta

Enfrentando dietas restritivas

Módulo de imagem corporal

Abordando as preocupações com a forma, a verificação da forma, a evitação do próprio corpo e o sentir-se gordo

---

Terminando bem

Manutenção do progresso
Como lidar com contratempos

Estabelecer um padrão de alimentação regular é a mudança mais significativa que você pode fazer ao enfrentar um problema de compulsão alimentar. Uma das descobertas mais consistentes de mais de 30 anos de pesquisa é que a introdução de um padrão de alimentação regular consegue conter a maioria das compulsões. Uma compulsão alimentar frequente se torna intermitente ou para completamente. Para obter esse efeito, é essencial que você siga as orientações apresentadas a seguir: por isso, leia-as atentamente.

ESTABELECENDO UM PADRÃO DE ALIMENTAÇÃO REGULAR

Você deve procurar comer três refeições planejadas por dia, além de dois ou três lanches planejados. Seu padrão alimentar deve, portanto, ser algo assim:

8:00	Café da manhã
10:30	Lanche do meio da manhã
12:30	Almoço
15:30	Lanche da tarde
19:00	Janta
21:00	Lanche da noite

Os horários exatos não importam.

Ao introduzir esse padrão alimentar, há quatro aspectos principais a serem lembrados:

1. *Planeje com antecedência.* No início de cada dia (ou na noite anterior), planeje com antecedência quando você vai comer suas refeições e seus lanches e anote os horários no topo do registro de monitoramento do dia. Em todos os momentos do dia, você deve saber quando fará uma refeição ou um lanche. Se o dia vai ser imprevisível, planeje com antecedência o máximo que puder e, depois que tiver certeza sobre como ele será, planeje o resto do dia.

2. *Certifique-se de comer cada uma das suas refeições e lanches planejados.* Faça o seu melhor para não pular nenhum deles.

3. Não importa (nesta fase) o que você come nas refeições e nos lanches, desde que não vomite ou tome laxantes ou diuréticos depois. Coma alimentos com os quais você se sinta confortável e, como discutido a seguir, certifique-se de comer o suficiente.

4. Faça o máximo para não comer nos intervalos entre as refeições e os lanches. Dessa forma, o seu dia será dividido pelas refeições e lanches. Eles serão como marcos ao longo do dia. Portanto, a manhã será o período entre o café da manhã e o almoço; o início da tarde será o período entre o almoço e o lanche da tarde; o final da tarde será entre o lanche da tarde e a janta; e a noite será dividida em duas partes pelo seu lanche da noite. Quebrar longos períodos de tempo em intervalos mais gerenciáveis de não mais do que 3 a 4 horas contribui para a redução da frequência da compulsão alimentar. Isso ocorre porque muitas pessoas ficam mais suscetíveis a terem um episódio compulsivo quando são confrontadas com longos períodos de tempo vazio.

Outras diretrizes para introduzir a "alimentação regular"

Seu plano deve ser flexível, em vez de rígido. É importante que você ajuste os horários de suas refeições e lanches para se adequar aos seus compromissos, mas tente estabelecer um padrão o mais regular possível. Obviamente, os horários precisos variam de um dia para outro; por exemplo, é provável que os dias de trabalho sejam diferentes dos dias livres.

O momento em que você come deve ser ditado pelo seu plano para o dia e não por sensações de fome ou vontade de comer. Artigos populares na mídia costumam nos dizer para ouvir os sinais do nosso corpo e comer em resposta a eles. Esse conselho aparentemente saudável ignora o fato de que esses sinais frequentemente estão desregulados naquelas pessoas com compulsão alimentar. A alimentação errática, especialmente quando ela consiste em alternar compulsão alimentar e dieta, interrompe os mecanismos normais que controlam a fome e a saciedade, o que faz com que esses mecanismos deixem de ser um sinal confiável sobre quando comer. Mais tarde, depois que você já estiver comendo regularmente por algum tempo, as sensações normais de fome e saciedade retornarão, embora isso possa levar muitos meses. Uma vez que isso aconteça, você pode usar essas sensações para orientar sua alimentação, embora manter um padrão de alimentação regular deva continuar sendo uma prioridade.

Tente não deixar passarem mais de 4 horas entre as refeições e os lanches. Muito tempo entre as refeições e os lanches cria uma pressão psicológica e fisiológica crescente para comer, o que pode eventualmente resultar em um episódio compulsivo. Portanto, é aconselhável comer em intervalos regulares, com um intervalo máximo de 4 horas. Uma possível exceção a essa "regra das 4 horas" é a manhã, porque esse é o momento do dia em que a maioria das pessoas são menos propensas a comer compulsivamente. Se esse for o seu caso, é razoável pular o lanche do meio da manhã, pois é improvável que haja efeitos negativos.

Resista à tentação de compensar as refeições e os lanches planejados. Não há necessidade de compensar as refeições e os lanches planejados, mesmo que sejam uma adição à sua maneira habitual de comer, pois a introdução deles reduzirá a frequência das compulsões alimentares e, portanto, a ingestão total de calorias. Lembre-se de que isso vale mesmo se você vomitar ou tomar laxantes ou diuréticos imediatamente depois de comer, porque nenhum desses métodos se livra completamente das calorias dos alimentos que você consumiu. (Se você tiver dúvidas sobre essa afirmação, releia os Capítulos 4 e 5 para se lembrar da ineficácia desses métodos.)

> Não há necessidade de compensar as refeições e os lanches porque a introdução deles reduz a frequência da compulsão alimentar e, consequentemente, a ingestão total de calorias.

Algumas pessoas ficam tentadas a comer muito pouco em suas refeições ou lanches por medo de ganhar peso. Isso não é o certo a fazer, pois aumenta o risco de episódios compulsivos, criando pressões fisiológicas e psicológicas para comer (como discutimos no Cap. 4). A introdução de um padrão de alimentação regular tem pouco ou nenhum efeito sobre o peso corporal.

O que comer. Como observado anteriormente, não importa exatamente o que você come em suas refeições e seus lanches, desde que você coma o suficiente. Se você quiser orientação sobre o que comer, o melhor conselho é consumir uma variedade de alimentos e porções de tamanho médio. O tamanho de uma porção média pode ser determinado a partir dos hábitos alimentares de amigos e parentes, de receitas e dos rótulos de refeições embaladas. Se alguém está ajudando você a seguir o programa, você pode pedir conselhos sobre o que é uma quantidade razoável para comer.

O ponto crítico é que não importa o que você coma, desde que não vomite ou tome laxantes ou diuréticos depois para compensar e desde que coma o suficiente.

Inicialmente, esse padrão de alimentação pode criar um sentimento de estufamento. É provável que isso aconteça se você não estiver acostumado a comer sem vomitar ou tomar laxantes ou diuréticos depois. O sentimento de inchaço quase invariavelmente desaparece dentro de uma hora e, além disso, dentro de algumas semanas você estará menos propenso a tê-lo. Uma boa maneira de lidar com ele é evitar o uso de roupas apertadas na hora das refeições e se envolver em atividades de distração por uma ou duas horas depois delas (seguindo as sugestões descritas na Etapa 3, p. 164).

Seu padrão alimentar planejado deve ter prioridade sobre outras atividades. Faça o seu melhor para não deixar que outros compromissos tenham prioridade sobre suas refeições e seus lanches planejados. É claro que às vezes seu plano precisará ser ajustado para acomodar compromissos importantes. Por exemplo, se você sabe que terá que atrasar sua janta para, digamos, as 22h, então um plano sensato seria adiantar o lanche da noite para entre o lanche da tarde e a janta.

Se as coisas derem errado, tente voltar aos trilhos imediatamente. É especialmente importante tentar evitar desistir do restante de um dia porque houve um problema mais cedo. Essa maneira "tudo ou nada" de pensar só piora as coisas. Tente sempre voltar aos trilhos o mais rápido possível.

Se sua alimentação é muito caótica, você pode não conseguir introduzir esse padrão alimentar de uma só vez. Se essa descrição se aplicar a você, introduza o padrão em etapas, começando com a parte do dia que é menos caótica, que geralmente é a manhã. Portanto, comece introduzindo o café da manhã e o almoço (e possivelmente um lanche no meio da manhã) de acordo com as diretrizes dadas anteriormente. Em seguida, ao longo das próximas semanas, introduza progressivamente as outras refeições e lanches até que o padrão alimentar completo esteja em vigor.

A Figura 11.1 mostra um registro de monitoramento preenchido por alguém com bulimia nervosa que estava nesta fase do programa. Podemos observar no topo do registro que ela escreveu quando planejava comer e que ela se saiu bem em seguir seu plano.

Dia da semana Quinta-feira   Data 23 de julho

Hora	Comidas e bebidas consumidas	Local	*	VL	Contexto e comentários
	<u>Plano</u> Café da manhã – 8h Almoço – 12h30 Lanchinho da tarde – 15h30 Jantar – 19h Lanchinho da noite – 21h				
7:40	Suco de laranja	Quarto			Não sei se deveria ter tomado esse suco.
8:10	Tigela de cereais *Muffin* pequeno Café descafeinado	Cozinha			Não vou comer muito, pois estou atrasada e preocupada com o trabalho.
10:45	Café descafeinado	Escritório			
12:35	Sanduíche de peito de peru Salada de batata (pequena) Maçã Café descafeinado 2 copos de água	Sala dos funcionários			Foi arriscado comer salada de batata. Almoço um pouco grande, mas foi planejado.
15:15	Maçã Coca-Cola Zero	Escritório			
19:00	Fatia grande de *pizza* de *pepperoni* Sorvete de baunilha – 2 bolas Café descafeinado	Cozinha	*		Sorvete não planejado... isso é ruim!
21:30	Fatia pequena de torta de maçã	Cozinha			De volta aos trilhos.

FIGURA 11.1 Um registro de monitoramento de alguém com 4 semanas de programa.

Introduzindo a alimentação regular: o que fazer

Introduza esse padrão de alimentação enquanto continua a fazer o automonitoramento. Não espere que isso seja fácil. Pode haver problemas. Por exemplo, é provável que você queira comer quando não deve ou, por outro lado, que não queira comer quando deve, especialmente depois de episódios compulsivos. Faça o seu melhor e, ao mesmo tempo, anote em seus registros de monitoramento quaisquer dificuldades que você esteja tendo. As sugestões feitas a seguir sobre refeições, compras e preparação da comida podem ajudá-lo a lidar com algumas dessas dificuldades. Outras sugestões são feitas nas Etapas 3 e 4.

Assim, comece a comer dessa maneira e avalie seu progresso ao final de cada dia. Em seguida, faça os ajustes que parecerem apropriados. Por exemplo, você pode notar que está comendo seu lanche da noite tão tarde que não está dividindo a noite em dois blocos. Nesse caso, tente movê-lo para mais cedo.

Lembre-se também de preencher a folha de resumo no final de cada semana. Um "dia de mudança" nesta fase é aquele em que você monitorou sua alimentação com precisão, respeitou o dia de pesagem semanal e fez o seu melhor para manter seu padrão planejado de alimentação, independentemente de você ter comido de modo compulsivo.

O QUE FAZER A RESPEITO DO VÔMITO AUTOINDUZIDO

Se você induz o vômito apenas depois de comer compulsivamente, então você vai parar de vomitar à medida que introduzir um padrão de alimentação regular. Isso ocorre porque a indução do vômito está ligada à sua compulsão alimentar (veja o Cap. 4, p. 48) — ela se resolverá à medida que sua compulsão alimentar se resolver.

Nas primeiras semanas, você pode sentir um intenso desejo de vomitar após algumas das refeições ou lanches planejados. Se esse for o caso, você deve fazer o possível para se distrair até que o impulso diminua (geralmente em torno de uma hora). Também pode ser mais difícil vomitar se você ficar na companhia de outras pessoas.

Se você é alguém que vomita em momentos diferentes dos discutidos e não consegue abandonar esse hábito, você deve procurar ajuda profissional. Esse comportamento pode ser difícil de superar por conta própria.

O QUE FAZER QUANTO AO USO INDEVIDO DE LAXANTES E DIURÉTICOS

Como discutimos no Capítulo 4, algumas pessoas com problemas de compulsão alimentar fazem uso indevido de laxantes ou diuréticos. Esse uso indevido assume duas formas. As pessoas podem tomá-los para compensar episódios compulsivos específicos, um comportamento muito semelhante ao vômito autoinduzido. Alternativamente, elas podem tomá-los de forma mais rotineira, independentemente de episódios específicos de compulsão alimentar; nesse caso, o comportamento é mais parecido com fazer uma dieta.

O que vimos sobre o vômito autoinduzido se aplica também ao primeiro tipo de uso indevido de laxantes. Ele cessa quando a compulsão alimentar cessa. No entanto, se você estiver ingerindo laxantes ou diuréticos independentemente de uma compulsão alimentar, meu conselho é tomar uma decisão firme de parar de consumi-los a partir de agora. A maioria das pessoas é capaz de fazer isso, especialmente quando descobrem como essas drogas são ineficazes na prevenção da absorção de calorias (ver p. 77).

Se você estiver tomando laxantes ou diuréticos ocasionalmente, pode parar de tomá-los de uma só vez. No entanto, como vimos no Capítulo 5 (p. 78), se você estiver tomando-os quase todos os dias, parar de repente pode resultar em um período de retenção de líquidos com duração de uma semana ou mais, e obviamente isso resultará em ganho de peso. Portanto, é melhor eliminar gradualmente os medicamentos, talvez reduzindo pela metade a ingestão diária a cada semana. No caso improvável de você experimentar retenção de líquidos (inchaço das mãos e dos pés, principalmente), é importante ter em mente que o ganho de peso que a acompanha é explicado pela água, e não pela gordura, e que ele é temporário. Ele desaparecerá dentro de algumas semanas, à medida que o excesso de água diminuir. No entanto, se continuar apresentando retenção de líquidos, você deve consultar seu médico, pois ela é potencialmente grave e pode ter outras causas.

ALGUNS CONSELHOS SOBRE COMER EM CASA E FORA DE CASA

Pessoas com problemas de compulsão alimentar muitas vezes têm dificuldades na hora de fazer refeições, especialmente quando comem fora de casa. A seguir estão algumas dicas úteis sobre o assunto. Embora algumas das sugestões possam não ser relevantes para você, sugiro que você leia todas elas e experimente aquelas que se aplicam. *Tenha em mente que você não terá que adotar esses comportamentos para sempre.* Essas são medidas provisórias projetadas para ajudá-lo a recuperar o controle sobre sua alimentação. Você poderá deixar de usá-las assim que elas não forem mais relevantes.

Restrinja a sua alimentação a determinados locais da sua casa. Parte de recuperar o controle sobre a alimentação envolve a formalização de hábitos alimentares. Quando você come em casa, é uma boa ideia ter um ou dois lugares definidos para comer. Eles devem ser lugares com uma mesa, ou equivalente, e não deve haver outros alimentos disponíveis ao seu alcance. Você não deve comer no seu quarto ou no banheiro. Se você tiver apenas um cômodo, é melhor restringir sua alimentação a apenas um lugar nele.

Ao comer, concentre-se no que está fazendo. Embora possa ser tentador se distrair ao comer, isso não é uma boa ideia. Em vez disso, concentre-se no que você está fazendo. Tente saborear sua comida. Você também precisa garantir que não está comendo de maneira anormal. Por exemplo, verifique se você não está comendo muito rápido. Estar ciente do que você está fazendo também o ajudará a reduzir a chance de suas refeições e seus lanches evoluírem para compulsões. Por esse motivo, tente não se envolver em outras atividades (como assistir à televisão) ao comer. Além disso, sente-se, pois comer em movimento pode fazer com que você acabe "beliscando" algo que não faça parte da sua refeição.

Ao comer, restrinja a disponibilidade de alimentos. Ao comer uma refeição ou um lanche, tenha apenas a quantidade planejada de alimentos em mãos. Sempre que possível, mantenha embalagens ou recipientes de comida fora da mesa, para você não ficar tentado a comer mais do que pretendia.

Se necessário, imponha alguns métodos de controle sobre a maneira como você está comendo. Se você tende a comer automaticamente, ou rapidamente, pratique soltar seus talheres entre cada garfada ou inserir pausas em suas refeições. Pratique também deixar comida no prato. Isso pode parecer um desperdício, mas qualquer coisa que minimize a probabilidade de um episódio compulsivo não é realmente um desperdício. E descarte as sobras, porque, nesta fase do programa, elas podem ser muito tentadoras.

Ao comer com outras pessoas, não se deixe ser persuadido a comer mais do que você planejou. Não é incomum ser pressionado a repetir ou a comer mais do que você deseja. Você deve resistir a essa pressão. Pratique maneiras educadas, mas firmes, de recusar. Por exemplo, dizer "Não, obrigado. Eu realmente já comi o suficiente. Estava uma delícia". Se alguém ainda insistir e colocar mais comida no seu prato, deixe ela lá. Nessas circunstâncias, é a outra pessoa que está sendo indelicada, não você.

Ao fazer uma refeição fora, faça um balanço entre cada prato. É fácil as refeições em restaurantes ou na casa de outras pessoas saírem de controle. Você pode não saber quantos pratos haverá ou o que eles vão ser. Portanto, você precisa ficar atento ao que está acontecendo e analisar o que está comendo em cada intervalo. Dê alguma desculpa — por exemplo, que você tem que fazer uma ligação — para que possa sair da mesa e organizar seus pensamentos. Idealmente, pegue sua folha de registro de refeições e a preencha enquanto pensa no que fazer a seguir. Em refeições com muitos pratos, muitas vezes é mais fácil pular um ou dois deles completamente do que tentar limitar a quantidade que você come de cada um.

Buffets são um desafio particular. A melhor abordagem é dedicar algum tempo para analisar o que está sendo oferecido e, em seguida, afastar-se para planejar exatamente o que você vai comer. Depois de terminar de comer, livre-se do seu prato e dos seus talheres e fique longe da comida.

Embora você possa não sentir vontade de fazer isso, é uma boa ideia não beber muito álcool ao comer fora, pois seu julgamento e sua força de vontade serão prejudicados.

ALGUNS CONSELHOS SOBRE FAZER COMPRAS E COZINHAR

Muitas pessoas com problemas de compulsão alimentar também têm dificuldades para fazer compras e cozinhar. Aqui estão algumas dicas para lidar com essas dificuldades. Lembre-se de que, tal como acontece com os conselhos relativos às refeições, pode ser que nem todas as sugestões sejam relevantes para você.

Limite o seu estoque de alimentos suscetíveis a serem usados em episódios compulsivos. Nesta fase do programa, é melhor restringir seu acesso a alimentos que desencadeiem ou sejam consumidos em suas compulsões. Não é bom tê-los por perto. Portanto, ao fazer compras, evite comprar esses alimentos. Se isso não for possível, limite as quantidades que você compra.

Certifique-se de ter suprimentos adequados de alimentos que sejam aceitáveis para você. É importante que você tenha um suprimento pronto de alimentos que você se sinta confortável para comer.

Planeje suas compras. Por enquanto, evite comprar comida no calor do momento. Em vez disso, planeje suas compras com antecedência e siga sua lista de compras. Se possível, evite fazer compras quando estiver com fome e nos dias em que se sentir em risco de ter um episódio compulsivo. Fazer compras *on-line* pode ajudar.

Ao cozinhar, evite provar a comida. "Beliscar" o que você está cozinhando pode desencadear compulsões. Algumas pessoas acham útil mascar chiclete, pois isso dificulta "beliscar" a comida.

Evite exposição desnecessária a alimentos. Como discutimos no Capítulo 4, muitas pessoas com problemas de compulsão alimentar não conseguem parar de pensar em comida e na alimentação, e isso pode estimular o interesse em comida e culinária. Em parte, como resultado disso, algumas pessoas passam muito tempo cozinhando para outras pessoas. Isso deve ser evitado, pois, por razões óbvias, a exposição desnecessária à comida é arriscada. Algumas pessoas tendem a empurrar comida para outras. Isso não é uma boa ideia. Em vez disso, trate os outros como você gostaria de ser tratado. Ofereça comida, mas não coloque as pessoas sob pressão para comer mais do que elas querem. Também não é incomum que pessoas com problemas de compulsão alimentar trabalhem direta ou indiretamente com comida. Se esse for o caso, e você perceber que isso está contribuindo para o seu problema alimentar, você deve considerar seriamente mudar de emprego.

SESSÕES DE REVISÃO DA ETAPA 2

Geralmente leva algumas semanas para estabelecer um padrão de alimentação regular. Pode até levar mais tempo. Você deve conferir seu progresso duas vezes por semana. Em cada ocasião, analise seus registros de monitoramento e, uma vez por semana, preencha a folha de resumo. Um "dia de mudança" nesse momento é aquele em que você registrou sua alimentação com precisão, em que você se pesou no dia definido para a pesagem semanal e em que você fez o seu melhor para manter um padrão planejado de alimentação regular, com ou sem compulsão alimentar.

Cada sessão de revisão da Etapa 2 deve ter três partes. A primeira é reler a Etapa 2 para relembrar o que você está tentando fazer. A segunda parte é fazer a si mesmo as quatro perguntas da Etapa 1:

Eu tenho feito o automonitoramento?

Eu posso melhorar meu automonitoramento?

Algum padrão na minha alimentação está se tornando evidente?

Estou me pesando uma vez por semana?

A terceira parte é fazer a si mesmo as oito perguntas a seguir sobre a Etapa 2:

1. *Estou planejando refeições e lanches regulares todos os dias?* Lembre-se de que, para ter controle sobre sua alimentação, você precisa ficar um passo à frente do problema, em vez de estar um passo atrás dele. Todas as manhãs (ou na noite anterior, se for mais conveniente), você deve definir quando fará as refeições e os lanches do dia seguinte e deve fazer o possível para manter o plano. Dessa forma, será mais fácil se prevenir de possíveis problemas, em vez de se deparar com eles de surpresa.

2. *Estou tentando restringir a minha alimentação às refeições e aos lanches do dia?* Isso também é algo central no programa.

3. *Estou pulando alguma das refeições ou lanches?* É importante que você não pule nenhuma refeição ou lanche, pois isso o deixará vulnerável à compulsão.

4. *Os intervalos entre minhas refeições e lanches estão sendo superiores a 4 horas?* Pelo mesmo motivo, os intervalos entre suas refeições e lanches não devem ser longos e nunca devem ser superiores a 4 horas.

5. *Estou comendo entre minhas refeições e lanches?* O objetivo é restringir sua alimentação às refeições e aos lanches planejados. Se você conseguir fazer isso, seus registros de monitoramento mostrarão um padrão claro. Além disso, esse padrão deve corresponder ao plano escrito no topo da folha.

6. Estou voltando aos trilhos quando as coisas dão errado? É importante não desistir sempre que algo der errado. Há uma tendência entre as pessoas com problemas de compulsão alimentar de ver os dias como uma unidade, o que faz com que, quando algo dá errado, elas considerem o dia inteiro arruinado. Isso pode ser prejudicial e é um exemplo de pensamento de tudo ou nada.

Quando você começa a introduzir um padrão de alimentação regular, ainda estará tendo compulsões. Não se sinta desanimado com isso. O importante é que, após cada episódio, você volte aos trilhos o mais rápido possível em vez de adiar até o dia seguinte. Tente não pular a próxima refeição ou lanche, porque isso só o deixará vulnerável à compulsão novamente.

7. Estou ajustando o horário das minhas refeições e lanches para acomodar eventos e circunstâncias? Seu padrão alimentar não deve ser muito rígido; caso contrário, você terá dificuldades ao se deparar com ocasiões especiais. Examine seus registros de monitoramento para ver se houve algum desses momentos e analise o quão bem você lidou com eles.

8. Estou seguindo os conselhos sobre vômitos e uso indevido de laxantes e diuréticos? Como discutimos no Capítulo 4, todos esses comportamentos estimulam a compulsão alimentar. Portanto, é essencial que você os interrompa seguindo os conselhos desse capítulo.

Decidindo quando passar para a Etapa 3

A maioria das pessoas precisa passar algumas semanas consolidando essa maneira de comer. No entanto, você não precisa esperar até estabelecer um padrão de alimentação regular para seguir em frente, porque a Etapa 3 ajuda a seguir a Etapa 2. O essencial é que você esteja tendo seis ou sete dias de mudança por semana. Caso contrário, você deve reler a Etapa 2 e permanecer nessa fase por pelo menos mais uma semana.

> *A Etapa 3 ajudará você a seguir a Etapa 2.*

Se você estiver pronto para seguir em frente, continue com as Etapas 1 e 2 enquanto começa a implementar a Etapa 3.

12
Etapa 3
Alternativas à compulsão alimentar

Etapa 1: Começando bem

Automonitoramento
Pesagem semanal

Etapa 2: Alimentação regular

Estabelecer um padrão de alimentação regular
Parar de vomitar e fazer uso indevido de laxantes e diuréticos

Etapa 3: Alternativas à compulsão alimentar

Substituir por atividades alternativas
Identificar mudanças no peso

Etapa 4: Resolução de problemas

Praticar a resolução de problemas

Etapa 5: Fazer um balanço

Analisar o progresso
Decidir o que mais precisa ser abordado

Módulo de dieta

Enfrentando dietas restritivas

Módulo de imagem corporal

Abordando as preocupações com a forma,
a verificação da forma, a evitação do próprio corpo
e o sentir-se gordo

Terminando bem

Manutenção do progresso
Como lidar com contratempos

Existem dois aspectos principais para estabelecer um padrão de "alimentação regular". Um é introduzir refeições e lanches planejados e outro é não comer entre eles. A Etapa 3 foi projetada para ajudá-lo a não comer fora dos horários planejados. Ela também traz conselhos sobre como saber se o seu peso está mudando ou não.

Ao começar a adotar um padrão de alimentação regular, é comum que você sinta vontade de comer entre as refeições e lanches — e talvez de vomitar depois deles. É um erro comum supor que esses impulsos vão se acumular até que se tornem impossíveis de resistir. Na realidade, eles chegam a um pico e depois diminuem gradualmente. O desafio é não ceder a eles por uma hora ou mais quando eles estiverem nesse pico, o que pode ser feito distraindo-se ativamente. As possibilidades do que fazer dependem das circunstâncias, mas é útil já ter preparado uma lista de coisas que você pode fazer.

PREPARANDO-SE PARA USAR ATIVIDADES ALTERNATIVAS

O primeiro passo é pensar em atividades que possam ajudá-lo a resistir aos impulsos de comer ou vomitar. Essas atividades devem durar uma hora ou mais e devem ser feitas quando os impulsos estiverem mais intensos. Há várias possibilidades de atividades, mas aqui estão algumas das mais típicas:

Fazer uma caminhada rápida ou um passeio de bicicleta

Visitar ou ligar para amigos ou parentes

Praticar exercícios

Mandar *e-mails*

Usar o Facebook

Navegar na internet

Jogar *videogame*

Tomar um banho de banheira ou uma ducha

Assistir a um filme envolvente ou a uma de suas séries favoritas

O objetivo é que você crie uma lista de atividades que se adapte a você pessoalmente. Em geral, cada atividade precisa ter três características:

1. Ser ativa (ou seja, envolver fazer algo) em vez de passiva (como assistir ao que quer que esteja na televisão).

2. Ser agradável (ou seja, não parecer uma tarefa árdua).
3. Ser realista (ou seja, ser algo que você provavelmente fará).

Temos também outra dica útil. Analise suas músicas favoritas e identifique aquelas que melhoram o seu humor. Você pode acabar descobrindo que ouvir música é bom para mudar seu estado de espírito e, assim, ajudá-lo a lidar com os impulsos de comer ou vomitar. Mantenha essas músicas à mão, prontas para momentos difíceis. Você pode, inclusive, criar uma *playlist* específica para esse fim.

Depois de ter construído sua lista de atividades, anote-a em um papel ou em algum lugar de fácil acesso. Você precisa ter acesso fácil a essa lista sempre que tiver vontade de comer ou vomitar.

Você também precisa se especializar em identificar esses impulsos. É importante identificá-los cedo, pois, quanto mais cedo, mais fácil é lidar com eles. Portanto, assim que você perceber um impulso desse tipo, anote-o na coluna 6 do seu registro de monitoramento e use sua lista de atividades alternativas.

ATIVIDADES ALTERNATIVAS

Digamos que são 19h e você já jantou. Talvez você sinta que comeu demais e esteja tentado a vomitar ou a ceder a uma compulsão. Talvez você também esteja cansado, tenha tido um dia estressante e não tenha nada planejado para a noite. Claramente você está em uma situação de risco. Se estiver fazendo o automonitoramento corretamente, você saberá que um problema em potencial está se aproximando. Mas você estará um passo à frente do problema. Você terá anotado sua janta e também algo na coluna 6, como: "Sinto que comi demais. Estou cansado e tenho uma longa noite pela frente. Sinto um intenso desejo de comer". O que você deve fazer nessas circunstâncias?

Temos dois problemas aqui. O primeiro é o seu desejo de vomitar ou de comer, e o segundo é o fato de que você não tem nada para fazer. Esta etapa do programa, a Etapa 3, aborda o primeiro desses problemas, o desejo de vomitar ou de comer. A Etapa 4 aborda as dificuldades do dia a dia, como não ter nada para fazer.

Voltando ao desejo de vomitar ou de comer, duas coisas precisam acontecer:

1. Você precisa matar tempo. Esses impulsos desaparecem com o tempo. Mesmo meia hora pode ser tempo suficiente para o desejo diminuir o suficiente para que você consiga resistir a ele facilmente.

2. Você precisa se envolver em algo que o distraia — algo que seja ativo, agradável e realista.

Logo, você precisa conferir sua lista de atividades. São 19h e você não tem planos para a noite. O que você pode fazer? Você decide fazer duas coisas. Primeiro, decide se exercitar, pois, embora não esteja de bom humor, sabe que se sentirá melhor por fazer isso e não ficará tentado a comer enquanto se exercita. Além disso, o exercício vai ajudá-lo a relaxar. Mas, antes de começar a se exercitar, você também decide ligar para alguns amigos para ver se eles querem sair mais tarde. E o tempo todo você está ciente de que tem um lanche da noite para fazer por volta das 21h.

Com um plano como esse, é provável que você resista ao desejo de comer. Entrar em contato com amigos será uma distração e, com alguma sorte, lhe dará algo positivo para esperar. Exercitar-se e depois tomar um banho ocupará seu tempo e fará com que você se sinta melhor consigo mesmo.

Planos como esse funcionam. No início, você pode sentir que os impulsos de comer ou vomitar demoram um pouco para diminuir. No entanto, eles desaparecem cada vez mais rapidamente com a prática. Eventualmente, os impulsos desaparecerão por completo ou se tornarão tão fracos que você poderá ignorá-los.

"Controlar os impulsos", como esse processo às vezes é chamado, pode ter um efeito adverso. Você pode se conscientizar de pensamentos e sentimentos desagradáveis que antes eram obscurecidos pela compulsão alimentar. Na realidade, esse é um desenvolvimento positivo, pois permite que você os aborde diretamente, em vez de varrê-los para debaixo do tapete. A Etapa 4 discute como fazer isso.

Atividades alternativas: o que fazer

Você precisa praticar atividades alternativas quando sentir vontade de comer ou vomitar. Avalie seu progresso em cada uma de suas sessões de revisão. Além disso, lembre-se de preencher sua folha de resumo a cada semana. Classifique como um "dia de mudança" qualquer dia em que você monitorou sua alimentação com precisão, respeitou o dia de pesagem semanal, fez o seu melhor para manter seu padrão planejado de alimentação regular independentemente de ter comido compulsivamente ou não, conforme descrito na Etapa 2, e usou sua lista de atividades alternativas para lidar com impulsos de comer ou vomitar.

SESSÕES DE REVISÃO DA ETAPA 3

Em cada sessão de revisão, você deve analisar seus registros de monitoramento e a folha de resumo (preenchidos semanalmente) e fazer as quatro perguntas a seguir, além das perguntas das Etapas 1 e 2.

1. Eu elaborei uma lista de atividades alternativas? Você deve criar uma lista e carregá-la com você. Se você precisar intervir, essa lista deve estar à mão. A lista pode precisar de alterações com base na sua experiência; algumas atividades podem funcionar e outras não.

2. Estou registrando os impulsos de comer ou vomitar? Você deve registrar esses impulsos na coluna 6 de seus registros de monitoramento. Se você quiser lidar com seus impulsos, deve registrá-los no momento em que os sente.

Examine os registros de monitoramento que você fez desde o início da Etapa 3. Você teve impulsos de comer ou vomitar? Você os registrou no momento em que eles ocorreram? Se você tem comido em horários diferentes do planejado, isso sugere que você teve esses impulsos.

3. Estou usando minha lista de atividades alternativas quando necessário? Se você teve vontade de comer entre suas refeições e lanches, ou de vomitar, você usou sua lista de atividades?

4. O meu uso de atividades alternativas poderia ser melhorado? Você teve que intervir em algum momento? Como foi? Foi cedo o suficiente? Você realizou uma ou mais das atividades da sua lista? Quais atividades funcionaram e quais não funcionaram? Você modificou sua lista de acordo com sua experiência?

É melhor ter uma sessão de revisão como essa pelo menos uma ou duas vezes por semana.

Decidindo quando passar para a Etapa 4

É impossível especificar quanto tempo você deve gastar nesta etapa, uma vez que você pode ou não ter oportunidades de praticar o uso das atividades alternativas. Certamente, se suas sessões de revisão indicarem que você está tendo impulsos de comer ou vomitar, mas não está tendo sucesso ao lidar com eles, você deve adiar a mudança. Como já enfatizado, o uso bem-sucedido de atividades alternativas requer prática. É importante que você aproveite todas as oportunidades para praticar.

O QUE ESTÁ ACONTECENDO COM MEU PESO?

A essa altura do programa, já deve estar ficando claro o que está acontecendo com seu peso. A maioria das pessoas descobre que houve pouca ou nenhuma mudança nele, embora flutuações possam ter ocorrido. Como discutimos anteriormente (p. 141), se você quiser levar a ciência em consideração no assunto, coloque seus pesos de cada pesagem semanal em um gráfico. Um exemplo disso é mostrado na Figura 12.1. Mas, antes de fazer isso, é importante notar que interpretar gráficos de peso é mais difícil do que muitas pessoas imaginam. Há três razões para isso:

1. Cada peso tem um grau de incerteza em torno dele, principalmente devido à variação no estado de hidratação do corpo. É impossível saber o quão hidratado você está quando se pesa, mas isso tem uma grande influência no seu peso e em como ele muda de um dia para o outro (como discuti no Cap. 5, p. 67).

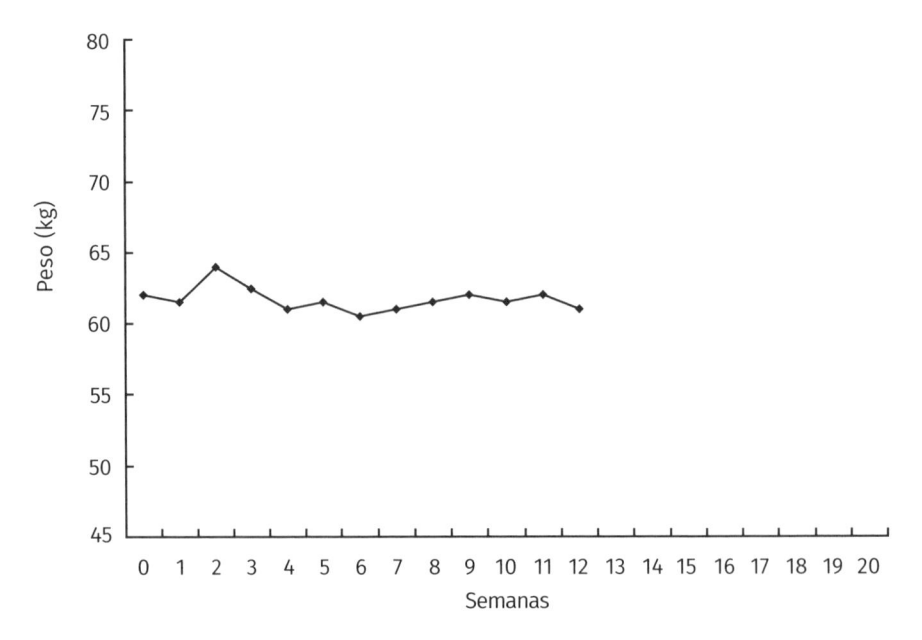

FIGURA 12.1 O gráfico de peso de alguém que está há 12 semanas no programa.

2. Até que algumas semanas se passem, é mais ou menos impossível descobrir se seu peso está aumentando, diminuindo ou estável, porque não há informações suficientes para revelar a tendência emergente.

3. Para descobrir o que está acontecendo com seu peso, você precisa se concentrar nas últimas quatro semanas ou mais, e não no número mais recente da balança. Isso ocorre porque as leituras individuais são quase impossíveis de serem interpretadas, devido à incerteza que envolve cada uma delas.

> *Você precisa se concentrar nas últimas quatro semanas ou mais, e não no número mais recente na balança.*

Com esses pontos em mente, observe seu gráfico de peso e veja se você consegue identificar o que está acontecendo com ele. Se disponível, use uma régua transparente para identificar a tendência emergente. A Figura 12.2 mostra um gráfico de peso em que a linha reta pontilhada destaca a tendência subjacente (ou seja, a linha representa onde a régua seria colocada). Observe que a linha não deve cruzar a leitura mais recente; isso muitas vezes

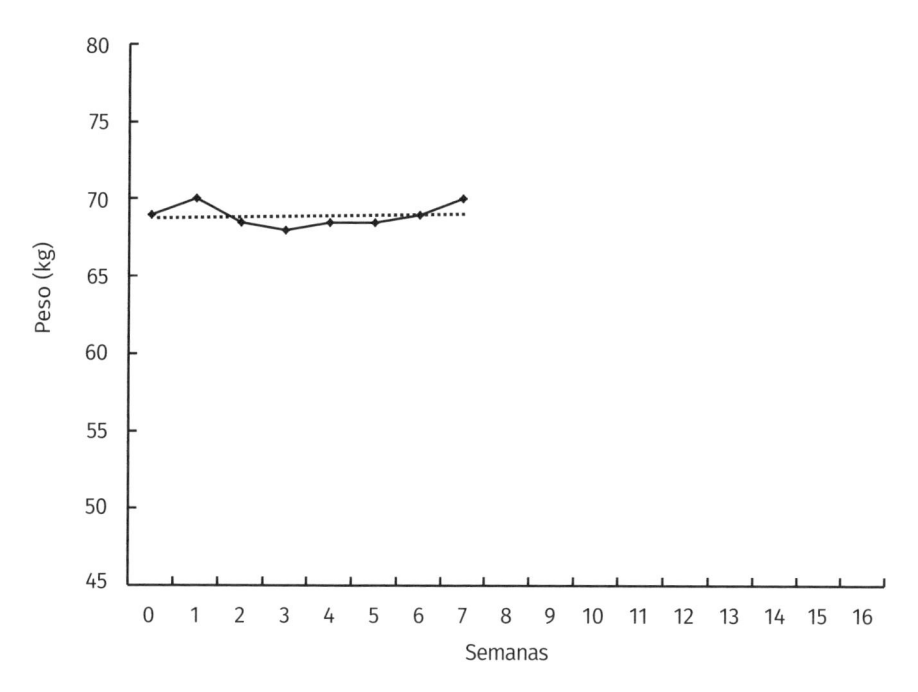

FIGURA 12.2 O gráfico de peso de alguém que está há 7 semanas no programa. A linha pontilhada destaca a tendência subjacente.

acontece. Duas dicas são importantes para esse contexto. Primeiro, girar o gráfico de peso em 90 graus e olhá-lo verticalmente pode destacar uma tendência não aparente do ponto de vista horizontal usual. Em segundo lugar, se você está se esforçando para ser objetivo, imagine que o gráfico tenha um significado menos pessoal (digamos, chuvas semanais no último mês).

Nesta fase do programa, é provável que você conclua que houve pouca ou nenhuma mudança no seu peso. No entanto, precisamos considerar duas possibilidades:

1. *Seu peso caiu consistentemente desde o início do programa, e agora você está abaixo do peso* (ver Tab.9.1, p. 127). Se esse for o caso, você deve consultar seu médico, explicar o que tem feito e receber orientações. O programa pode não ser adequado para você. É possível que você esteja comendo muito pouco durante suas refeições e seus lanches. Esse é um problema em potencial, pois limitará sua capacidade de parar de comer compulsivamente.

2. *Seu peso aumentou consistentemente enquanto você seguia o programa*. Se esse for o caso, você precisa verificar duas coisas. A primeira é se agora você está "acima do peso" medicamente falando (ver Apêndice II, p. 222). Se estiver, você deve discutir esse problema com seu médico. Se você decidir fazer isso, você deve explicar que está seguindo um programa cientificamente testado que é projetado para ajudá-lo a recuperar o controle sobre sua alimentação. Este não é um programa de perda de peso. O Apêndice III discute o que fazer se você tiver um problema de compulsão alimentar e estiver acima do peso. Como observamos anteriormente (p. 123), você estará em uma posição muito melhor para controlar seu peso assim que tiver controle sobre sua alimentação.

> *O Apêndice III discute o que fazer se você tiver um problema de compulsão alimentar e estiver acima do peso.*

A segunda questão a considerar é se você estava um pouco abaixo do peso quando iniciou o programa. Nesse caso, não é improvável que seu peso esteja aumentando para um nível mais saudável. Isso é uma coisa boa, embora você possa estar achando difícil de aceitar. O que você não deve fazer é começar a seguir uma dieta restritiva, porque isso provavelmente desfará qualquer progresso que você tenha feito até agora.

13

Etapa 4
Resolução de problemas

Etapa 1: Começando bem

Automonitoramento
Pesagem semanal

Etapa 2: Alimentação regular

Estabelecer um padrão de alimentação regular
Parar de vomitar e fazer uso indevido de laxantes e diuréticos

---

Etapa 3: Alternativas à compulsão alimentar

Substituir por atividades alternativas
Identificar mudanças no peso

Etapa 4: Resolução de problemas

Praticar a resolução de problemas

Etapa 5: Fazer um balanço

Analisar o progresso
Decidir o que mais precisa ser abordado

Módulo de dieta

Enfrentando dietas restritivas

Módulo de imagem corporal

Abordando as preocupações com a forma,
a verificação da forma, a evitação do próprio corpo
e o sentir-se gordo

Terminando bem

Manutenção do progresso
Como lidar com contratempos

A maioria das compulsões não ocorre aleatoriamente. Como descrevi no Capítulo 1, muitas delas são desencadeadas por eventos ou circunstâncias desagradáveis, incluindo problemas em relacionamentos. Portanto, é importante desenvolver suas habilidades para lidar com problemas desse tipo. Esse é o foco da Etapa 4. E mesmo que suas compulsões, em geral, não sejam desencadeadas por forças externas, a maioria das pessoas acaba descobrindo que desenvolver habilidades de resolução de problemas é algo de valor para elas.

DESENVOLVENDO HABILIDADES DE RESOLUÇÃO DE PROBLEMAS

A forma como as pessoas resolvem problemas tem sido amplamente estudada, assim como a forma de ajudar as pessoas a se tornarem melhores nisso. O que veremos a seguir são diretrizes para se tornar um bom solucionador de problemas.

Como resolver problemas

A resolução eficiente de problemas envolve seis passos. Bons solucionadores de problemas passam por esses passos sem nem perceber. Você também pode se tornar um bom solucionador de problemas seguindo o mesmo processo. De uma maneira mais informal, você já tem feito algo parecido ao abordar seus impulsos compulsivos na Etapa 3. Agora é hora de formalizar o processo.

A resolução eficaz de problemas envolve os seis passos a seguir:

Passo 1: identificar o problema o mais cedo possível.

Passo 2: especificar o problema com precisão.

Passo 3: considerar o maior número possível de soluções.

Passo 4: pensar nas implicações de cada solução.

Passo 5: escolher a melhor solução ou combinação de soluções.

Passo 6: agir de acordo com a solução pensada.

Se você está tentando melhorar ainda mais a sua capacidade de resolução de problemas, há um sétimo passo. Ele envolve olhar para trás e ver o quão bem você "resolveu o problema". Discutiremos agora cada um desses passos em detalhes.

Passo 1: identificar o problema o mais cedo possível. Identificar problemas precocemente pode impedir que eles se agravem. No exemplo que consideramos na Etapa 3 (p. 165), você poderia ter percebido o problema (não ter nada planejado para a noite) durante a tarde se estivesse pensando no futuro. O segundo melhor cenário seria detectar o problema assim que ele surgisse, digamos, ao terminar sua janta.

Os indícios de que um problema está se desenvolvendo podem estar na sua frente. Talvez você esteja se sentindo cansado ou começando a ter vontade de comer. Os impulsos compulsivos são muitas vezes um sinal claro de que há um problema em andamento, portanto, sempre que você tiver esse desejo, deve considerar se há um problema escondido por trás dele.

Às vezes, você descobrirá que há mais de um problema. Quando esse for o caso, separe os dois e resolva-os isoladamente, pois as soluções que eles pedem podem ser diferentes.

Passo 2: especificar o problema com precisão. Descobrir a verdadeira natureza do problema é essencial se você quiser encontrar a solução certa. Voltando ao mesmo exemplo, você pode ter pensado que o problema era o desejo de comer, mas, na verdade, esse impulso era sua reação ao verdadeiro problema, que era que você não tinha nada para fazer a noite toda e estava cansado. Então, se devidamente especificado, o problema seria "não tenho nada para fazer esta noite e estou cansado".

Passo 3: considerar o maior número possível de soluções. Não se censure. Seja criativo. Tente pensar em todas as soluções possíveis. Dessa forma, é mais provável que você chegue a uma boa solução. Voltando ao nosso exemplo, você pode chegar a alguma dessas soluções:

Assistir à televisão.
Ir dormir.
Mexer no Facebook.
Ligar para alguns amigos e ver se eles estão livres.
Limpar o apartamento.
Sair para dar uma corrida.

Passo 4: pensar nas implicações de cada solução. Seguindo nosso exemplo, aqui estão as prováveis ramificações de cada uma das soluções apresentadas:

Assistir à televisão. Essa não é uma ideia muito boa, pois pode não haver nada de bom passando na TV e, portanto, vou acabar ficando entediado. Isso vai aumentar ainda mais o risco de compulsão alimentar.

Ir dormir. Essa também não é uma boa ideia. Essa é a maneira como eu reajo quando estou farto, e ela não resolve nada. Na verdade, ela faz eu me sentir pior. O que tende a acontecer é que isso faz com que eu me sinta ainda mais triste comigo mesmo. Faz com que eu me sinta um fracasso e, eventualmente, eu me levanto e como compulsivamente.

Mexer no Facebook. Provavelmente é uma má ideia no momento. Não estou me sentindo bem comigo mesmo, e ver o que todos os outros estão fazendo pode fazer eu me sentir pior.

Ligar para amigos. Não é uma má ideia. Quando me sinto assim, costumo me esconder, mas, quando alguém me liga, fico animado, especialmente se marcarmos de fazer algo. Por que eu tenho que esperar que as pessoas me liguem? Eu posso muito bem ligar para elas. Se estiverem ocupadas, elas vão me dizer.

Limpar o apartamento. Ele já está limpo o suficiente! Eu preciso arranjar o que fazer! Eu não preciso ser produtivo o tempo todo.

Sair para dar uma corrida. Essa não é uma má ideia em princípio, mas, dado o meu peso atual, eu não gosto de correr. Além disso, comi demais e está chovendo. Acho que eu poderia dar uma caminhada rápida. Isso teria a mesma função, pois me ajudaria a descontrair, e eu também me sentiria bem por ter me exercitado. O que há de tão ruim em se molhar um pouquinho?

Passo 5: escolher a melhor solução ou combinação de soluções. Escolher a melhor solução muitas vezes não é difícil. Se você encontrou um bom número de soluções em potencial e pensou cuidadosamente em suas implicações, a melhor solução ou combinação de soluções geralmente fica bem clara.

Voltando ao exemplo, você decide que ligar para alguns amigos e se exercitar são as melhores opções. Observe que essas também são as atividades alternativas que você escolheu para ajudar a lidar com o desejo de comer (na Etapa 3 do programa). Quando isso acontece, é provável que elas sejam especialmente eficazes.

Passo 6: agir de acordo com a solução pensada. O passo final é colocar a solução — ou as soluções — em prática. Você não precisa se prender rigidamente à solução escolhida. Se acabar não sendo uma boa ideia, experimente uma das outras.

Etapa extra: analisar sua resolução de problemas. Para se tornar um solucionador de problemas eficiente, você precisa dar um passo final crucial. Ele envolve *revisar todo o processo de resolução de problemas, geralmente no dia seguinte, para ver se você poderia ter agido melhor.* Embora seja relevante, a questão não é se você resolveu o problema ou não, mas sim o quão bem você resolveu o problema. Talvez você tenha superado o problema, mas não o resolveu muito bem (p. ex., você pensou em apenas uma solução e simplesmente a seguiu). Embora isso possa ter funcionado em certo sentido, não foi um sucesso em termos de se tornar um bom solucionador de problemas. É importante lembrar que o objetivo é que você se torne um bom solucionador de problemas. Você está tentando desenvolver uma habilidade.

Voltando ao nosso exemplo, digamos que você tenha ligado para três amigos. Dois deles atenderam. Nenhum dos dois estava livre para se encontrar com você mais tarde, mas vocês conversaram sobre as novidades e fizeram planos para se encontrar na semana seguinte. Você então se forçou a sair para dar uma longa caminhada em ritmo rápido e ficou fora de casa por quase 40 minutos. Isso deixou você cansado (e encharcado de suor), mas você se sentiu mais saudável e feliz quando chegou em casa, sem mais nenhum impulso compulsivo. A essa altura, já eram 21h15, a hora do seu lanche noturno planejado.

No dia seguinte, você analisou seu processo de solução de problemas. Você considerou cada passo um por um e concluiu que poderia ter se saído melhor em identificar o problema mais cedo. Olhando para trás, você viu que teria sido perfeitamente possível tê-lo percebido à tarde, antes de sair do trabalho. Por outro lado, você seguiu os outros cinco passos muito bem. Certamente demonstrou que você consegue lidar com tais circunstâncias, enquanto, no passado, você teria tido uma compulsão e se sentiria ainda pior.

Desenvolvendo habilidades de resolução de problemas

Pratique a resolução de problemas sempre que conseguir. Você pode praticá-la com basicamente qualquer tipo de problema. Ela pode ser usada para resolver problemas totalmente separados do problema alimentar, como problemas no trabalho ou em seus relacionamentos. É importante notar que, ao

> A resolução de problemas pode ser usada para resolver praticamente qualquer tipo de problema, incluindo problemas no trabalho ou em seus relacionamentos.

resolver problemas, é muito melhor escrever cada etapa do que resolver os problemas em sua cabeça. A partir de agora, esteja atento a possíveis problemas e, cada vez que identificar um, trabalhe nos seis passos e revise todo o processo no dia seguinte.

Também é uma boa ideia usar seus registros de monitoramento para esse fim. Escreva "Problema" na coluna 6 e, em seguida, vire a folha e trabalhe nos seis passos para resolvê-lo. Anote também as conclusões da sua análise (a etapa extra). As Figuras 13.1 e 13.2 mostram registros de monitoramento que ilustram o exemplo que acabamos de discutir.

Resolução proativa de problemas

Um refinamento recente desse processo é chamado de "resolução proativa de problemas". Ele foi projetado para pessoas que tendem a identificar os problemas um pouco atrasadas. Geralmente, os problemas percebidos mais precocemente são mais fáceis de resolver do que os percebidos mais tarde. Portanto, se isso se aplica a você, torne-se um solucionador de problemas proativo, examinando repetidamente o resto do dia em busca de possíveis problemas. Uma maneira simples de fazer isso é examinar o restante do dia toda vez que você fizer uma entrada em seus registros de monitoramento. Dessa forma, você procura sistematicamente por possíveis dificuldades e as resolve na hora.

SESSÕES DE REVISÃO DA ETAPA 4

Em cada sessão de revisão, você deve analisar seus registros de monitoramento e a folha de resumo (preenchidos semanalmente) e fazer as quatro perguntas a seguir, além das perguntas das Etapas 1, 2 e 3.

1. Estou resolvendo problemas com uma frequência suficiente? É importante procurar oportunidades para praticar suas habilidades de resolução de problemas, independentemente de o problema levar ou não a uma compulsão. Qualquer problema, por mais trivial que seja, lhe dará a chance de desenvolver suas habilidades.

Dia da semana Segunda-feira   Data 3 de novembro

Hora	Comidas e bebidas consumidas	Local	*	VL	Contexto e comentários
	Plano Café da manhã – 8h Almoço – 12h30 Lanchinho da tarde – 15h Jantar – 18h30 Lanchinho da noite – 21h30				
8:40	Café Tigela de granola	Cozinha			
10:45	Café	Trabalho			Muito ocupada no trabalho. Coisas demais para fazer. Prazo muito apertado.
12:40	Sopa de tomate Fatia de pão Laranja grande Café	Trabalho			Almoço rápido.
15:15	2 biscoitos Oreo	Escritório	*		Estou cansada... não deveria ter repetido.
18:45	Lasanha – pedaço grande Salada e molho italiano Coca-Cola Zero	Cozinha			Sobras de ontem. Comi muito rápido e sem pensar. Estou muito estressada. Não tenho nada para fazer esta noite. Sinto um intenso desejo de comer. PROBLEMA
21:15	Salada de frutas	Cozinha			Sobrevivi sem ter uma compulsão! ⟶ Vou dormir cedo.

FIGURA 13.1 Um registro de monitoramento mostrando um "problema".

1. Feito.

2. Não tenho nada para fazer a noite toda e estou cansada e estressada depois de um dia ruim no trabalho.

3. – TV   – Ligar para amigos
   – Ir dormir   – Limpar o apartamento
   – Facebook   – Dar uma corridinha

4. TV – nada que eu queira assistir, arriscado.
   Ir dormir – péssima ideia; vou acabar me sentindo ainda pior.
   Facebook – provavelmente vai ser chato.
   Ligar para amigos – boa ideia; não faço isso há muito tempo.
   Limpar o apartamento – ele já está limpo o suficiente!
   Dar uma corridinha – comi demais; não estou com vontade, está chovendo.

5. Ligar para os amigos. Se isso não funcionar, sair para caminhar.

ANÁLISE (DIA SEGUINTE)

Poderia ter percebido o problema à tarde – teria pensado em mais opções.

Tirando isso, fui bem. Falei com a K, com quem não conversava há séculos. Foi ótimo para colocar o papo em dia. Vamos nos ver no próximo fim de semana. Me senti muito melhor depois da ligação. Não precisei sair para caminhar.

EVITEI UMA COMPULSÃO!

FIGURA 13.2 O verso do registro de monitoramento apresentado na Figura 13.1, mostrando uma tentativa bem-sucedida de resolução de problemas.

Você pode sentir que a resolução de problemas é algo "obsessivo" e que não é o seu estilo. Seja como for, vale a pena o esforço, e isso não é algo que terá que continuar para sempre. Muitas pessoas ficam surpresas com o quão útil é a técnica. Alguns continuam a usá-la muito tempo depois de o problema alimentar desaparecer. Outros a abandonam uma vez que ela deixe de ser relevante. Por enquanto, é importante praticar a resolução de problemas.

2. Quando estou resolvendo problemas, estou fazendo isso corretamente? É importante que você siga os seis passos e os anote na hora. Isso ajudará você a pensar com clareza e também ajudará no processo de análise posterior.

3. Estou analisando minhas soluções de problemas? Revisar cada tentativa de resolução é fundamental para desenvolver suas habilidades de resolução de problemas. Lembre-se de que a questão não é se o problema foi resolvido (embora esperemos que ele tenha sido), mas sim se você seguiu os seis passos da melhor maneira possível. A sua resolução de problemas poderia ter sido melhor?

Além disso, lembre-se de preencher sua folha de resumo a cada semana. Classifique como um "dia de mudança" qualquer dia em que você: monitorou sua alimentação com precisão; respeitou o dia da pesagem semanal; fez o seu melhor para manter seu padrão planejado de alimentação, quer você tenha tido alguma compulsão ou não, conforme descrito na Etapa 2; usou sua lista de atividades alternativas para lidar com qualquer desejo de comer ou vomitar, conforme descrito na Etapa 3; e praticou a resolução de problemas em todas as oportunidades disponíveis, conforme descrito nesta etapa.

Decidindo quando passar para a Etapa 5

Como antes, não é possível dizer especificamente quando seguir em frente, pois você pode ou não ter oportunidades de resolver problemas. Dito isso, se sua compulsão alimentar está se tornando menos frequente, ou se você passou de 6 a 8 semanas nas Etapas 2, 3 e 4, agora é um bom momento para passar para a Etapa 5 e fazer um balanço geral do seu progresso.

14

Etapa 5
Fazer um balanço

Etapa 1: Começando bem

Automonitoramento
Pesagem semanal

Etapa 2: Alimentação regular

Estabelecer um padrão de alimentação regular
Parar de vomitar e fazer uso indevido de laxantes e diuréticos

---

Etapa 3: Alternativas à compulsão alimentar

Substituir por atividades alternativas
Identificar mudanças no peso

Etapa 4: Resolução de problemas

Praticar a resolução de problemas

Etapa 5: Fazer um balanço

Analisar o progresso
Decidir o que mais precisa ser abordado

Módulo de dieta

Enfrentando dietas restritivas

Módulo de imagem corporal

Abordando as preocupações com a forma,
a verificação da forma, a evitação do próprio corpo
e o sentir-se gordo

Terminando bem

Manutenção do progresso
Como lidar com contratempos

Se você estiver comendo compulsivamente de forma intermitente, ou tiver passado de 6 a 8 semanas nas Etapas 2, 3 e 4, é um bom momento para fazer um balanço geral da sua situação. Por "fazer um balanço", quero dizer analisar em detalhes como você está se saindo. Para fazer isso, você precisará da sua folha de resumo.

DEVO CONTINUAR COM O PROGRAMA?

Neste ponto, se o programa realmente for ajudá-lo, você já deve estar vendo alguns sinais claros de que está se beneficiando. Introduzir um padrão de alimentação regular (Etapa 2) deve ter tido o efeito de conter muitas de suas compulsões, e se envolver em atividades alternativas deve ter ajudado você a resistir aos impulsos compulsivos (Etapa 3). Já a resolução de problemas (Etapa 4) deve estar ajudando você a lidar com dificuldades do dia a dia que tendem a desencadear suas compulsões. Mas as coisas podem não estar melhorando, ou você pode sentir que o programa não é para você. Este é um bom momento para fazer um balanço. Veja quais dos seguintes "resultados" se aplicam a você:

1. *As coisas estão indo bem.* Se a frequência de suas compulsões claramente diminuiu (e, se aplicável, também os episódios de vômito e/ou uso de laxantes ou diuréticos), você deve continuar com o programa. Esses são sinais muito promissores, e você está indo bem.

2. *Houve pouca mudança, mas você não tem seguido o programa tão bem quanto poderia.* Se você não está se beneficiando em termos de alimentação, mas sabe que não está seguindo o programa tão bem quanto poderia, você precisa questionar seu compromisso com a mudança. Releia a seção "Por que mudar?" no início da Parte II (p. 121) para relembrar por que você embarcou neste programa. Se você concluir que realmente deseja mudar, considere reiniciar o programa, talvez após uma pequena pausa. Por outro lado, se você não tem certeza de que quer mudar, se tudo parece ser muito esforço, ou se este for o momento errado, então talvez seja melhor parar. Você sempre pode tentar de novo em algum outro momento no futuro.

3. *Houve pouca mudança, apesar de seus melhores esforços.* Se você está dando o seu melhor para mudar (uma boa medida é o número de "dias de mudança" que você está tendo a cada semana), mas a frequência de suas compulsões não mudou significativamente, o programa não está funcionando. Existem várias razões para isso. O problema alimentar pode simplesmente ser muito grave para ser resolvido sozinho, ou os processos que mantêm o problema alimentar (descritos no Cap. 4) podem ser tão poderosos que quaisquer tentativas de os resolver podem simplesmente não funcionar. Se alguma dessas duas alternativas parecer ser o caso, você deve considerar seriamente obter ajuda externa. As orientações para fazer isso são fornecidas no Apêndice I.

Outra possibilidade é que um ou mais problemas associados estejam atrapalhando seu progresso. Não é incomum que pessoas com problemas alimentares tenham outras dificuldades. Elas variam, sendo as mais comuns uma depressão clínica, dificuldades com autoestima e assertividade, problemas com perfeccionismo e relacionamentos e circunstâncias de vida insatisfatórios. Se essas dificuldades não forem graves, elas não necessariamente obstruem o progresso — inclusive, superar o problema da compulsão alimentar pode ter um efeito positivo sobre elas. Superar um problema alimentar geralmente resulta em uma melhora no humor, na autoestima e nos relacionamentos, por exemplo. No entanto, se esses problemas forem grandes, eles podem ser uma barreira para a mudança. Vejamos dois exemplos. O estresse diário que surge de problemas em relacionamentos pode desencadear episódios de compulsão alimentar e, a menos que esse problema melhore, ele pode atrapalhar muito a melhora de uma compulsão alimentar. Alternativamente, você pode ser propenso ao perfeccionismo. Nesse caso, você terá padrões altos. Não é um problema ter padrões altos, mas, se eles forem tão altos que nada seja realmente bom o suficiente, isso interferirá no seu progresso ao longo do programa.

Se você tiver dificuldades desse tipo e elas estiverem atrapalhando seu progresso, elas precisam ser resolvidas. Para fazer isso, você tem duas

> *As dificuldades mais comuns são depressão clínica, baixa autoestima, problemas de assertividade e relacionamentos e circunstâncias de vida insatisfatórios.*

> *Superar um problema alimentar muitas vezes tem um efeito positivo nos problemas que o acompanham, como depressão, autoestima e dificuldades de relacionamento.*

> *Se você tiver uma dificuldade que esteja obstruindo seu progresso, essa dificuldade precisará ser resolvida.*

opções: enfrentar a dificuldade sozinho ou obter ajuda profissional. Se você escolher a primeira opção, o Apêndice IV (Lidando com "outros problemas") traz mais orientações sobre como proceder. Seja qual for a opção escolhida, você pode precisar suspender o programa por enquanto e, em vez disso, concentrar seus esforços em superar a dificuldade que o acompanha. A única exceção podem ser os problemas de relacionamento. Muitas vezes, eles podem ser resolvidos usando a abordagem de resolução de problemas que você aprendeu na Etapa 4.

> *Muitas vezes, os problemas de relacionamento podem ser resolvidos usando a abordagem de resolução de problemas.*

E AGORA?

Supondo que você continue com o programa, agora é a hora de planejar as etapas restantes. Saber quais são elas depende da natureza do seu problema de compulsão alimentar e, mais especificamente, de quais são (ou "foram", se você parou de comer compulsivamente) os processos responsáveis por sua compulsão alimentar. Para resolver isso, você precisará reler o Capítulo 4. Feito isso, faça a si mesmo as duas perguntas a seguir:

> *Para planejar o restante do programa, você precisará reler o Capítulo 4.*

1. Fazer dieta contribui para a minha tendência à compulsão alimentar? Se isso parecer provável, sua dieta precisará ser abordada, conforme descrito no módulo de dieta a seguir (p. 187).

2. As preocupações com a minha forma ou o meu peso contribuem para o meu problema de compulsão alimentar? Em caso afirmativo, essas preocupações precisarão ser abordadas. A abordagem é descrita no módulo de imagem corporal (p. 195).

O restante do programa, portanto, depende de suas respostas a essas duas perguntas, porque abordar um problema de compulsão alimentar requer não apenas abordar a compulsão alimentar diretamente, mas também reverter os processos responsáveis por ela. Você pode precisar se concentrar em sua tendência a fazer dieta ou em suas preocupações com a forma e o peso, ou pode precisar lidar com ambas. Se ambas, então a próxima pergunta é por onde começar. Aqui estão duas diretrizes:

1. Se houver apenas um processo a ser abordado — digamos, fazer dieta —, vá direto para o módulo relevante.

2. Se tanto a dieta quanto as preocupações com a forma e o peso estão contribuindo para o seu problema alimentar, comece concentrando-se no processo que parecer mais importante. Em seguida, após 3 ou 4 semanas, comece a abordar a outra questão. Em outras palavras, não embarque em ambos os módulos ao mesmo tempo. Isso seria demais para lidar.

> *Enfrentar um problema de compulsão alimentar requer não apenas abordar a compulsão alimentar diretamente, mas também reverter os processos responsáveis por ela.*

Enquanto isso, você precisará continuar praticando o que aprendeu nas Etapas 1 a 4.

15
Módulo de dieta

Etapa 1: Começando bem

Automonitoramento
Pesagem semanal

Etapa 2: Alimentação regular

Estabelecer um padrão de alimentação regular
Parar de vomitar e fazer uso indevido de laxantes e diuréticos

Etapa 3: Alternativas à compulsão alimentar

Substituir por atividades alternativas
Identificar mudanças no peso

Etapa 4: Resolução de problemas

Praticar a resolução de problemas

Etapa 5: Fazer um balanço

Analisar o progresso
Decidir o que mais precisa ser abordado

Módulo de dieta

Enfrentando dietas restritivas

Módulo de imagem corporal

Abordando as preocupações com a forma,
a verificação da forma, a evitação do próprio corpo
e o sentir-se gordo

Terminando bem

Manutenção do progresso
Como lidar com contratempos

Para poder aproveitar seu progresso e mantê-lo, agora você precisa lidar com os processos que o tornam vulnerável à compulsão. Por exemplo, se suas compulsões são desencadeadas principalmente pelo estresse, então comer em intervalos regulares, usar atividades alternativas para lidar com os impulsos compulsivos e resolver problemas de forma eficiente muitas vezes será suficiente para ajudá-lo. Por outro lado, se a dieta estiver contribuindo para a sua compulsão alimentar, então isso também precisa ser abordado.

No Capítulo 4 (p. 44), você aprendeu sobre três formas de fazer dieta: atrasar a alimentação por longos períodos, restringir a quantidade total de alimentos ingeridos e evitar comer certos tipos de alimentos. Todas elas são comuns entre aqueles que comem compulsivamente, e todas elas tendem a estimular a compulsão alimentar. Isso é particularmente verdadeiro quando a dieta é restritiva — ou seja, regida por regras altamente específicas que tendem a ser aplicadas com a mentalidade de tudo ou nada. Pessoas com dietas restritivas tendem a impor a si mesmas uma variedade de regras alimentares exigentes e respondem a qualquer transgressão dessas regras largando tudo e comendo compulsivamente. Como resultado, essas pessoas alternam entre dieta e compulsão alimentar, com uma coisa estimulando a outra.

Para determinar se você é uma pessoa que faz dietas restritivas, revise seus registros de monitoramento para conseguir respostas para esses dois grupos de perguntas:

1. *O que eu como entre as minhas compulsões?*

    Estou restringindo propositalmente o que eu como? Em caso afirmativo, estou tentando seguir algum regime (ou meta) alimentar específico?

    Estou tentando não comer por longos períodos?

    Estou tentando limitar a quantidade total que como, talvez ficando abaixo de um limite de calorias definido?

    Estou evitando tipos específicos de alimentos, como aqueles que considero engordativos ou passíveis de desencadear uma compulsão?

    E, mais importante, estou fazendo dieta com uma mentalidade de tudo ou nada, de modo que, se eu quebrar minha dieta, tenho a tendência de ceder aos meus impulsos e comer compulsivamente?

2. *Quais são os gatilhos das minhas compulsões?*

    Elas são desencadeadas pela quebra de alguma das minhas regras de dieta?

Elas ocorrem se eu comer mais do que sinto que deveria?

Elas são desencadeadas pela ingestão de um alimento "proibido"?

Se você estiver fazendo dieta, e, mais especificamente, se você estiver fazendo uma dieta restritiva, e se isso parece estar desencadeando suas compulsões, então é essencial que você lide com sua dieta. Caso contrário, você permanecerá propenso a ter compulsões. A seguir estão algumas diretrizes para lidar com dietas restritivas. Ao seguir essas diretrizes, é essencial que você continue praticando o que aprendeu nas Etapas 1 a 4.

> *É essencial que você continue praticando o que aprendeu nas Etapas 1 a 4.*

LIDANDO COM DIETAS RESTRITIVAS

Cada um dos três tipos de dieta requer sua própria abordagem.

Adiar a alimentação por longos períodos

Esse tipo de dieta foi abordado quando você estabeleceu um padrão de alimentação regular na Etapa 2. Se, no passado, você tinha o hábito de ficar longos períodos sem comer, é essencial que agora, e no longo prazo, você dê uma importância maior a comer em intervalos regulares. É interessante que você releia a Etapa 2.

Restringir a quantidade total consumida

Impor limites rígidos sobre o quanto você come, definindo um limite de calorias, por exemplo, é algo que deve ser evitado por dois motivos. Primeiro, se o limite for extremo, inevitavelmente ele incentivará a compulsão alimentar, porque criará uma pressão fisiológica para comer. Certamente, qualquer dieta que envolva comer muito menos que 1.500 calorias por dia terá esse efeito. Ela também criará uma pressão psicológica para comer, porque resultará em preocupação com comida e alimentação. Em segundo lugar, dietas rigorosas geralmente estabelecem metas dietéticas muito específicas, que desencadeiam compulsões em caso de não cumprimento. Por exemplo, comer qualquer coisa acima de 1.500 calorias representa um "fracasso" para alguém que está tentando manter uma dieta de 1.500 calorias.

Para lidar com essa forma de dieta, você deve primeiro decidir se há algum bom motivo para restringir sua ingestão de calorias. Para a maioria das pessoas com problemas de compulsão alimentar, não há necessidade de fazer dieta; inclusive não é aconselhável que elas façam isso, pois a dieta as deixa mais vulneráveis à compulsão. Supondo que não haja uma boa razão para você fazer dietas, você deve dar o seu melhor para parar de fazê-las. Você deve parar de tentar restringir a quantidade total que come e, se aplicável, parar de contar calorias. Paradoxalmente, isso pode resultar em comer menos no geral, pois você estará menos propenso à compulsão.

Se você tem medo de comer demais se parar de fazer dieta, você pode precisar de orientações sobre o que é uma quantidade "normal" a ser consumida. Conforme sugerido na Etapa 2, uma opção seria identificar pessoas da mesma idade (e sexo) que você e ver o que elas comem. Alternativamente, você pode seguir as orientações das tabelas nutricionais de alimentos e receitas. Um amigo ou parente que esteja ajudando você com o programa também pode aconselhá-lo. Por fim, lembre-se de que a Tabela 5.1 (p. 71) especifica as necessidades calóricas aproximadas de adultos com diferentes estilos de vida.

Evitar certos tipos de alimentos

É particularmente importante abordar essa forma de dieta ("evitar certos tipos de alimentos"), pois ela é especialmente propensa a estimular a compulsão alimentar (ver Cap. 4, p. 45).

Em princípio, evitar alimentos é a forma de fazer dieta mais fácil de se corrigir, já que tudo o que você precisa fazer é introduzir os alimentos evitados em sua dieta. No entanto, é mais fácil falar do que fazer. Por exemplo, você pode ter se acostumado tanto a não comer esses alimentos que não está mais ciente de que os está evitando. O primeiro passo, portanto, é identificar quais alimentos você está evitando. A melhor maneira de fazer isso pode parecer estranha, mas funciona. Vá a um supermercado local que tenha uma grande variedade de tipos e marcas de alimentos e caminhe pelos corredores anotando em um caderno todos os alimentos (as pessoas podem pensar que você é um funcionário!) que você se sente relutante em comer, seja por causa do efeito que eles podem ter em seu peso ou sua forma, ou porque você acha que comê-los pode desencadear uma compulsão. A Figura 15.1 traz o exemplo de uma lista típica. Em seguida, em casa, organize essa lista (muitas vezes ela vai ter 40 ou mais itens) em três ou quatro grupos, de acordo com o grau de dificuldade que você teria para comer esses alimentos.

Leite integral	Panquecas	Outras massas
Manteiga	Sorvete	*Pizza*
Queijo	*Milkshakes*	Frango frito
Pão	Barras de chocolate	Batata frita
Bagels	Refrigerante	Frango à parmegiana
Muffins	Batatinhas *chips*	Costelas
Cereais	Tortilhas	Rocambole
Cookies	Molho de salada	Cachorro-quente
Bolo	Maionese	Hambúrguer
Donuts	Salada de macarrão	Comida chinesa
Pasta de amendoim	Espaguete/macarrão instantâneo	

FIGURA 15.1 Uma lista de alimentos evitados por uma pessoa com bulimia nervosa.

O próximo passo é introduzir esses alimentos em sua dieta. Faça isso incluindo-os em suas refeições e seus lanches planejados, mas apenas nos dias em que você se sentir no controle de sua alimentação — caso contrário, eles podem desencadear uma compulsão. Comece introduzindo alimentos dos grupos mais fáceis e concentre-se neles por algumas semanas. Em seguida, passe para o próximo grupo, e assim por diante. Dentro de 6 a 8 semanas, você deve ter incorporado a maioria, se não todos, os alimentos em sua dieta. (Se sua lista for particularmente longa, isso pode parecer difícil. Na prática, a introdução de alimentos semelhantes geralmente pode ser feita ao mesmo tempo.) Não importa a quantidade de comida que você come; você pode até comer pouco. Geralmente, é o pensamento de ter comido a comida que desencadeia a compulsão, e não a quantidade ingerida.

Algumas pessoas acabam achando fácil introduzir esses alimentos, mas outras não. De qualquer forma, uma prática sustentada é importante. Você deve continuar introduzindo esses alimentos até deixar de achar difícil introduzi-los. O momento de parar é quando o ato de comer esses alimentos não o perturbar mais. Lembre-se de que, se você não está evitando nenhum alimento, é muito menos provável que você tenha uma compulsão. Ao introduzir esses alimentos evitados, você está se inoculando contra a compulsão alimentar.

Seguir esse conselho pode exigir que você coma alimentos que considera engordativos ou não saudáveis. No entanto, é importante persistir. Nenhum alimento é inerentemente engordativo; tudo depende da quantidade que

> A introdução de alimentos evitados aumentará seu controle sobre sua alimentação, porque você estará menos propenso a ter episódios compulsivos.

você come. A introdução desses alimentos aumentará seu controle sobre a sua alimentação, porque você estará menos propenso a ter episódios compulsivos. Quanto a eles serem alimentos não saudáveis, é melhor comê-los com moderação do que comê-los compulsivamente.

Outro ponto que vale a pena enfatizar é que você não precisará comer esses alimentos para sempre. Em vez disso, assim que comer essas comidas não o deixar mais ansioso, é razoável reduzir um pouco aqueles alimentos geralmente considerados não saudáveis, como os ricos em gorduras saturadas ou trans (ver Cap. 5, p. 70), embora seja melhor não os excluir completamente. Às vezes, você deve se permitir comer qualquer coisa; nada deve ser rigidamente proibido.

Por fim, é importante lembrar que algumas pessoas justificam fazer dieta alegando que são vegetarianas ou que têm alguma alergia alimentar. Seja qual for a justificativa, qualquer restrição alimentar que seja, pelo menos em parte, projetada para reduzir o peso ou mudar de forma é um modo de dieta que precisa ser combatido se você estiver propenso à compulsão.

Abordando dietas restritivas: o que fazer

Siga as diretrizes para lidar com as três formas de dieta e avalie seu progresso em cada uma de suas sessões de revisão. Lembre-se de considerar cada uma das formas de dieta.

SESSÕES DE REVISÃO DO MÓDULO DE DIETA

Em cada sessão de revisão semanal, você deve analisar seus registros de monitoramento e sua folha de resumo e fazer a si mesmo as duas perguntas a seguir, além daquelas relacionadas às Etapas 1 a 4 e, se aplicável, ao módulo de imagem corporal.

1. *Estou considerando as três formas de dieta?*

   Tentar não comer por longos períodos.

   Tentar restringir a quantidade total do que como.

   Tentar evitar certos tipos de alimentos.

2. *Estou lidando com a questão de comer na frente dos outros? Se não estou, devo fazê-lo?*

Se a sua resposta for "Não" a qualquer uma dessas perguntas, você deve considerar reler este módulo. Além disso, lembre-se de preencher sua folha de resumo toda semana. *Classifique como um "dia de mudança" os dias em que...*

Você se automonitorou com precisão.

Você se pesou no dia planejado para a sua pesagem semanal.

Você fez o seu melhor para manter seu padrão alimentar planejado (Etapa 2).

Você usou sua lista de atividades alternativas para lidar com qualquer desejo de comer ou vomitar (Etapa 3).

Você praticou a resolução de problemas em todas as oportunidades disponíveis (Etapa 4).

Você confrontou o hábito de fazer dietas restritivas.

QUANDO SEGUIR EM FRENTE

Leva algum tempo para sair de uma dieta restritiva — pelo menos um ou dois meses. É muito importante perseverar; caso contrário, você poderá permanecer vulnerável a compulsões. Enquanto isso, você também pode lidar com sua imagem corporal, o outro módulo nesta fase do programa.

> *É muito importante perseverar; caso contrário, você permanecerá vulnerável a compulsões.*

Um último ponto: não se esqueça de completar o módulo final, "Terminando bem". Isso ajudará a garantir que as mudanças que você fez persistam a longo prazo.

16
Módulo de imagem corporal

Etapa 1: Começando bem

Automonitoramento
Pesagem semanal

Etapa 2: Alimentação regular

Estabelecer um padrão de alimentação regular
Parar de vomitar e fazer uso indevido de laxantes e diuréticos

Etapa 3: Alternativas à compulsão alimentar

Substituir por atividades alternativas
Identificar mudanças no peso

Etapa 4: Resolução de problemas

Praticar a resolução de problemas

Etapa 5: Fazer um balanço

Analisar o progresso
Decidir o que mais precisa ser abordado

Módulo de dieta

Enfrentando dietas restritivas

Módulo de imagem corporal

Abordando as preocupações com a forma, a verificação da forma, a evitação do próprio corpo e o sentir-se gordo

Terminando bem

Manutenção do progresso
Como lidar com contratempos

A maioria das pessoas que comem compulsivamente está extremamente preocupada com a forma e o peso. Essas preocupações podem ser tão intensas, inclusive, que dominam a vida dessas pessoas; nada importa tanto quanto a forma e o peso. Como expliquei no Capítulo 4 (p. 57), essa "preocupação excessiva" tem um papel importante na manutenção do problema de compulsão alimentar de muitas pessoas. Quando esse é o caso, essa preocupação deve ser abordada. O ponto de partida, portanto, é considerar se você está preocupado com sua forma ou seu peso e até que ponto.

IDENTIFICANDO PREOCUPAÇÕES EXCESSIVAS COM FORMA E PESO

O que seria uma *preocupação excessiva*? Reafirmando o que foi dito no Capítulo 4, é quando tudo se concentra em como você se avalia. Enquanto a maioria das pessoas em geral se avalia com base no desempenho delas em uma variedade de áreas de sua vida (como a qualidade de relacionamentos, o desempenho no trabalho, as realizações atléticas, etc.), a maioria das pessoas com um problema alimentar julga o valor próprio, em grande parte, ou mesmo exclusivamente, com base na forma e no peso e na capacidade de controlá-los. Uma boa maneira de ilustrar isso é desenhar um gráfico de *pizza* em que cada fatia representa uma área da vida que valorizamos, sendo o tamanho delas proporcional ao significado de outros aspectos de nossa vida. As Figuras 16.1 e 16.2 mostram dois desses gráficos de *pizza*, um de uma jovem sem problemas alimentares e outro de alguém com excesso de preocupação com a forma e o peso.

Para avaliar seu grau de preocupação com a forma e o peso, tente criar seu próprio gráfico de *pizza*. Isso envolve os cinco passos a seguir:

1. *Liste as coisas que são importantes para você ao avaliar ou julgar a si mesmo como pessoa.* Essas são as coisas em que você tenta ser bom. Por exemplo, elas podem incluir a qualidade de seus relacionamentos e suas amizades, o seu desempenho no trabalho, o seu nível de condicionamento físico e o seu desempenho em outras áreas da vida que você valoriza. Se você pensar cuidadosamente sobre esse assunto, sua lista também pode precisar incluir sua forma e seu peso, supondo que eles sejam importantes para a maneira como você se avalia como pessoa. Pense bem na sua lista e seja honesto consigo mesmo. Não coloque as coisas na lista só porque você acha que elas deveriam estar lá.

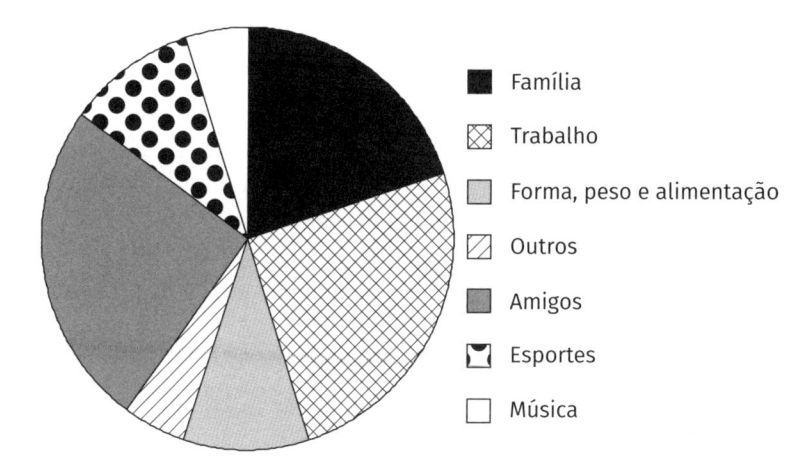

FIGURA 16.1 O gráfico de *pizza* de uma jovem sem problemas alimentares.

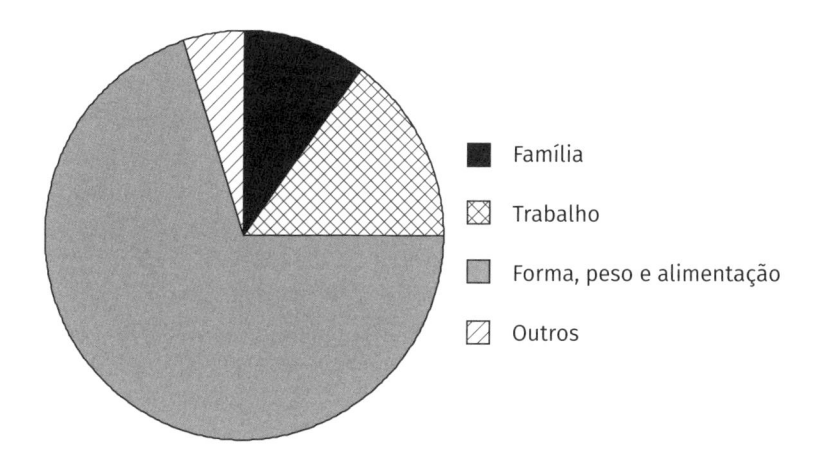

- Família
- Trabalho
- Forma, peso e alimentação
- Outros
- Amigos
- Esportes
- Música

FIGURA 16.2 O gráfico de *pizza* de uma jovem com um problema alimentar.

- Família
- Trabalho
- Forma, peso e alimentação
- Outros

2. Classifique os itens em sua lista em termos da importância relativa deles.
Você pode achar essa tarefa difícil, mas descobrirá que há uma hierarquia em sua lista. É apenas uma questão de encontrá-la. Uma boa indicação da importância de um determinado item é quanto tempo e energia você investe nele, bem como o quanto você seria afetado se esse aspecto de sua vida não estivesse indo bem. Por exemplo, você ficaria angustiado se lhe dissessem que seu trabalho não estava de acordo com um certo padrão? Isso o incomodaria mais ou menos do que ter uma discussão com seu melhor amigo, ser

cortado do time no esporte que você pratica ou descobrir que uma peça de roupa está muito apertada?

3. *Desenhe seu gráfico de* pizza. Cada item da sua lista deve ser alocado para uma fatia, e o tamanho das fatias deve ser proporcional à importância de cada item na forma como você se avalia. Certifique-se de que seu gráfico de *pizza* reflita como você realmente é, em vez de como você acha que deveria ser.

4. *Revise seu gráfico de* pizza *em várias ocasiões durante a próxima semana.* Ele está correto? Ele representa como você realmente se avalia? Se a resposta for não, faça os ajustes adequados.

5. *Examine seu gráfico de* pizza *e pense sobre as implicações dele.* Alguma das fatias representa sua forma ou seu peso? Em caso afirmativo, qual é o tamanho dessa fatia? Ela é grande? Se ela ocupar um terço ou mais do seu gráfico de *pizza*, é bem provável que você esteja preocupado demais com sua forma ou seu peso.

A preocupação excessiva com a forma e o peso é um problema por três razões principais. A primeira é que é "arriscado" ser amplamente dependente de uma área da vida para se sentir bem consigo mesmo. Você tem muitos ovos em uma só cesta. Com isso, quero dizer que, se essa área da vida não estiver indo bem, você inevitavelmente se sentirá mal consigo mesmo. A segunda razão pela qual o excesso de preocupação com a forma e o peso é um problema é que sempre haverá pessoas que parecem mais magras ou mais atraentes do que você. Portanto, se você julgar sua autoestima dessa forma, sempre sentirá que está falhando. Por essas duas razões, e o fato de que essa preocupação excessiva desempenha um papel importante na manutenção do seu problema alimentar, essa questão precisa ser abordada. Como fazer isso é o tópico deste módulo. Dito isso, mesmo que você não esteja preocupado demais com a sua forma e o seu peso, você pode acabar achando aspectos deste módulo interessantes e valiosos.

> *Mesmo que você não esteja preocupado demais com sua forma ou seu peso, você pode acabar achando aspectos deste módulo interessantes e valiosos.*

ABORDANDO PREOCUPAÇÕES EXCESSIVAS COM FORMA E PESO

Em princípio, existem duas maneiras de reduzir a preocupação excessiva com a forma e o peso. É melhor fazer as duas coisas porque elas se complementam. As duas estratégias envolvem:

1. **Aumentar a importância de outras áreas da sua vida.**
2. **Diminuir a importância da forma e do peso.**

Ao fazer isso, é absolutamente essencial que você continue praticando o que aprendeu nas Etapas 1 a 4 do programa.

> *É essencial que você continue praticando o que aprendeu nas Etapas 1 a 4.*

Aumentando a importância de outras áreas da sua vida

Olhe novamente para o seu gráfico de *pizza*. Se você estiver preocupado demais com sua forma e seu peso, isso se destacará, pois haverá uma fatia dominante representando essa preocupação excessiva. Existem outros problemas óbvios com o seu gráfico de *pizza*? É provável que ele tenha dois. Primeiro, como resultado de uma fatia ser dominante, é provável que haja pouco espaço para outras coisas. Para ficar mais claro, se o seu gráfico de *pizza* for preciso, é provável que você não valorize muito mais do que sua forma e seu peso. O segundo problema é que pode haver poucas outras fatias (de qualquer tamanho), indicando que não há muitas outras coisas em sua vida que você valorize.

> *Você está sendo o "verdadeiro você"? Você precisa ter mais coisas em sua vida?*

Isso está certo?

Você está feliz assim?

Este é o "verdadeiro você"?

Vale a pena abordar ambos os problemas. Pode ser útil adicionar mais aspectos à sua vida (ou seja, mais fatias), especialmente se essas novas áreas se tornarem importantes para você como uma fonte de autoestima (ou seja, se as novas fatias se tornarem grandes).

Se você concluir que precisa adicionar mais coisas em sua vida, siga os três passos a seguir:

1. *Identificar possíveis novas atividades.* Faça uma lista de atividades ou interesses de que você costumava gostar, coisas que você acha que gostaria de experimentar e coisas que pretende fazer. Se você está tendo dificuldades para ter ideias, pode ser útil pensar no que seus amigos, familiares ou colegas fazem no tempo livre. Alguma dessas atividades é algo que você gostaria de fazer? Se sim, anote. Nesta fase, é melhor não descartar nada. Os exemplos podem incluir participar de uma aula de cerâmica, um clube de caminhada ou um grupo de leitura, ou ir a um clube de cinema ou uma aula de dança.

2. *Em seguida, identifique uma atividade (ou duas, se possível) que você estaria disposto a experimentar na próxima semana.* Não importa qual seja a atividade, desde que não seja um evento único. O ideal é que ocorra toda semana. Também é uma boa ideia dar prioridade a atividades que envolvam conhecer novas pessoas.

3. *Comprometa-se a se envolver nessas atividades regularmente.* Não deixe obstáculos entrarem no seu caminho; resolva-os, se necessário. Como regra geral, só abandone uma atividade depois de experimentá-la em três ocasiões distintas. Se você ainda não gostar dela, escolha outra coisa da sua lista.

Se você seguir essas diretrizes, sua vida deve gradualmente se tornar mais ampla e rica — claro que não da noite para o dia, mas em questão de meses. O "verdadeiro você" vai aparecer. E isso ficará evidente no seu gráfico de *pizza*. O número de fatias aumentará, e elas ocuparão mais espaço. Mas, para que isso aconteça, a fatia que ocupa espaço demais, aquela que representa sua forma e seu peso, precisará encolher. Em outras palavras, você precisará diminuir a importância que dá à forma e ao peso.

Diminuindo a importância da forma e do peso

A melhor maneira de diminuir a importância da forma e do peso é lidar com suas "expressões". Como discutimos no Capítulo 4 (p. 59), essas expressões são os comportamentos e as experiências que resultam da preocupação excessiva e a mantêm (conforme ilustrado na Fig. 16.3). As principais são a verificação do corpo, a evitação do próprio corpo e o sentir-se gordo. Se essas

```
        ┌──────────────────────────┐
    ┌──▶│  Supervalorização da     │
    │   │  forma e do peso         │
    │   └──────────────────────────┘
    │                │
    │                ▼
    │   ┌──────────────────────────┐
    │   │  Verificar a forma       │
    └───│  Evitar o próprio        │
        │  corpo                   │
        │  Sentir-se gordo         │
        └──────────────────────────┘
```

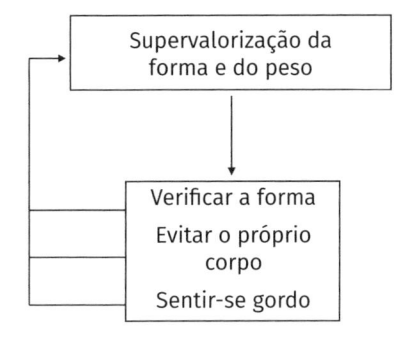

FIGURA 16.3 Os círculos viciosos que mantêm a preocupação excessiva com a forma e o peso.

questões forem resolvidas, sua preocupação excessiva diminuirá e gradualmente desaparecerá.

Para iniciar esse processo, primeiro você precisa avaliar quais desses comportamentos e experiências são relevantes para você. Você pode pensar que isso deve ser óbvio, mas na prática muitas vezes não é. Muitas pessoas desconhecem a extensão em que elas verificam a própria forma ou a frequência com que "se sentem gordas". Portanto, será necessário registrar mais algumas coisas. Mas, antes, é uma boa ideia ler o restante deste módulo para ter uma ideia dos tipos de comportamentos e sentimentos que você deve procurar.

> *A melhor maneira de diminuir a importância da forma e do peso é abordar suas três "expressões": verificar a forma, evitar o próprio corpo e sentir-se gordo.*

Depois de ler este módulo, escolha dois dias, um dia de trabalho e um dia de folga, e planeje fazer um registro de maneira especialmente detalhada. O objetivo inicial será identificar cada vez que você fizer ou experimentar o seguinte:

Verificar seu corpo ou aspectos dele.

Sentir-se particularmente consciente do seu corpo.

Analisar o corpo de outra pessoa.

Comparar o seu corpo com o dos outros.

Evitar o seu corpo.

"Sentir-se gordo."

Para fazer isso, você precisará de uma folha de registro adicional para esse propósito específico (ver Fig. 16.4). As instruções para o preenchimento do registro de imagem corporal são fornecidas no Quadro 16.1. Dê o seu melhor para fazer esse registro em tempo real e não se surpreenda ou fique chateado se tiver muito o que escrever. Apenas tente capturar tudo, por mais tentador que seja deixar coisas de fora. A Figura 16.5 mostra um exemplo de um registro de imagem corporal completo.

Assim que os dois dias terminarem, você deve analisar seus registros. Se eles mostrarem que você verifica o seu corpo, compara o seu corpo, evita o seu corpo ou "se sente gordo", e que isso é frequente, é provável que você esteja alimentando suas preocupações sobre forma e peso e que, portanto, valha a pena tratar dessa questão. Se mais de uma dessas coisas estiverem ocorrendo, como é frequentemente o caso, comece abordando uma e, depois de algumas semanas, comece a lidar com outra. Enfrentar as expressões de sua preocupação excessiva fará com que você se sinta muito melhor consigo mesmo e certamente reduzirá a extensão dela.

ABORDANDO A VERIFICAÇÃO DA FORMA

Como discutimos no Capítulo 4, existem muitas maneiras de verificar a forma. As mais comuns incluem analisar profundamente partes específicas do seu corpo no espelho, beliscar ou tocar seu corpo, avaliar o quanto certas roupas ou acessórios (como relógios ou anéis) estão apertados e observar o quanto suas coxas se "espalham" quando você se senta. Se você for do sexo masculino, pode estar mais preocupado com sua constituição física e sua musculosidade (ou a falta dela); portanto, sua verificação pode se concentrar nesse aspecto do seu corpo.

> *O escrutínio amplia os problemas, e espelhos são complexos.*

A verificação da forma é prejudicial tanto quando é extrema (p. ex., quando envolve escrutínio) como quando é frequente, pois ambas tendem a aumentar as preocupações com a forma e a aparência. Lembre-se do efeito de ampliação do escrutínio que discutimos no Capítulo 4 (ver p. 62) e das complexidades envolvidas na interpretação do que você vê no espelho (ver p. 61). Além disso, lembre-se de que, se você procurar por gordura, vai encontrá-la.

> *Se você procurar por gordura, vai encontrá-la.*

Hora	Verificação, etc.	Lugar	Contexto, pensamentos e sentimentos

FIGURA 16.4 Um registro de imagem corporal em branco. (Uma versão editável dele pode ser baixada na página do livro em *loja.grupoa.com.br*.)

> **QUADRO 16.1 Instruções para o preenchimento dos registros de imagem corporal**
>
> **Coluna 1:** registre a hora do dia.
>
> **Coluna 2:** registre cada vez que você verificar ou evitar seu corpo, tornar-se particularmente consciente do seu corpo, comparar seu corpo com o de outras pessoas, analisar o corpo de outra pessoa ou "sentir-se gordo". Nesses momentos, anote exatamente o que você fez e, entre parênteses, o número de minutos que o sentimento ou comportamento durou.
>
> **Coluna 3:** registre o lugar onde você estava.
>
> **Coluna 4:** registre o contexto, os pensamentos e os sentimentos que acompanharam o comportamento ou a experiência.

Há também a questão da verificação de peso — ou seja, pesar-se. Acontece que você já abordou esse hábito e sua contrapartida, evitar o peso, com a introdução da pesagem semanal no início do programa (p. 134). Se você era alguém que frequentemente se pesava ou evitava conhecer seu peso, agora você deve estar desfrutando os benefícios da pesagem semanal. A verificação de forma é abordada da mesma maneira.

Então, tendo identificado suas várias formas de verificação do seu corpo e a frequência com que você as aplica, anote-as e coloque-as em um de dois grupos: comportamentos que seria melhor interromper completamente e comportamentos que precisam ser modificados. Comportamentos que seria melhor parar completamente incluem qualquer coisa que seja particularmente incomum — por exemplo, medir ou fotografar repetidamente seu corpo ou ficar analisando aspectos de si mesmo. Considere incluir qualquer forma de comportamento que o envergonharia se outras pessoas descobrissem. É melhor parar com esses comportamentos. Certamente isso será difícil de fazer e aumentará temporariamente sua preocupação com sua forma, mas em pouco tempo ficará mais fácil, e cessar esses comportamentos tem muitos benefícios: o seu grau de preocupação com sua forma vai diminuir, um comportamento que é secreto e talvez angustiante deixará de existir, e sua autoestima vai melhorar.

Hora	Verificação, etc.	Lugar	Contexto, pensamentos e sentimentos
6:30	Fiquei olhando meu reflexo no espelho (2 minutos).	Cozinha	Meu rosto parece muito gordo.
7:00	Fiquei me olhando no espelho enquanto me vestia, girando várias vezes (5 minutos). Belisquei minhas gordurinhas (2 minutos).	Quarto	Eca, minha barriga é tão nojenta!
8:30	Verifiquei se minha bunda parece grande nesta saia (5 minutos).	Banheiro do trabalho	Como posso estar tão gorda? Eu só tomei café da manhã!
10:00	Olhei para a minha barriga enquanto lanchava (2 minutos).	Escrivaninha	Não consigo acreditar que minha barriga é tão grande. Estou ficando com nojo de olhar para ela. Por que não posso simplesmente ser magra?
13:15	Assisti a pessoas magras correndo no parque (15 minutos).	Parque	Eu DEVERIA estar correndo como essas pessoas!
19:30	Li sobre a dieta mais recente das celebridades (15 minutos).	Sala de estar	Tenho tanta inveja dessas mulheres; se ao menos eu tivesse um *personal trainer* e mais força de vontade!
21:00	Observei como minhas coxas se espalham quando eu me sento (3 minutos).	Sala de estar	Estou tão cansada disso! Eu me odeio.

FIGURA 16.5 Um registro de imagem corporal completo.

Uso do espelho

Formas mais comuns de verificação de forma exigem uma estratégia diferente, sendo o uso do espelho o melhor exemplo. Não seria apropriado ou realista nunca se olhar no espelho, pois evitar é tão problemático quanto verificar repetidamente. Em vez disso, o comportamento precisa ser modificado.

Como sempre, o primeiro passo é descobrir o que você está fazendo atualmente. A seguir estão algumas perguntas relevantes para se fazer:

Com que frequência me olho no espelho?

Quanto tempo eu levo?

O que exatamente eu faço quando me olho no espelho?

O que estou tentando descobrir? (Esta é uma pergunta interessante que merece alguma reflexão.)

Vou conseguir descobrir dessa maneira?

Em casa, quantos espelhos diferentes eu uso?

Essas são perguntas que você pode nunca ter considerado antes. Pense com atenção sobre elas. Se você é alguém que se olha muito no espelho, por que você faz isso? O que você espera encontrar? A menos que você tenha uma memória fotográfica, você não conseguirá detectar mudanças no seu corpo dessa maneira. É melhor confiar no seu gráfico de peso para esse fim.

Agora, pense nas perguntas adicionais a seguir; cada uma delas é acompanhada pelos tipos de resposta que geralmente dou aos meus pacientes.

Quais são boas razões para se olhar no espelho?
  Para verificar o seu cabelo e a sua roupa.
  As mulheres precisam de um espelho para aplicar e remover a maquiagem; os homens precisam de um espelho para se barbear.

Existem outras boas razões para se olhar no espelho?
  Não. Para pessoas com problemas alimentares, não há motivos para se olhar no espelho além dos dados acima.
  Espelhos são "arriscados" para pessoas com problemas alimentares. É melhor usá-los de forma prudente.

Quantos espelhos devo ter em casa?
Um para o rosto e outro de corpo inteiro.
É melhor se livrar dos outros, a menos que eles sejam puramente decorativos. É difícil evitar o uso excessivo de espelhos se houver um grande número deles em casa. Espelhos de corpo inteiro no quarto são particularmente problemáticos.

Como posso evitar a "ampliação" que ocorre quando fico me analisando no espelho?
Ao se olhar no espelho, certifique-se de não se concentrar em partes específicas do seu corpo e, especialmente, em partes que você não gosta. Olhe para todo o seu corpo, incluindo áreas mais neutras (p. ex., mãos, pés, joelhos, cabelo). Além disso, olhe para o ambiente de fundo, pois isso ajuda a dar uma sensação de escala.

E há problema em me olhar pelado no espelho?
Não é uma boa ideia, a menos que seja para se admirar!
É improvável que pessoas com problemas de compulsão alimentar estejam se admirando. Em vez disso, elas tendem a se concentrar em partes que não gostam e escrutinizá-las.
Também não é uma boa ideia se vestir ou se despir na frente de um espelho.

Preciso de um espelho para me ajudar a escolher quais roupas vestir, especialmente se eu for sair.
Talvez, mas algumas pessoas gastam uma quantidade excessiva de tempo fazendo isso, experimentando três ou mais roupas. Isso normalmente é acompanhado de um aumento progressivo na insatisfação com a própria aparência e de uma diminuição na autoconfiança. Se isso se aplica a você, tente escolher sua roupa antes de vesti-la (p. ex., colocando-a em cima da cama).

Seu objetivo deve ser tomar consciência do uso do espelho em tempo real e questionar-se seriamente antes de usá-lo. Faça o mesmo com relação a outras formas de verificação de forma, tendo em mente as informações cruciais dadas no Capítulo 4 (p. 61-64). No que diz respeito aos espelhos, use-os criteriosamente e tente se tornar melhor em interpretar o que você vê.

> Use espelhos criteriosamente e tente se tornar melhor em interpretar o que você vê.

LIDANDO COM COMPARAÇÕES COM OS OUTROS

A comparação é um modo particular de verificação de forma que envolve comparar repetidamente seu corpo ou sua aparência com a de outras pessoas. Isso inclui se comparar com imagens em jornais e revistas ou com imagens na internet. Como discutimos no Capítulo 4 (p. 62), o que é impressionante sobre a comparação é que muitas vezes ela resulta na conclusão de que a pessoa não é atraente em relação a outras. Essa conclusão é o resultado do viés inerente à maneira como a comparação ocorre.

Se você é propenso a repetidamente fazer comparações e isso faz você se sentir mal consigo mesmo, esse é um hábito que vale a pena abordar. Para fazer isso, você deve seguir os seguintes passos.

Analise seus registros e considere o quão justas são as comparações que você faz e como elas fazem você se sentir. Elas levam você a concluir que seu corpo não é atraente em relação ao de outras pessoas? Em caso afirmativo, há motivos para questionar essa conclusão? O escrutínio pode ter levado você a acreditar que seu corpo parece "pior" do que realmente é, enquanto você pode ser acrítico ao avaliar outras pessoas (p. ex., ao passar por elas na rua). Lembre-se de que é difícil obter a mesma visão do corpo de outra pessoa que você tem do seu próprio. Você já olhou para baixo para ver o quanto sua barriga está inchada? Você já teve essa mesma visão do corpo de outra pessoa? Você já analisou detalhadamente alguma parte do seu corpo? Você já olhou para alguém exatamente da mesma maneira? Examinar seu corpo é muito diferente de olhar para o de outra pessoa. Consegue ver que tem um viés aqui? Você estuda seu corpo em detalhes e de uma perspectiva particular (procurando falhas), enquanto olha para o corpo de outras pessoas de maneira diferente e menos crítica.

Há também uma fonte adicional de viés. Muitas pessoas com problemas de compulsão alimentar se comparam a um grupo seleto, aqueles que são excepcionalmente atraentes ou magros.

Comece a identificar quando e como você faz comparações. Registre suas comparações em seus registros de monitoramento habituais, juntamente com o contexto em que elas ocorrem. Em seguida, analise cada instância com as duas perguntas a seguir em mente:

Com quem eu me comparei e como eu escolhi essa pessoa?

Como avaliei a pessoa e em que aspecto me concentrei?

Explore a possibilidade de você fazer uma escolha tendenciosa de um grupo para se comparar. Com isso em mente, você pode realizar um experimento interessante. Caminhe por uma rua movimentada e compare-se com cada terceira pessoa que passar por você (do seu sexo e idade aproximada). É provável que você descubra que há muito mais variações na forma do corpo e na atratividade do que você notou anteriormente. Isso ocorre porque você tem se comparado seletivamente com pessoas excepcionalmente magras ou atraentes.

Considere se a maneira como você avalia outras pessoas difere da maneira como você se avalia. Você submete outras pessoas ao mesmo nível de escrutínio? Novamente, um experimento pode ser revelador ao pensar sobre isso. Vá a um vestiário público em uma piscina ou academia onde as pessoas estão nuas ou com poucas roupas. Em seguida, selecione alguém (do seu sexo e idade aproximada) que você considere razoavelmente atraente. Então, examine discretamente o corpo dessa pessoa, concentrando-se *exclusivamente* nas áreas em que você tende a focar. Faça isso o máximo que puder — mas lembre-se de ser discreto! É provável que você note que, sob o seu escrutínio, o corpo da pessoa não é tão impecável quanto você pensava inicialmente. Essa pessoa também pode ter uma barriga saliente ou estrias.

A partir de agora, questione as conclusões que você tira de cada episódio de comparação. Pergunte a si mesmo se a comparação foi realmente precisa e justa.

Se sua tendência é se comparar com imagens na mídia, tente resistir a isso por enquanto. Nesse período, aprenda sobre a distorção rotineira de fotografias em jornais, revistas e *sites*. Navegue na internet e explore o tópico "retoque". Além disso, procure por "Retratos da real beleza" da Dove e outros vídeos que ilustrem o uso do Photoshop. Todos nós precisamos aprender a ver as fotos que vemos na mídia com uma certa desconfiança. Muitas delas foram manipuladas.

ABORDANDO A EVITAÇÃO DO PRÓPRIO CORPO

Como discutimos no Capítulo 4 (p. 63), evitar o próprio corpo se refere ao comportamento em que a pessoa evita observar e estar ciente do próprio corpo. Muitas vezes, ele também inclui evitar que outras pessoas vejam o corpo. Esse comportamento vem de uma forte aversão à aparência do próprio corpo ou a como a pessoa sente que ele é. O principal problema com evitar o próprio corpo é que isso resulta em suposições incontestadas sobre ele. Como consequência, é um comportamento autoperpetuante. Quando extremo, ele pode ser profundamente prejudicial — por exemplo, leva algumas pessoas a serem incapazes de socializar normalmente ou de terem relacionamentos íntimos.

Parar de evitar o próprio corpo é libertador.

A melhor abordagem para lidar com esse comportamento é a "exposição" progressiva. Isso envolve se acostumar com olhar e sentir o seu corpo. Para isso, é melhor seguir alguns passos. Você deve seguir as diretrizes abaixo, percorrendo os vários passos o mais rápido possível. Parar de evitar o próprio corpo é libertador. É muito melhor conhecer seu próprio corpo do que evitá-lo.

> *Se você se veste e tira as roupas no escuro.* Comece colocando velas no quarto e aumente a luminosidade progressivamente, até estar se vestindo com as luzes acesas.
>
> *Se você evita tocar seu corpo.* Comece se lavando de forma consciente. Você pode começar se lavando com uma esponja, concentrando-se em partes neutras do corpo, como os pés ou as mãos. Você deve progredir até conseguir lavar todo o seu corpo usando as mãos.
>
> *Se você evita tomar consciência do seu corpo.* Faça coisas que aumentem sua consciência corporal ou envolvam algum grau de exposição corporal. Por exemplo: você pode aplicar algum creme para o corpo diariamente; você pode fazer massagens regularmente; você pode nadar ou participar de uma aula de dança. Tente evitar usar roupas largas e sem forma.

LIDANDO COM O SENTIR-SE GORDO

Como discutimos no Capítulo 4 (p. 64), "sentir-se gordo" é algo relevante. Não só é angustiante, como também é comum que as pessoas igualem se sentirem gordas com serem gordas, o que faz com que as preocupações delas com a forma e o peso sejam ainda mais reforçadas. E o que é especialmente notável sobre isso é que a experiência flutua muito, tanto de um dia para outro quanto dentro de um mesmo dia. Isso é bem diferente da preocupação excessiva com a forma e com o peso, que tende a ser relativamente estável (como ilustrado na Fig. 16.6).

Se você "se sente gordo" às vezes e isso é uma fonte de angústia ou leva você a fazer dieta, então isso é algo que precisa ser combatido. Para fazer isso, você precisa aprender mais sobre esse sentimento. Você precisa descobrir o que o desencadeia e o que mais você sente ao mesmo tempo. Isso ocorre porque se sentir gordo parece ser o resultado da rotulação incorreta de emoções desagradáveis e experiências corporais. Para ajudá-lo a descobrir o que está por trás desse sentimento, siga estes quatro passos:

1. *Comece identificando os momentos em que você tem "picos" desse sentimento.* Anote-os na última coluna de seus registros de monitoramento normais. Também anote o que mais você estava sentindo e fazendo nesses momentos e o que você estava fazendo na hora anterior. Tente capturar esses momentos "ao vivo", pois isso pode revelar informações importantes.

2. *Depois de coletar alguns exemplos, o que pode levar vários dias ou uma semana, analise cada um deles durante uma de suas sessões de revisão.* Faça a si mesmo as duas perguntas a seguir em relação a cada episódio:

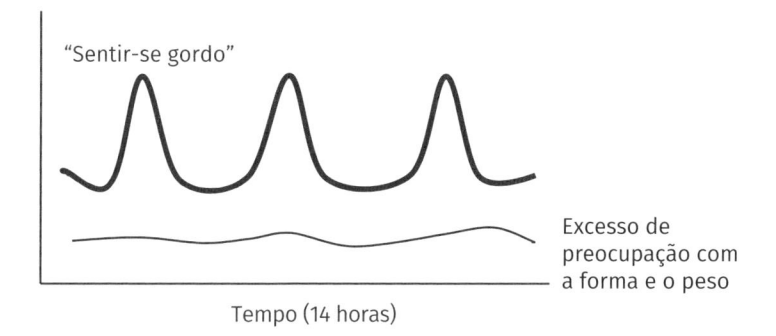

FIGURA 16.6 "Sentir-se gordo" é um sentimento que tem flutuações.

Houve algum gatilho? Aconteceu algo na hora anterior que pode ter feito eu me sentir gordo?

O que mais eu estava sentindo ou fazendo no momento em que me senti gordo?

Os gatilhos comuns ou sentimentos que os acompanham são:

Sentir-se entediado, sonolento, solitário, deprimido ou de ressaca.

Tornar-se consciente do próprio corpo como resultado de verificação da própria forma, comparações corporais, sensação de calor ou suor, sensação de flacidez no corpo, contato corporal, roupas apertadas.

Sentir-se cheio, inchado ou com sintomas pré-menstruais.

3. Continue monitorando (em tempo real) os picos desse sentimento, mas agora tente identificar a causa dele ali mesmo. Cada vez que você se sentir gordo, pergunte a si mesmo o que pode ter desencadeado o sentimento e quais sensações esse sentimento pode estar mascarando. Gradualmente, é provável que um padrão consistente apareça. Lembre-se também de que o sentimento não tem nada a ver com "ser gordo". Seu corpo não muda de repente.

4. Continue a identificar os picos e suas origens, mas agora pratique abordar a causa subjacente. Essa tarefa pode envolver uma solução simples de senso comum, como afrouxar a roupa, trocar-se, tomar um banho ou tirar uma soneca, ou pode envolver o uso da abordagem de resolução de problemas que praticamos na Etapa 4 (p. 171).

Persista em lidar com a sensação de sentir-se gordo pelo próximo mês ou mais. Você descobrirá que o sentimento diminui progressivamente em sua frequência e intensidade. Ele também perde significado à medida que você percebe que não tem nada a ver com ser gordo.

SESSÕES DE REVISÃO DO MÓDULO DE IMAGEM CORPORAL

Em cada sessão de revisão semanal, você deve analisar seus registros de monitoramento e sua folha de resumo e fazer a si mesmo as duas perguntas a seguir, além daquelas relacionadas às Etapas 1 a 4 e, se aplicável, ao módulo de imagem corporal.

1. Estou colocando mais coisas na minha vida? Estou fazendo coisas novas?
2. Estou abordando as três principais "expressões" da preocupação excessiva com a forma e o peso?

    Verificação de forma (incluindo comparações)

    Evitação do próprio corpo

    Sentir-se gordo

Além disso, lembre-se de preencher sua folha de resumo toda semana. Classifique como um "dia de mudança" os dias em que...

Você monitorou sua alimentação com precisão.

Você se pesou no dia planejado para sua pesagem semanal.

Você fez o seu melhor para manter seu padrão alimentar planejado (Etapa 2).

Você usou sua lista de atividades alternativas para lidar com qualquer desejo de comer ou vomitar (Etapa 3).

Você praticou a resolução de problemas em todas as oportunidades disponíveis (Etapa 4).

Você evitou fazer uma dieta restritiva (se aplicável).

Você se envolveu em uma nova atividade.

Você progrediu ao abordar a verificação de forma, a evitação do próprio corpo e o sentir-se gordo.

QUANDO SEGUIR EM FRENTE

Mudar a imagem corporal leva meses; afinal, você está tentando mudar a forma como se vê e se avalia como pessoa. No entanto, você deve persistir — caso contrário, permanecerá vulnerável à compulsão. Vai valer a pena. Enquanto isso, você também pode lidar com sua dieta, o outro módulo nesta fase do programa.

Uma última questão: não se esqueça de completar o módulo final, "Terminando bem". Isso ajudará a garantir que as mudanças que você fez persistam a longo prazo.

> É muito importante persistir; caso contrário, você permanecerá vulnerável a compulsões.

17
Terminando bem

Etapa 1: Começando bem

Automonitoramento
Pesagem semanal

Etapa 2: Alimentação regular

Estabelecer um padrão de alimentação regular
Parar de vomitar e fazer uso indevido de laxantes e diuréticos

Etapa 3: Alternativas à compulsão alimentar

Substituir por atividades alternativas
Identificar mudanças no peso

Etapa 4: Resolução de problemas

Praticar a resolução de problemas

Etapa 5: Fazer um balanço

Analisar o progresso
Decidir o que mais precisa ser abordado

Módulo de dieta

Enfrentando dietas restritivas

Módulo de imagem corporal

Abordando as preocupações com a forma,
a verificação da forma, a evitação do próprio corpo
e o sentir-se gordo

Terminando bem

Manutenção do progresso
Como lidar com contratempos

Agora que você está quase concluindo o programa, é hora de fazer um balanço geral mais uma vez. É possível que você ainda tenha um problema alimentar significativo. Se a compulsão alimentar continua a interferir na sua qualidade de vida, você deve considerar seriamente obter mais ajuda. As opções foram delineadas no início do programa (p. 124). Se este programa não o ajudou, ou o fez apenas em um grau limitado, não significa que o problema não possa ser superado. Longe disso. Existem muitas opções de tratamento. Não desista.

Por outro lado, as coisas podem ter melhorado e ainda podem estar melhorando. Se esse for o caso, então duas questões finais precisam ser consideradas:

1. Como manter seu progresso.
2. Como lidar com contratempos.

Esses dois tópicos são o foco deste módulo final.

MANTENDO SEU PROGRESSO

Se o seu problema de compulsão alimentar melhorou ligeiramente ou acentuadamente, então você deve continuar a empregar os elementos do programa que você achou mais úteis. Dessa forma, é provável que você continue a melhorar. É especialmente importante aderir à "alimentação regular" indefinidamente. Manter a resolução de problemas também pode ser útil. Além disso, você deve continuar realizando sessões regulares de revisão (nos próximos 3 meses ou mais) para ficar de olho no seu progresso.

No entanto, existem componentes do programa que você pode descartar. Você pode parar de fazer o automonitoramento se a sua alimentação estiver estável e satisfatória. No entanto, tenha cuidado para não parar só por achar que ele está dando muito trabalho.

Da mesma forma, você pode interromper a pesagem semanal se o seu peso estiver estável e satisfatório. Dito isso, como parte da adoção de um estilo de vida saudável, é uma boa ideia se pesar em intervalos regulares.

LIDANDO COM CONTRATEMPOS

A importância de ter expectativas realistas

É comum que pessoas que pararam de comer compulsivamente tenham esperança de nunca mais terem episódios de compulsão alimentar. Embora essa esperança seja compreensível, não é útil nem realista. Você deve considerar seu problema alimentar como seu calcanhar de Aquiles. Você ainda estará propenso a reagir dessa maneira em momentos de dificuldade. Assim como algumas pessoas reagem ao estresse ficando deprimidas ou irritadas, ou bebendo demais, as pessoas que tiveram um problema alimentar podem reagir recomeçando a comer compulsivamente.

Os gatilhos dos contratempos

Os contratempos são inevitáveis e são especialmente prováveis durante as semanas e os meses em que você está emergindo de um problema alimentar. Com o tempo, a probabilidade de eles ocorrerem diminui. No entanto, eles podem ocorrer a qualquer momento, mesmo anos ou décadas depois. Os gatilhos mais prováveis são os seguintes:

Eventos adversos. Eventos estressantes em geral, principalmente aqueles que ameaçam a autoestima.

Desenvolvimento de depressão clínica. As depressões clínicas são particularmente propensas a desencadear retrocessos.

Eventos relacionados à forma ou ao peso. Estes incluem: um aumento significativo no peso; um aparente aumento na "gordura"; comentários críticos de outras pessoas; mudança de forma e peso após a gravidez; e perda de peso devido a alguma doença.

Eventos relacionados à alimentação. Isso inclui voltar a fazer dieta, quebrar uma importante regra dietética remanescente e comer compulsivamente (ou seja, uma compulsão desencadeando outra).

Embora alguns desses eventos e circunstâncias estejam fora do seu controle, o mais importante não está: fazer dieta. Para minimizar as chances de que seu problema de compulsão alimentar volte, faça o seu melhor para não fazer dieta e, o mais importante de tudo, não se envolva em dietas restritivas (ver Cap. 4, p. 46).

Como lidar com contratempos

Dado que os contratempos são inevitáveis, é importante ter um plano para lidar com eles (mesmo que você ache que isso não é necessário no seu caso). O modo como você lida com seus contratempos, inclusive, é algo fundamental para a prevenção de recaídas.

É particularmente importante distinguir um "lapso" de uma "recaída". Um *lapso* é um revés ou deslize, enquanto uma *recaída* é voltar à estaca zero. As duas palavras têm conotações diferentes. Implícita na noção de lapso está a ideia de que pode haver graus de deterioração. Por outro lado, a noção de recaída sugere que ou a pessoa está bem, ou está de volta à estaca zero. Depois do que vimos, esse tipo de pensamento já deve ser familiar; é outro exemplo de pensamento de tudo ou nada (dicotômico), um estilo de pensamento que é comum entre as pessoas com compulsão alimentar.

Para minimizar as chances de recaída, é essencial não rotular erroneamente qualquer lapso (ou revés) como uma recaída, porque isso provavelmente afetará o seu comportamento. Se você acha que está tendo um lapso, é provável que tome medidas ativas para voltar aos trilhos; já se você considera que teve uma recaída, pode muito bem desistir — e, como resultado, as coisas vão piorar.

Existem três aspectos para lidar com um lapso:

1. *Identificar o problema com antecedência.* Isso é importante. A abordagem de "enfiar a cabeça na areia" só piora as coisas. Se sua compulsão alimentar voltou ou se tornou mais frequente, você deve agir o mais rápido possível. Se você acha que há um problema, é melhor assumir que esse é o caso e tomar medidas para fazer algo a respeito. Se você acha que pode estar tendo um revés, quase certamente está.

2. *Fazer a coisa certa.* Reinstitua o programa deste livro. Reinicie o monitoramento e a pesagem semanal, force-se a comer em intervalos regulares e envolva-se em quaisquer outros elementos do programa que pareçam relevantes. Seja seu próprio terapeuta. Releia toda a Parte II. E faça o seu melhor para resistir à tentação de reduzir a sua alimentação, pois isso só vai torná-lo mais propenso à compulsão. Lembre-se também de revisar seu progresso a cada poucos dias.

3. *Identificar e abordar o gatilho do revés.* Você precisa pensar no que o levou ao revés. Pode ser algo óbvio ou não. Pense bem sobre isso. Depois de identificar qual é o provável gatilho, resolva-o. Se relevante, use a abordagem de resolução de problemas da Etapa 4 (p. 171).

Com essa abordagem de três frentes, você vai ver que pode cortar a maioria dos lapsos pela raiz, bem antes que eles se alastrem. Mas, se não está dando certo, considere seriamente procurar ajuda profissional. As orientações para fazer isso são fornecidas no Apêndice I.

Apêndice I

Obtendo ajuda profissional para um problema alimentar

Se você acha que precisa de ajuda externa para seu problema alimentar ou para uma dificuldade relacionada a ele, é importante consultar alguém competente para fornecê-la. Encontrar esse profissional não é necessariamente simples. Pode ser que o seu médico ou outro profissional de saúde possa recomendar alguém adequado. Se esse não for o caso, talvez você deva explorar algumas opções na internet. Um bom ponto de partida é a Academy for Eating Disorders (*www.aedweb.org*), uma organização profissional dedicada à pesquisa, à educação, ao tratamento e à prevenção de transtornos alimentares. Ela fornece orientações para a identificação de profissionais adequados. Ela também fornece *links* para outras organizações semelhantes nos Estados Unidos e no exterior.*

---

* N. de R.T. No Brasil, pode-se recorrer a instituições e programas como a Associação Brasileira para o Estudo da Obesidade e Síndrome Metabólica (Abeso; *www.abeso.org.br*), o Programa de Transtornos Alimentares – Ambulim (*www.ambulim.org.br*), o Núcleo de Atenção aos Transtornos Alimentares (Proata; *www.proata.com.br*) e a Sociedade Brasileira dos Transtornos Alimentares (SoBraTA; *www.sobrata.org*).

Apêndice II

Calculando seu índice de massa corporal

O índice de massa corporal (IMC) é uma maneira útil de determinar se estamos abaixo do peso, com um peso normal ou com excesso de peso. É simplesmente um número que representa o peso de uma pessoa em relação à sua altura. Especificamente, é o peso em quilogramas dividido pela altura em metros ao quadrado — isto é, peso/(altura × altura). Em geral, o IMC se aplica a adultos de ambos os sexos entre as idades de 18 e 60 anos; uma exceção são aqueles com uma massa muscular particularmente grande (por exemplo, atletas).

A tabela nas páginas a seguir (ver Tab. A.1) pode ser usada para identificar seu IMC. Olhe a linha no topo para encontrar sua altura e, em seguida, olhe a coluna da esquerda para encontrar seu peso. O ponto onde sua altura e seu peso se cruzam na tabela é o seu IMC.

Alternativamente, você pode usar uma das muitas calculadoras de IMC na internet (p. ex., *www.cdc.gov/healthyweight/assessing/bmi*, em inglês).[*]

Os seguintes padrões de IMC são usados para classificar as pessoas como estando abaixo do peso, como tendo peso saudável, como tendo sobrepeso ou como tendo obesidade:

Abaixo do peso	Abaixo de 18,5
Peso saudável	18,5 a 24,9
Sobrepeso	25 a 29,9
Obesidade	30,0 ou mais

---

[*] N. de R.T. Em português, um exemplo é a calculadora da Associação Brasileira para o Estudo da Obesidade e Síndrome Metabólica (Abeso): *www.abeso.org.br/obesidade-e-sindrome-metabolica/calculadora-imc/*.

Observe que esses padrões são baseados nos riscos à saúde, e não em aparência.

Se o seu IMC é de 25,0 ou acima, você corre um maior risco de ter uma ampla gama de problemas de saúde, sendo os principais os seguintes:

Diabetes

Doença cardíaca e pressão alta

Derrame

Certos cânceres

Osteoartrite

Complicações na gravidez

No Apêndice III, discuto o que fazer se o seu IMC for 25,0 ou superior (ou seja, se você estiver acima do peso) e você tiver um problema de compulsão alimentar.

TABELA A.1 Tabela de IMC

ALTURA (metros)

Metros Kg	1,47	1,50	1,52	1,55	1,57	1,60	1,63	1,65	1,68	1,70	1,73	1,75	1,78	1,80	1,83	1,85	1,88	1,91	1,93
36,3	16,8	16,1	15,7	15,1	14,7	14,2	13,7	13,3	12,9	12,6	12,1	11,9	11,5	11,2	10,8	10,6	10,3	10,0	9,7
38,6	17,9	17,2	16,7	16,1	15,7	15,1	14,5	14,2	13,7	13,4	12,9	12,6	12,2	11,9	11,5	11,3	10,9	10,6	10,4
40,9	18,9	18,2	17,7	17,0	16,6	16,0	15,4	15,0	14,5	14,2	13,7	13,4	12,9	12,6	12,2	12,0	11,6	11,2	11,0
43,1	19,9	19,2	18,7	17,9	17,5	16,8	16,2	15,8	15,3	14,9	14,4	14,1	13,6	13,3	12,9	12,6	12,2	11,8	11,6
45,5	21,1	20,2	19,7	18,9	18,5	17,8	17,1	16,7	16,1	15,7	15,2	14,9	14,4	14,0	13,6	13,3	12,9	12,5	12,2
47,7	22,1	21,2	20,6	19,9	19,4	18,6	18,0	17,5	16,9	16,5	15,9	15,6	15,1	14,7	14,2	13,9	13,5	13,1	12,8
50,0	23,1	22,2	21,6	20,8	20,3	19,5	18,8	18,4	17,7	17,3	16,7	16,3	15,8	15,4	14,9	14,6	14,1	13,7	13,4
52,3	24,2	23,2	22,6	21,8	21,2	20,4	19,7	19,2	18,5	18,1	17,5	17,1	16,5	16,1	15,6	15,3	14,8	14,3	14,0
54,5	25,2	24,2	23,6	22,7	22,1	21,3	20,5	20,0	19,3	18,9	18,2	17,8	17,2	16,8	16,3	15,9	15,4	14,9	14,6
56,8	26,3	25,2	24,6	23,6	23,0	22,2	21,4	20,9	20,1	19,7	19,0	18,5	17,9	17,5	17,0	16,6	16,1	15,6	15,2
59,1	27,3	26,3	25,6	24,6	24,0	23,1	22,2	21,7	20,9	20,4	19,7	19,3	18,7	18,2	17,6	17,3	16,7	16,2	15,9
61,4	28,4	27,3	26,6	25,6	24,9	24,0	23,1	22,6	21,8	21,2	20,5	20,0	19,4	19,0	18,3	17,9	17,4	16,8	16,5
63,6	29,4	28,3	27,5	26,5	25,8	24,8	23,9	23,4	22,5	22,0	21,3	20,8	20,1	19,6	19,0	18,6	18,0	17,4	17,1
65,9	30,5	29,3	28,5	27,4	26,7	25,7	24,8	24,2	23,3	22,8	22,0	21,5	20,8	20,3	19,7	19,3	18,6	18,1	17,7
68,2	31,6	30,3	29,5	28,4	27,7	26,6	25,7	25,1	24,2	23,6	22,8	22,3	21,5	21,0	20,4	19,9	19,3	18,7	18,3
70,5	32,6	31,3	30,5	29,3	28,6	27,5	26,5	25,9	25,0	24,4	23,6	23,0	22,3	21,8	21,1	20,6	19,9	19,3	18,9
72,7	33,6	32,3	31,5	30,3	29,5	28,4	27,4	26,7	25,8	25,2	24,3	23,7	22,9	22,4	21,7	21,2	20,6	19,9	19,5
75,0	34,7	33,3	32,5	31,2	30,4	29,3	28,2	27,5	26,6	26,0	25,1	24,5	23,7	23,1	22,4	21,9	21,2	20,6	20,1
77,3	35,8	34,4	33,5	32,2	31,4	30,2	29,1	28,4	27,4	26,7	25,8	25,2	24,4	23,9	23,1	22,6	21,9	21,2	20,8
79,5	36,8	35,3	34,4	33,1	32,3	31,1	29,9	29,2	28,2	27,5	26,6	26,0	25,1	24,5	23,7	23,2	22,5	21,8	21,3
81,8	37,9	36,4	35,4	34,0	33,2	32,0	30,8	30,0	29,0	28,3	27,3	26,7	25,8	25,2	24,4	23,9	23,1	22,4	22,0
84,1	38,9	37,4	36,4	35,0	34,1	32,9	31,7	30,9	29,8	29,1	28,1	27,5	26,5	26,0	25,1	24,6	23,8	23,1	22,6

(continua)

PESO (kg)

TABELA A.1 Tabela de IMC (continuação)

ALTURA (metros)

Metros\Kg	1,47	1,50	1,52	1,55	1,57	1,60	1,63	1,65	1,68	1,70	1,73	1,75	1,78	1,80	1,83	1,85	1,88	1,91	1,93
86,4	40,0	38,4	37,4	36,0	35,1	33,8	32,5	31,7	30,6	29,9	28,9	28,2	27,3	26,7	25,8	25,2	24,4	23,7	23,2
88,6	41,0	39,4	38,3	36,9	35,9	34,6	33,3	32,5	31,4	30,7	29,6	28,9	28,0	27,3	26,5	25,9	25,1	24,3	23,8
90,9	42,1	40,4	39,3	37,8	36,9	35,5	34,2	33,4	32,2	31,5	30,4	29,7	28,7	28,1	27,1	26,6	25,7	24,9	24,4
93,2	43,1	41,4	40,3	38,8	37,8	36,4	35,1	34,2	33,0	32,2	31,1	30,4	29,4	28,8	27,8	27,2	26,4	25,5	25,0
95,5	44,2	42,4	41,3	39,8	38,7	37,3	35,9	35,1	33,8	33,0	31,9	31,2	30,1	29,5	28,5	27,9	27,0	26,2	25,6
97,7	45,2	43,4	42,3	40,7	39,6	38,2	36,8	35,9	34,6	33,8	32,6	31,9	30,8	30,2	29,2	28,5	27,6	26,8	26,2
100,0	46,3	44,4	43,3	41,6	40,6	39,1	37,6	36,7	35,4	34,6	33,4	32,7	31,6	30,9	29,9	29,2	28,3	27,4	26,8
102,3	47,3	45,5	44,3	42,6	41,5	40,0	38,5	37,6	36,2	35,4	34,2	33,4	32,3	31,6	30,5	29,9	28,9	28,0	27,5
104,5	48,4	46,4	45,2	43,5	42,4	40,8	39,3	38,4	37,0	36,2	34,9	34,1	33,0	32,3	31,2	30,5	29,6	28,6	28,1
106,8	49,4	47,5	46,2	44,5	43,3	41,7	40,2	39,2	37,8	37,0	35,7	34,9	33,7	33,0	31,9	31,2	30,2	29,3	28,7
109,1	50,5	48,5	47,2	45,4	44,3	42,6	41,1	40,1	38,7	37,8	36,5	35,6	34,4	33,7	32,6	31,9	30,9	29,9	29,3
111,4	51,6	49,5	48,2	46,4	45,2	43,5	41,9	40,9	39,5	38,5	37,2	36,4	35,2	34,4	33,3	32,5	31,5	30,5	29,9
113,6	52,6	50,5	49,2	47,3	46,1	44,4	42,8	41,7	40,2	39,3	38,0	37,1	35,9	35,1	33,9	33,2	32,1	31,1	30,5
115,9	53,6	51,5	50,2	48,2	47,0	45,3	43,6	42,6	41,1	40,1	38,7	37,8	36,6	35,8	34,6	33,9	32,8	31,8	31,1
118,2	54,7	52,5	51,2	49,2	48,0	46,2	44,5	43,4	41,9	40,9	39,5	38,6	37,3	36,5	35,3	34,5	33,4	32,4	31,7
120,5	55,8	53,6	52,2	50,2	48,9	47,1	45,4	44,3	42,7	41,7	40,3	39,3	38,0	37,2	36,0	35,2	34,1	33,0	32,3
122,7	56,8	54,5	53,1	51,1	49,8	47,9	46,2	45,1	43,5	42,5	41,0	40,1	38,7	37,9	36,6	35,9	34,7	33,6	32,9
125,0	57,8	55,6	54,1	52,0	50,7	48,8	47,0	45,9	44,3	43,3	41,8	40,8	39,5	38,6	37,3	36,5	35,4	34,3	33,6
127,3	58,9	56,6	55,1	53,0	51,6	49,7	47,9	46,8	45,1	44,0	42,5	41,6	40,2	39,3	38,0	37,2	36,0	34,9	34,2
129,5	59,9	57,6	56,1	53,9	52,5	50,6	48,7	47,6	45,9	44,8	43,3	42,3	40,9	40,0	38,7	37,8	36,6	35,5	34,8
131,8	61,0	58,6	57,0	54,9	53,5	51,5	49,6	48,4	46,7	45,6	44,0	43,0	41,6	40,7	39,4	38,5	37,3	36,1	35,4
134,1	62,1	59,6	58,0	55,8	54,4	52,4	50,5	49,3	47,5	46,4	44,8	43,8	42,3	41,4	40,0	39,2	37,9	36,8	36,0
136,4	63,1	60,6	59,0	56,8	55,3	53,3	51,3	50,1	48,3	47,2	45,6	44,5	43,1	42,1	40,7	39,9	38,6	37,4	36,6

PESO (kg)

Apêndice III

Se você também está acima do peso

Algumas pessoas com problemas de compulsão alimentar também estão acima do peso (têm um IMC de 25,0 ou mais; ver Apêndice II). A relação entre compulsão alimentar e obesidade é complexa: os dois problemas interagem e agravam um ao outro (ver Cap. 6). A compulsão alimentar contribui para manter a obesidade e complica seu tratamento. Por outro lado, os tratamentos para a obesidade que envolvem dietas restritivas tendem a piorar os problemas de compulsão alimentar. Em geral, se você tem um problema de compulsão alimentar e um problema de peso, é melhor abordar primeiro o problema alimentar.

> *Se você tem um problema de compulsão alimentar e um problema de peso, é melhor abordar primeiro o problema alimentar.*

Quando se trata de abordar um problema de peso, um primeiro passo importante é consultar um médico ou outro profissional da saúde para discutir sua saúde, seu IMC e seu desejo de perder peso. Ele será capaz de abordar o que você deve fazer para perder peso e estabelecer metas de perda de peso adequadas.

O próximo passo é identificar um programa de perda de peso. Infelizmente, nem todos os programas podem ser recomendados. Alguns fazem afirmações irrealistas e outros endossam práticas insalubres. Portanto, é importante analisar bem qualquer programa antes de se comprometer com ele. É possível que o seu médico ou profissional da saúde possa recomendar um.

Se você não tiver certeza de como proceder, vale a pena consultar os *sites* dos Institutos Nacionais de Saúde. Nos Estados Unidos, há uma rede de informações de controle de peso, denominada Weight-control Information Network (*http://win.niddk.nih.gov*), que fornece informações atualizadas sobre controle de peso, juntamente com diversas publicações úteis, incluindo a excelente publicação "Choosing a safe and successful weight-loss program" (disponível em https://www.niddk.nih.gov/-/media/Files/Weight-Management/Choosingprogram0208.pdf).

Um ponto importante a ter em mente ao selecionar um programa de perda de peso é a probabilidade de ele piorar ou trazer de volta o seu problema de compulsão alimentar. Discuta esse assunto com as pessoas responsáveis pelo programa. Você certamente deve evitar programas de perda de peso que incentivem dietas restritivas ou proíbam o consumo de alimentos específicos.

Você deve evitar programas de perda de peso que incentivem dietas restritivas ou proíbam o consumo de alimentos específicos.

Apêndice IV

Lidando com "outros problemas"

Não é incomum que pessoas com problemas alimentares tenham outras dificuldades. Essas dificuldades variam em natureza, mas, muitas vezes, envolvem problemas de humor, autoestima e assertividade, problemas com o perfeccionismo e relacionamentos e circunstâncias de vida insatisfatórios. O que deve ser feito em relação a esses outros problemas? A resposta depende da seriedade deles e das suas circunstâncias. Se o problema for uma grande preocupação, você deve procurar aconselhamento profissional, mesmo que apenas para avaliá-lo. Isso se aplica principalmente se você estiver anormalmente desanimado há algumas semanas. Não é incomum que depressões clínicas coexistam com problemas de compulsão alimentar. Se o problema não justificar procurar aconselhamento profissional, você pode tentar resolvê-lo sozinho usando um dos programas de autoajuda indicados a seguir.

LIVROS DE AUTOAJUDA RECOMENDADOS

Existem livros, semelhantes a este, que fornecem diretrizes claras e adequadas para superar muitas das dificuldades que comumente acompanham os problemas de compulsão alimentar. Esses livros estão listados a seguir e são classificados pelos tópicos que abordam. Esta é uma lista selecionada com base no meu conhecimento e no conhecimento de especialistas confiáveis sobre os livros disponíveis. Sem dúvida, existem muitos outros livros excelentes que eu poderia ter listado, mas, se eu tivesse feito isso, teria me desviado dos livros que conheço ou que já recomendei. Todos os livros são facilmente encontrados, e, em cada caso, é citada a edição mais recente.

Geral

Butler, G., & Hope, T. (2007). *Managing your mind* (2nd ed.). New York: Oxford University Press.

Ao contrário dos livros a seguir, esse abrange uma ampla gama de tópicos, incluindo problemas de humor, relacionamentos, uso de substâncias, sono, estudo, tomada de decisões e muito mais. O ponto forte do livro é a sua abrangência. É um bom ponto de partida se você acha que pode ter um problema e gostaria de aprender mais sobre ele e suas possíveis soluções.

Falta de assertividade

Alberti, R., & Emmons, M. (2008). *Your perfect right*. Atascadero, CA: Impacto.

Esse é merecidamente um *best-seller*. Ele aborda tanto o excesso quanto a falta de assertividade de uma forma envolvente e extremamente prática. São poucas as pessoas que não se beneficiariam com a leitura deste livro.

Perfeccionismo

Antony, M. M., & Swinson, R. P. (2008). *When perfect isn't good enough*. Oakland, CA: New Harbinger.

Esse é outro livro já consagrado que sobreviveu ao teste do tempo. Escrito por dois especialistas na área, este livro aborda o problema muitas vezes negligenciado de ter padrões excessivamente elevados. Se você suspeita que pode ter essa tendência (e outros concordariam), então esse livro é para você.

Baixa autoestima

Fennell, M. (2009). *Overcoming low self-esteem*. London: Robinson.

Escrito por uma especialista em autoestima, esse livro ajuda os leitores a explorar a própria autoestima e no que ela se baseia. Em seguida, recomenda maneiras de reforçar a autoestima usando estratégias e técnicas da terapia cognitivo-comportamental.

Conflitos conjugais

Gottman, J., & Silver, N. (2007). *The seven principles for making marriage work*. London: Orion.

Esse livro foi recomendado por colegas em cuja opinião confio. Ele fornece diretrizes diretas e baseadas em evidências para melhorar relações conjugais, sendo o foco principal restaurar a base do relacionamento.

Apêndice V

Uma nota para parentes e amigos

Vencendo a compulsão alimentar traz um relato do que se sabe sobre problemas de compulsão alimentar e seu tratamento (Parte I), juntamente com um programa detalhado, passo a passo, de autoajuda com base no tratamento mais eficaz disponível (Parte II).

Se você comprou este livro porque está preocupado que um parente ou amigo possa ter um problema de compulsão alimentar, os principais capítulos descritivos (Caps. 1 e 4) devem esclarecer a questão. E, se você estiver preocupado com os efeitos físicos dos problemas de compulsão alimentar, leia o Capítulo 5. O tratamento é discutido no Capítulo 8.

Talvez você ache que seu parente ou amigo tenha um problema de compulsão alimentar, mas vocês nunca discutiram o assunto. Essa é uma situação difícil, pois obviamente é direito da pessoa decidir se quer falar ou não sobre o assunto. No entanto, parece razoável garantir que ela esteja bem informada. Um primeiro passo apropriado, portanto, é incentivar a pessoa a ler este livro. A melhor maneira de alcançar isso dependerá das circunstâncias exatas e pode exigir uma sensibilidade considerável de sua parte. Tenha em mente que os problemas de compulsão alimentar estão associados à vergonha e à autorrecriminação; portanto, ser "descoberto" pode ser um choque considerável para a pessoa.

Se o problema for de conhecimento de todos, a questão pode ser como você pode ajudar. Isso dependerá da vontade do seu parente ou amigo de mudar. Se a dúvida em relação a isso for um problema, você pode sugerir que ele leia a seção "Por que mudar?" no início da Parte II (p. 121). No entanto, se ele já tem um desejo de mudar, vocês podem verificar juntos as várias opções de tratamento (ver p. 124) para decidir qual delas seria a melhor. Se a decisão for procurar tratamento profissional, você pode ajudar facilitando esse objetivo. E, uma vez que um terapeuta competente tenha sido identificado (para orientação, ver Apêndice I), pode ser apropriado descobrir qual papel, se houver um, você deve assumir. É importante enfatizar, no entanto, que você deve evitar se envolver demais. Às vezes, a coisa mais carinhosa que você pode fazer é estar lá em segundo plano e se disponibilizar quando necessário.

Se a decisão for utilizar o programa de autoajuda na Parte II, então assumir um papel secundário é certamente o melhor a fazer. É uma boa ideia ler a Parte I e se familiarizar com a Parte II para que você saiba o que o programa envolve, mas caberá ao seu parente ou amigo decidir como você pode ser de maior ajuda para ele. Lembre-se de que o programa envolve a pessoa em questão se tornar terapeuta de si mesma. Você pode não ter outra função além de estar disponível para dar suporte ou aconselhamento em momentos difíceis. Esse pode ser um papel difícil de desempenhar. Você pode se sentir tentado a intervir quando não deve, ou pode ser solicitado a ajudar em um momento inconveniente.

Seu parente ou amigo pode se sentir desanimado ou até mesmo sem esperança às vezes. Ele pode sentir que nunca superará o problema de compulsão alimentar. Se a pessoa compartilhar esses sentimentos com você, ajude-a a revisar o progresso dela de maneira equilibrada e certifique-se de que todas as conquistas dela sejam destacadas, pois elas podem acabar ficando em segundo plano. Aponte todos os sinais de progresso e incentive a pessoa o máximo possível.

Há outro ponto a ser destacado. Você pode achar que o programa é simples demais para funcionar, mas isso não é verdade. Ele foi extensivamente testado, possivelmente mais do que qualquer outro programa de autoajuda (para qualquer problema), e demonstrou ser eficaz (ver Cap. 8). Tente não minar o programa. Em vez disso, suspenda quaisquer dúvidas e apoie seu parente ou amigo da melhor maneira possível.

Apêndice VI

Uma nota para os terapeutas

Como um terapeuta ajudando alguém com um problema de compulsão alimentar, você pode assumir um de dois papéis em relação a este programa de autoajuda. Você pode ajudar diretamente a pessoa a seguir o programa ("autoajuda guiada"; ver p. 114), ou pode fornecer uma forma completamente diferente de terapia e, ao mesmo tempo, apoiar o uso deste programa. Nesse último caso, você pode decidir ter pouco ou nenhum envolvimento direto com o uso dele. Mas, mesmo com essa abordagem, sugiro que você se familiarize com o programa caso ele entre em conflito de alguma forma com o tipo de ajuda que você está fornecendo.

Um extenso e robusto corpo de pesquisa nos Estados Unidos e em outros lugares mostrou que a autoajuda guiada é uma maneira potente de ajudar aqueles com problemas de compulsão alimentar. É certamente um excelente primeiro passo. Ela envolve a pessoa seguir o programa enquanto recebe apoio em sessões regulares com você. Essas sessões podem ser muito breves (menos de 30 minutos de duração) e não precisam ser semanais, embora seja melhor começar assim. Como o programa envolve fazer a pessoa se tornar terapeuta de si mesma, o seu papel difere daquele das formas mais convencionais de terapia. Na autoajuda guiada, você serve como um "facilitador". Seu papel principal é monitorar o progresso da pessoa, incentivá-la e, em momentos de dificuldade, ajudá-la a identificar soluções dentro do programa. Para fazer isso, você precisa estar completamente familiarizado com ele.

Um aspecto importante do seu papel na autoajuda guiada é manter a pessoa motivada. Analisar os registros de monitoramento no início de cada sessão é uma boa maneira de atingir esse objetivo, pois fornece um meio de identificar e destacar o progresso da pessoa. Outro aspecto de sua função é garantir que a pessoa avance no programa em um ritmo apropriado. Algumas querem ir muito rápido; outras querem ir muito devagar. As seções intituladas "Decidindo quando passar para a etapa seguinte" fornecem diretrizes claras para quando é apropriado progredir de uma etapa para outra. Um terceiro papel é manter a pessoa focada no objetivo do programa, que é superar o problema de compulsão alimentar. Ao cumprir essas funções, você deve ficar em segundo plano, uma postura incomum para alguns terapeutas. Lembre-se de que a autoajuda guiada é uma forma de "autoajuda". A pessoa com o problema de compulsão alimentar deve permanecer no comando e ser sua própria terapeuta.

Há outra maneira pela qual este livro pode ser usado. Já que ele traz informações e conselhos sólidos, ele também pode complementar abordagens mais convencionais de tratamento. Por exemplo, ele é amplamente empregado juntamente com farmacoterapia, terapia cognitivo-comportamental e outros tratamentos psicológicos. Além disso, ele é frequentemente usado em programas de internação.

Leituras recomendadas

Qualquer lista de leituras recomendadas ficará rapidamente desatualizada. Por esse motivo, a lista a seguir é restrita às principais fontes que provavelmente resistirão ao teste do tempo (pelo menos por algum tempo). Os leitores que desejam obter informações mais atualizadas devem usar a internet para esse fim. Os termos de pesquisa óbvios funcionarão bem.

Existem duas revistas científicas principais dedicadas ao tema dos transtornos alimentares:

International Journal of Eating Disorders
European Eating Disorders Review

Vale a pena visitar os *sites* desses periódicos. Há também um periódico novo, o *Journal of Eating Disorders*. Além disso, artigos sobre transtornos alimentares são regularmente publicados nas principais revistas médicas, psiquiátricas e psicológicas, todas indexadas na internet.

Existem muitos livros sobre transtornos alimentares. A seguir, estão alguns livros de referência importantes para profissionais:

Agras, W. S. (Ed.). (2010). *The Oxford handbook of eating disorders*. New York: Oxford University Press.
Fairburn, C. G. (2008). *Cognitive behavior therapy and eating disorders*. New York: Guilford Press.
Grilo, C. M. (2006). *Eating and weight disorders*. New York: Psychology Press.
Grilo, C. M., & Mitchell, J. E. (Eds.). (2010). *The treatment of eating disorders*. New York: Guilford Press.
Le Grange, D., & Lock, J. (Eds.). (2011). *Eating disorders in children and adolescents*. New York: Guilford Press.

A seguir, são apresentadas fontes de informações recomendadas para cada seção deste livro. A maioria das citações se refere a artigos de revisão. Elas não são exaustivas.

SOBRE O LIVRO E COMO USÁ-LO

Fairburn, C. G., Cooper, Z., & Shafran, R. (2003). Cognitive behaviour therapy for eating disorders: A "transdiagnostic" theory and treatment. *Behaviour Research and Therapy, 41,* 509–528.
Fairburn, C. G., Cooper, Z., Doll, H. A., O'Connor, M. E., Bohn, K., Hawker, D. M., et al. (2009). Transdiagnostic cognitive behavioral therapy for patients with eating disorders: A two-site trial with 60-week follow-up. *American Journal of Psychiatry, 166,* 311–319.
Wilson, G. T., & Zandberg, L. J. (2012). Cognitive-behavioral guided selfhelp for eating disorders: Effectiveness and scalability. *Clinical Psychology Review, 32,* 343–357.

Estudos randomizados controlados sobre *Vencendo a compulsão alimentar*

Carter, J. C., & Fairburn, C. G. (1998). Cognitive-behavioral self-help for binge eating disorder: A controlled effectiveness study. *Journal of Consulting and Clinical Psychology, 66,* 616–623.
DeBar, L., Striegel-Moore, R., Wilson, G. T., Perrin, N., Yarborough, B. J., Dickerson, J., et al. (2011). Guided self-help treatment for recurrent binge eating: Replication and extension. *Psychiatric Services, 62,* 367–373.

Dunn, E. C., Neighbors, C., & Larimer, M. E. (2006). Motivational enhancement therapy and self-help treatment for binge eaters. *Psychology of Addictive Behaviors, 20*, 44–52.

Ghaderi, A. (2006). Attrition and outcome in self-help treatment for bulimia nervosa and binge eating disorder: A constructive replication. *Eating Behaviors, 7*, 300–308.

Ghaderi, A., & Scott, B. (2003). Pure and guided self-help for full and subthreshold bulimia nervosa and binge eating disorder. *British Journal of Clinical Psychology, 42*, 257–269.

Grilo, C. M., & Masheb, R. M. (2005). A randomized controlled comparison of guided self-help, cognitive behavioral therapy and behavioral weight loss for binge eating disorder. *Behaviour Research and Therapy, 43*, 1509–1525.

Grilo, C. M., Masheb, R. M., & Salant, S. L. (2005). Cognitive behavioral therapy guided self-help and orlistat for the treatment of binge eating disorder: A randomized, double-blind, placebo-controlled trial. *Biological Psychiatry, 57*, 1193–1201.

Ljotsson, B., Lundin, C., Mitsell, K., Carlbring, P., Ramklint, M., & Ghaderi, A. (2007). Remote treatment of bulimia nervosa and binge eating disorder: A randomized trial of Internet-assisted cognitive behavioral therapy. *Behaviour Research and Therapy, 45*, 649–661.

Loeb, K. L., Wilson, G. T., Gilbert, J. S., & Labouvie, E. (2000). Guided and unguided self-help for binge eating. *Behaviour Research and Therapy, 30*, 259–272.

Mitchell, J. E., Agras, S., Crow, S., Halmi, K., Fairburn, C. G., Bryson, S., et al. (2011). Stepped care and cognitive behavioral therapy for bulimia nervosa: Randomised trial. *British Journal of Psychiatry, 198*, 391–397.

Palmer, R. L., Birchall, H., McGrain, L., & Sullivan, V. (2002). Self-help for bulimic disorders: A randomized controlled trial comparing minimal guidance with face-to-face or telephone guidance. *British Journal of Psychiatry, 181*, 230–235.

Ramklint, M., Jeansson, M., Holmgren, S., & Ghaderi, A. (2012). Guided self-help as the first step for bulimic symptoms: Implementation of a stepped-care model with specialized psychiatry. *International Journal of Eating Disorders, 45*, 70–78.

Striegel-Moore, R. H., Wilson, G. T., DeBar, L., Perrin, N., Lynch, F., Rosselli, F., et al. (2010). Cognitive behavioral guided self-help for the treatment of recurrent binge eating. *Journal of Consulting and Clinical Psychology, 78*, 312–321.

Walsh, B. T., Fairburn, C. G., Mickley, D., Sysko, R., & Parides, M. K. (2004). Treatment of bulimia nervosa in a primary care setting. *American Journal of Psychiatry, 161*, 556–561.

Wilson, G. T., Wilfley, D. E., Agras, W. S., & Bryson, S. W. (2010). Psychological treatments for binge eating disorder. *Archives of General Psychiatry, 67*, 94–101.

PARTE I

Capítulo 1

Fairburn, C. G. (2008). The transdiagnostic view and the cognitive behavioral theory. In C. G. Fairburn, *Cognitive behavior therapy and eating disorders*. New York: Guilford Press.

Walsh, B. T. (2011). The importance of eating behavior in eating disorders. *Physiology and Behavior, 104*, 525–529.

Capítulo 2

American Psychiatric Association. (2013). *Diagnostic and statistical manual of mental disorders* (fifth edition). Arlington, VA: American Psychiatric Association.

Gordon, K. H., Holm-Denoma, J. M., Crosby, R. D., & Wonderlich, S. A. (2010). The classification of eating disorders. In W. S. Agras (Ed.), *The Oxford handbook of eating disorders*. New York: Oxford University Press.

Vander Wal, J. S. (2012). Night eating syndrome: A critical review of the literature. *Clinical Psychology Review, 32*, 49–59.

Wonderlich, S. A., Gordon, K. H., Mitchell, J. E., Crosby, R. D., & Engel, S. G. (2009). The validity and clinical utility of binge eating disorder. *International Journal of Eating Disorders, 42*, 687–705.

Capítulo 3

Keel, P. K. (2010). Epidemiology and course of eating disorders. In W. S. Agras (Ed.), *The Oxford handbook of eating disorders*. New York: Oxford University Press.

Levine, M. P., & Smolak, L. (2010). Cultural influences on body image and the eating disorders. In W. S. Agras (Ed.), *The Oxford handbook of eating disorders*. New York: Oxford University Press.

Norris, M. L., Bondy, S. J., & Pinhas, L. (2011). Epidemiology of eating disorders in children and adolescents. In D. Le Grange & J. Lock (Eds.), *Eating disorders in children and adolescents*. New York: Guilford Press.

Woodside, D. B., Garfinkel, P. E., Lin, E., Goering, P., Kaplan, A. S., Goldbloom, D. S., et al. (2001). Comparisons of men with full or partial eating disorders, men without eating disorders, and women with eating disorders in the community. *American Journal of Psychiatry, 158*, 570–574.

Capítulo 4

Fairburn, C. G. (2008). The transdiagnostic view and the cognitive behavioral theory. In C. G. Fairburn, *Cognitive behavior therapy and eating disorders*. New York: Guilford Press.

Hart, S., Abraham, S., Franklin, R. C., & Russell, J. (2011). The reasons why eating disorder patients drink. *European Eating Disorder Review, 19*, 121–128.

Jenkins, P. E., Hoste, R. R., Meyer, C., & Blissett, J. M. (2011). Eating disorders and quality of life: A review of the literature. *Clinical Psychology Review, 31*, 113–121.

Masheb, R. M., Grilo, C. M., & White, M. A. (2011). An examination of eating patterns in community women with bulimia nervosa and binge eating disorder. *International Journal of Eating Disorders, 44*, 616–624.

Capítulo 5

Bessesen, D. H. (2011). Regulation of body weight: What is the regulated parameter? *Physiology and Behavior, 104*, 599–607.

Mehler, P. S., Birmingham, C. L., Crow, S. J., & Jahraus, J. P. (2010). Medical complications of eating disorders. In C. M. Grilo & J. E. Mitchell (Eds.), *The treatment of eating disorders*. New York: Guilford Press.

Painter, R. C., Roseboom, T. J., & Bleker, O. P. (2005). Prenatal exposure to the Dutch Famine and disease in later life: An overview. *Reproductive Toxicology, 20*, 345–352.

Pond, C. M. (1998). *The fats of life*. Cambridge, U.K.: Cambridge University Press.

Ravelli, A. C., van der Meulen, J. H. P., Osmond, C., Barker, D. J. P., & Bleker, O. P. (1999). Obesity at the age of 50 in men and women exposed to famine prenatally. *American Journal of Clinical Nutrition, 70*, 811–816.

Roberto, C. A., Mayer, L. E., Brickman, A. M., Baines, A., Muraskin, J., Yeung, L. K., et al. (2011). Brain tissue volume changes following weight gain in adults with anorexia nervosa. *International Journal of Eating Disorders, 44*, 406-411.

Roseboom, T. J., van der Meulen, J. H. P., Osmond, C., Barker, D. J., Ravelli, A. C., Schroeder-Tanka, J. M., et al. (2000). Coronary heart disease after prenatal exposure to the Dutch famine, 1944-45. *Heart, 84*, 595-598.

Capítulo 6

Bettle, N., Bettle, O., Neumärker, U., & Neumärker, K.-J. (1998). Adolescent ballet school students: Their quest for body weight change. *Psychopathology, 31*, 153-159.

Clarke, T. K., Weiss, A. R. D., & Berrettini, W. H. (2012). The genetics of anorexia nervosa. *Clinical Pharmacology and Therapeutics, 91*, 181-188.

Jacobi, C., & Fittig, E. (2010). Psychosocial risk factors for eating disorders. In W. S. Agras (Ed.), *The Oxford handbook of eating disorders*. New York: Oxford University Press.

Levine, M. P., & Smolak, L. (2010). Cultural influences on body image and the eating disorders. In W. S. Agras (Ed.), *The Oxford handbook of eating disorders*. New York: Oxford University Press.

Racine, S. E., Root, T. L., Klump, K. L., & Bulik, C. M. (2011). Environmental and genetic risk factors for eating disorders: A developmental perspective. In D. Le Grange & J. Lock (Eds.), *Eating disorders in children and adolescents*. New York: Guilford Press.

Ringham, R., Klump, K., Kaye, W., Stone, D., Libman, S., Stowe, S., et al. (2006). Eating disorder symptomatology among ballet dancers. *International Journal of Eating Disorders, 39*, 503-508.

Wade, T. D. (2010). Genetic influences on eating and eating disorders. In W. S. Agras (Ed.), *The Oxford handbook of eating disorders*. New York: Oxford University Press.

Capítulo 7

Wilson, G. T. (2010). Eating disorders, obesity and addiction. *European Eating Disorders Review, 18*, 341-351.

Ziauddeen, H., Farooqi, S., & Fletcher, P. C. (2012). Obesity and the brain: How convincing is the addiction model? *Nature Reviews: Neuroscience, 13*, 279-286.

Capítulo 8

Fairburn, C. G. (2008). *Cognitive behavior therapy and eating disorders*. New York: Guilford Press.

Hay, P. J., & Claudino, A. de M. (2010). Evidence-based treatment for the eating disorders. In W. S. Agras (Ed.), *The Oxford handbook of eating disorders*. New York: Oxford University Press.

Ramklint, M., Jeansson, M., Holmgren, S., & Ghaderi, A. (2012). Guided self-help as the first step for bulimic symptoms: Implementation of a stepped-care model with specialized psychiatry. *International Journal of Eating Disorders, 45*, 70-78.

Striegel-Moore, R. H., Wilson, G. T., DeBar, L., Perrin, N., Lynch, F., Rosselli, F., et al. (2010). Cognitive behavioral guided self-help for the treatment of recurrent binge eating. *Journal of Consulting and Clinical Psychology, 78*, 312-321.

Wilson, G. T., & Zandberg, L. J. (2012). Cognitive-behavioral guided selfhelp for eating disorders: Effectiveness and scalability. *Clinical Psychology Review, 32*, 343-357.

Índice

A

Abordagem de 12 passos, 104-107
Abuso de substâncias, 99-107
    autoajuda e, 126-128
    compulsão alimentar e, 18, 99-105
Abuso sexual, 94-95
Academy for Eating Disorders, 221
Álcool
    compulsão alimentar e, 18, 99-105
    uso indevido de, 65-66, 99-107, 126-128
Alergias alimentares, 45, 192
Alimentação regular, 149-155
Anorexia nervosa, 25-27, 53-54, 94-96
    causas, 85-98
    compulsões na, 12-14, 16, 26-27
    peso na, 24-26, 54-57, 78-80, 125-128
Assertividade, falta de, 95-96, 183, 229
Autoajuda, 113-117, 124-128, 131-132, 230-233
Autoestima, 66, 95-96, 183, 229

B

Baixo peso; *ver* Peso
Balé, 90-91
Bulimia nervosa, 22-25
    causas, 85-98
    compulsões na, 5-20
    detecção, 39-40
    dieta, 43-47
    distribuição, 40-41
    peso na, 23-24, 126-129
    surgimento da, 35-39
    tratamento, 109-117
    uso indevido de diuréticos na, 51-53
    uso indevido de laxantes na, 51-53, 76-78, 97-98
    vômito na, 48-52, 74-77, 97-98

C

Causas de problemas de compulsão alimentar, 85-105
Cérebro, dieta e, 54-56, 78-79, 94-95
Classe social, 90-92
Comedores Compulsivos Anônimos; *ver* Abordagem de 12 passos
Comer compulsivo, 7, 26-27, 99-100; *ver também* Compulsão alimentar
Comer em excesso
    compulsão alimentar *versus*, 6-7
    no transtorno de compulsão alimentar, 29
Comparações, 62-64, 207-210
Compulsão alimentar
    alimentos consumidos, 10-12
    características, 6-20
    causas, 85-98
    compulsões objetivas, 12-14
    compulsões subjetivas, 12-14, 16
    custo, 14-15
    definição, 5-7
    dependência e, 99-107
    dieta e, 43-47, 95-98
    distribuição, 40-41
    efeitos físicos, 72-75
    frequência da, 10
    gatilhos, 16-19, 172, 189-190
    gravidez e, 79-83
    peso na, 72-75
    tratamento, 109-117
Compulsão por exercícios, 53-54
Cozinhar
    autoajuda e, 157-159
Crianças, compulsão alimentar em, 41

D

Dentes, 74-75
Depressão

depressão clínica, 93-95, 126-128, 183
sentimentos de, 16-20, 65
Desejo por carboidratos, 11
Diagnóstico, 21-33
Dietas
    autoajuda e, 187-193
    causa de compulsão alimentar, 18, 43-47, 95-98
    efeitos físicos, 74-75, 78-80
    efeitos psicológicos, 45-48
    fatos sobre, 69-72
    tipos, 43-47, 189-192

E
Efeitos físicos
    baixo peso e, 78-80
    compulsão alimentar e, 72-75
    dieta e, 74-75
    uso indevido de diuréticos e, 77-78
    uso indevido de laxantes e, 76-78
    vomitar e, 74-77
Escolha alimentar, 10-12, 45, 69-72
Esôfago, 75-76
Espelhos, 61-63, 204-208
Estar abaixo do peso; *ver* Peso
Estômago, 72, 79-80
Estudo da revista *Cosmopolitan*, 36-38
Etnia, 26, 40-41, 90-92
Eventos e circunstâncias da infância, 94-95
Evitar alimentos, 45, 112-113, 190-192
Exercício, 53-54

F
Famílias, 92-95, 103-104, 122-124
    autoajuda e, 131-132, 229-231
Farmacoterapia, 110-111
Fatores genéticos, 93-95
Fazer compras, 8, 9, 14, 15, 157-159
Fertilidade, 79-81
Fome, 16-17, 79-80, 123, 151
Forma; *ver também* Preocupação com a forma
    comparações, 62-64, 207-210
    evitação da, 63-64, 209-211
    uso do espelho e, 61-63, 204-208
    verificação da, 61-64, 201-208
Forma do corpo; *ver* Forma

G
Garganta, 75-76
Gênero, 41, 88-90; *ver também* Homens
Glândulas salivares, 74-76
Gravidez, 79-83, 126-128

H
Homens, 19, 23, 25, 29, 31-32, 35, 40, 41, 61-62, 64-65, 88-92, 202-204
Hospitalização, 109-110

I
Idade, 23-25, 29, 31-32, 91-93
Imagem corporal, 56-65; *ver também* Forma; Peso; Preocupação com a forma; Preocupação com o peso; Sentir-se gordo
    autoajuda e, 195-213
    preocupação com a, 56-60, 96-98
IMC (índice de massa corporal), 25-26, 222-225
Infertilidade, 79-82
Ingestão de fluidos, 49, 53-56
Ipecacuanha, 76-77

J
Jóqueis, 68

M
Medicamentos antidepressivos, 110-111
Medicamentos inibidores de apetite, 52-53, 110-111
Menstruação, 39, 74-75
    tensão pré-menstrual, 19
Modelo de dependência, 99-107
Modelos, 74-75, 88-89
Motivação para mudar, 98, 121-124

O
Obesidade
    compulsão alimentar e, 26-29, 92-93, 226
    definição, 26, 222-225
    tratamento e, 226-227
Outro transtorno alimentar especificado; *ver* Transtornos alimentares atípicos

P
Perfeccionismo, 66, 95-96, 183, 229

Perspectiva transdiagnóstica, 31-33
Perturbação eletrolítica, 75-77
Pesagem; *ver* Verificação de peso
Peso; *ver também* Preocupação com o peso
    autoajuda e, 125-129, 141, 167-170, 202-204
    baixo peso, 25, 26, 54-57, 78-80, 125-129, 169-170
    "bater o peso", 68
    compulsão alimentar e, 72-75
    evitação, 59-61, 138-142, 202-204
    fatos sobre, 67-68
    flutuações de, 67-68, 141, 167-169
    verificação de, 56-61, 138-142, 202-204
Peso corporal; *ver* Peso
Pílulas dietéticas; *ver* Medicamentos inibidores de apetite
Potássio, 75-77
Preocupação com a forma, 22-23, 25, 30-31, 56-58, 88-93, 96-98
    autoajuda e, 195-213
Preocupações com o peso, 22-23, 25, 30-31, 56-61, 68, 88-91, 92-93, 96-98
    autoajuda e, 138-142, 195-204, 210-213
Prevenção de recaídas, 215-219
Programa de autoajuda, 121-219
Psicoterapia; *ver* Tratamento psicológico
Puberdade, 91-93
Purga; *ver* Uso indevido de diuréticos; Uso indevido de laxantes; Vômito autoinduzido

R

Relacionamentos, 66, 93-95, 98, 113-114, 121-124
    autoajuda e, 131-132, 183-184, 229, 230-231
Resolução de problemas, 172-178

S

Sentir-se cheio, 72-73, 79-80, 123, 151, 153
Sentir-se gordo, 19, 64-65, 210-213
Síndrome do comer noturno, 29-32
Sobrepeso, 226-227; *ver também* Obesidade

T

Tensão pré-menstrual, 19
Terapia cognitivo-comportamental (TCC), 104-107, 110-117
Terapia interpessoal (TIP), 113-114
Transtorno alimentar não especificado (TANE); *ver* Transtornos alimentares atípicos
Transtorno de compulsão alimentar, 26-29
    causas, 85-98
    distribuição, 40-41
    peso no, 24, 29
    síndrome do comer noturno *versus*, 31-32
    tratamento, 109-11
Transtorno de purgação, 30-31
Transtornos alimentares, 21-22; *ver também* Anorexia nervosa; Bulimia nervosa; Transtorno de compulsão alimentar; Transtornos alimentares atípicos
Transtornos alimentares atípicos, 26-27, 29-32, 40, 48, 51-52, 57-59, 74-75, 96-97, 114-115
Transtornos alimentares mistos, 29-31
Tratamento psicológico, 110-117
    terapia cognitivo-comportamental (TCC), 104-107, 110-117
    terapia interpessoal (TIP), 113-114
Tratamentos, 110-117; *ver também* Autoajuda
    ajuda profissional, 124-125, 221
    hospitalização, 109-110
    medicação, 110-111
    opções, 124-126
    terapia cognitivo-comportamental (TCC), 104-107, 110-117
    terapia interpessoal (TIP), 113-114

U

Uso indevido de diuréticos, 51-53, 77-78, 156
Uso indevido de laxantes, 51-53, 76-78, 97-98, 156

V

Vegetarianismo, 45, 192
Vômito autoinduzido, 48-52, 74-77, 97-98, 155-156